"互联网+"立体化精品教材

营销策划实务

主 编 侯旭芳 常秀莲 兰亦青
副主编 胡杨成 覃一君 谢 娟 张花萍
　　　 郭艳伟 张 玲 李嫦英 熊 菁

中国出版集团
研究出版社

图书在版编目 (CIP) 数据

营销策划实务 / 侯旭芳，常秀莲，兰亦青主编. ——
北京：研究出版社，2022.6
ISBN 978-7-5199-1255-0

Ⅰ.①营… Ⅱ.①侯… ②常… ③兰… Ⅲ.①营销策
划 Ⅳ.①F713.50

中国版本图书馆CIP数据核字(2022)第110256号

出 品 人：赵卜慧
出版统筹：张高里　丁　波
责任编辑：范存刚

营销策划实务
YINGXIAO CEHUA SHIWU
侯旭芳　常秀莲　兰亦青　主编
研究出版社 出版发行
（100006　北京市东城区灯市口大街100号华腾商务楼）
廊坊市广阳区九洲印刷厂　新华书店经销
2022年6月第1版　2022年6月第1次印刷
开本：787毫米×1092毫米　1/16　印张：15.5
字数：386千字
ISBN 978-7-5199-1255-0　定价：49.80元
电话（010）64217619　64217612（发行部）

前言 INTRODUCTION

本书是以项目为载体,以任务为驱动,按照"项目为主,理论为辅,案例为补,实践为总"的思路进行编写的。同时,本书根据"互联网+"背景下学生即时学习、碎片化学习的特点,将立体资源嵌入其中,也结合相关职业资格考试的特点,重在培养学生的团队合作意识和创新精神,以提高学生的动手操作能力和自主学习能力,促进学生的知识、技能和素质协调发展,为学生就业、创业能力的提升提供帮助。

本书共七个项目,包括营销策划的认知、企业市场营销战略策划、STP 策划、产品策划、定价策划、分销策划、促销策划。本书全面系统地介绍了营销策划的基本理论、完整的操作流程、具体的操作方法及作为策划人应该具备的基本职业道德和素质。本书具体特色如下。

(1)培养学生的创新思维和分析问题、解决问题的能力。营销策划是根据市场营销专业人才培养目标和岗位人才培养要求而设置的,注重内容的综合性、应用性,项目的系统性、操作性和实战性。

(2)具有实践性。以企业营销策划工作的实际过程为导向,以项目为载体,以任务为驱动,以典型案例为引导,注重操作性和巩固性训练,并符合大学生的学习特点。

(3)本书基于工作过程进行了系统化设计,遵循"工学结合"的指导思想,做到"教、学、做"合一,同时注重课程的情境化、趣味化。

本书既可作为全国高等院校市场营销专业及相关专业的教材使用,也可供企业营销人员自学使用。

本书在编写过程中,借鉴和参考了大量国内外的相关资料,在此谨向所有相关作者表示诚挚的感谢。由于作者水平有限,编写时间仓促,书中如有不足之处,敬请读者朋友不吝赐教,以便再版时完善。

编　者

目 录 CONTENTS

项目一
营销策划的认知

🎯 学习目标

1. 掌握营销策划的概念，准确理解营销策划的内容、原则和分类。
2. 认识营销策划书的内容、结构。
3. 理解领会培养策划人的重要性。

☰ 能力目标

1. 熟悉营销策划的程序、方法。
2. 掌握营销策划的技巧。
3. 掌握策划人应该具备的素质。

⚙ 实训目标

引导学生在掌握知识储备的基础上，完成相关的模拟实训任务。

💬 案例导入

　　提到国内的知名奶茶品牌，除了大家都不陌生的喜茶、奈雪的茶、茶颜悦色等，必须一提的就是蜜雪冰城。前者竞争激烈，同质化严重，很多营销手段甚至新品研发都容易"撞款"。这么多年来，蜜雪冰城却一直稳步前行，它的成功从未被复制，逐渐发展成为奶茶行业巨头。综观蜜雪冰城发展历程，我们一起来探索其营销之道。

1. 低价爆品，主攻下沉市场

爆款"2元冰淇淋"的推出，为蜜雪冰城带来了流量，并迅速推动品牌"出圈"。此后出现的爆款"柠檬水"，更是推动其销量直线上升。用"低价"吸引消费者，给客户造成一种店内其他产品也很便宜的感觉。

蜜雪冰城将眼光放得很长远，它利用"低价爆款"的模式打出品牌知名度，进而带动未来产品的整体销量，而不是仅仅追求产品利润。

多年来，蜜雪冰城的目标都是直击下沉市场，它不像其他奶茶品牌，开店位置都局限于一线城市。蜜雪冰城的开店重心在二、三线城市，甚至四线及以下城市和地区，它将有喝奶茶需求但是经济收入不高的消费者（比如小镇青年、学生等）全部网罗进来，这正是其他品牌无法满足，而蜜雪冰城独占的大市场。

2. 新品更新，营销活动宣传

除了低价诱惑，蜜雪冰城一直不忘研发新品，只有不断创新才能满足年轻消费者的需求，才能让品牌发展得更加壮大。蜜雪冰城也许在口味上与喜茶、奈雪的茶等网红品牌有一定差距，但是在产品的独特性和口感研发上，它努力满足消费者最基础的需求。

此外，蜜雪冰城还一直推出各种特色营销活动。比如"1元钱优惠券""音乐节""合作电影""满10元送福袋"等，不断用优惠刺激消费者，促使其很快做出消费决定，大大提升了消费者的复购率。

3. 成本控制，闭环产业链搭建

在线下门店数量不断增加之后，蜜雪冰城也意识到要支撑自己具有特色的"低价爆款"的营销方式，必须控制原料、运输和经营成本等。那么，蜜雪冰城是如何做到在低价面前还能保持盈利呢？这与其不可复制的闭环产业链息息相关。

早几年，蜜雪冰城就建立了独立的研发中心、中央工厂，以实现核心原料自产，此后更是在佛山、成都、郑州、焦作等地设置仓储物流分仓，支持全国线下门店的原料配送，有效降低了运营成本。

这种独立研发的体系不仅利于在源头严格把控产品质量，还利于物流成本的减少，是质量和运输的双重保障。因此，蜜雪冰城即使定价低，也能收获不错的利润。这也是疫情之后，喜茶、奈雪的茶等品牌纷纷涨价，而蜜雪冰城还敢于承诺"不涨价"的原因。

4. 打造经典IP，增强品牌认同

视觉设计是非常重要的一环，尤其是在奶茶行业。年轻消费者对于品牌形象、产品包装等的重视程度越来越高，可以说，谁能抓住年轻人眼球，谁就能更快与消费者建立密切联系。

其他品牌的品牌营销基本都是以品牌为中心、以产品为中心，在形象塑造上是明显缺失的。而蜜雪冰城打造的特色IP形象——活泼可爱的雪人，不仅迅速拉近了品牌与消费者的距离，亲切感十足，也让品牌变得更有温度，从而稳固了更多忠实的粉丝。

任务一
营销策划知识储备

一、营销策划的概念

（一）营销、策划与营销策划

1. 营销

营销，字面理解：营，指运营；销，指出售货物。营销是一个融合了诸多元素的概念，与市场紧密相关。

营销可以从两个方面加以理解。

（1）从营销理论方面理解。营销学是关于企业如何发现、创造和交付价值以满足一定目标市场的需求，同时获取利润的应用性专业理论，是系统地研究市场营销活动规律性的一门科学。

（2）从营销活动方面理解。营销是企业将商品或服务从生产者手中移交到消费者手中的一种过程，是企业以满足消费者需要为中心而进行的一系列活动。

营销是企业发现或挖掘准消费者需求，去推广和销售产品，切合消费者的需求，从而让准消费者深刻了解该产品，进而购买该产品。

2. 策划

策划，字面理解：策，指计策、谋略；划，指计划、安排；策划，指有计划地实施谋略。"策划"一词在中国古代有谋划、筹划、计策、对策等多种含义，而且策划活动集中在政治、军事和外交活动中，并且不乏出色的专职策划人员——谋士。中国古代虽然谋士辈出、高手林立，但那些有关策划案例、策划思想的精彩记载，仅仅出现在重大历史事件之中。由于缺乏系统的总结和提炼，中国古代的策划思想没有形成科学的体系。

到了现代，策划的内涵更为广泛，主要是为经济服务。除了企业战略、管理等方面的策划外，还深入到营销策划、公关策划、形象策划等方面。

现代的"策划"一词有广义和狭义之分。

（1）广义的策划是指人类为达到某种目的，利用自己的智慧而采取策略或谋划手段的一个过程。广义的策划运用于各行各业，简单概括如下。

第一，策划是为了达到某一目标。这是策划的前进方向，也是策划的动力。

第二，策划是人的智慧和经验的总结。这是有别于其他动物的活动特征，是人的大脑特有的活动，人们可以运用以往的经验和知识作为策划的工具。

第三，策划一般要采用谋略或谋划手段。这是策划的方法，涵盖技巧和运作程序。

（2）狭义的策划是指人们为推动经济的发展，现代工商企业所进行的一种获利性活动。狭义的策划运用于当今企业各种活动中，简单概括如下。

第一，为达到一定的经济目标。

第二，对象是工商企业。

第三，目的是获得利益。

第四，受法律、政策的制约。

3. 营销策划

营销策划是一种运用智慧与策略而进行的营销活动与理性行为，营销策划是为了改变企业现状，达到理想目标，借助科学方法与创新思维，分析研究创新设计并制订营销方案的理性思维活动。简单概括如下。

（1）借助科学方法与创新思维完成营销策划目标。

（2）立足企业现有营销状况。

（3）具有前瞻性、全局性、创新性和系统性等特点。

（4）营销策划适合任何一个产品，包括无形的服务。

（5）营销策划的核心要点是有机组合策划的各要素，最大程度提升品牌资产。

营销策划的对象既可以是企业整体，也可以是一种产品或服务，还可以是一次活动。对于一个企业来说，营销策划主要包括企业战略策划、市场定位策划、产品策划、渠道策划、定价策划、促销策划、创新策划等。

（二）策划含义的界定

1. 策划不等于计划

任何策划最终都要变成计划来实施，有些计划工作也带有策划的过程，但是策划依然不等于计划。具体区别见表1-1。

表1-1 策划与计划的区别

项目	内容	范围	作用	创新性	开放性	灵活性	挑战性
策划	做什么	无限制	掌握原则与方向	必须有	较大	较大	较大
计划	怎么做	有限制	处理程序与细节	不一定	较小	较小	较小

例如，某企业每年都要制订年度计划，全年销售额是多少，利润是多少，市场占用率是多少等，这些都是企业计划。如果市场竞争激烈，消费者有效需求相对不足，企业为了抓住时机（如节日），通过新颖、独特又有魅力的谋略加强诱导和刺激消费，掀起销售高潮，力争在活动中超额完成销售任务，这个过程就是策划。

2. 策划不是决策

决策是指企业为了达到一定目标，采用一定的科学方法和手段，从两个以上的方案中选择一个满意方案的分析判断过程。

策划相对决策来说，是为决策提供建议，重在设想方案，以创意为重点。策划是以发散思维为主，决策以集中思维为主。策划是决策的基础，在策划中也需要不断地做出决策。

3. 策划不等同于"出点子"

有人认为策划就是"出点子"，是能卖的点子。在这种观念的指导下，策划被炒得神乎其神，策划人被誉为"点子大王"。以致很多企业盲目迷信"点子"，恨不得花钱"点石成金""一点就灵"。这导致策划简单化、片面化，容易引发企业的浮躁心理。

策划应该是一个系统有序的创造性思维活动过程，是一个完整的科学程序，最终体现为非常有可操作性的行动方案。而点子一般是瞬间产生的思想火花，偶有辉煌，不成系统，偶然性很强。个别点子即使成功也不能代替科学的策划，策划相当于众多点子构成的创意系统，是连续化、系统化、有序化、科学化和可操作化的众多点子的集合。

（三）策划的三要素

1. 创意

对于创意的理解：创，指创新、创作、创造；意，指意识、观念、智慧、思维，合起来是创造意识或创新意识，就是与众不同、新奇而富有魅力的构思与设想。创意是策划的核心和灵魂。第一，创意是长期积累的相关信息在头脑中加工，产生灵感的爆发；第二，创意需要充分发挥想象力、联想力和创造力；第三，创意是独特的思维方式。某种意义上讲，创意是指在对现存事物的理解及认知的基础上，大脑所衍生出的一种新的抽象思维和行为潜能。

创意是对传统的叛逆，是打破常规的哲学，是破旧立新的、毁灭与创造的循环，是思维碰撞、智慧对接，是具有创造性的想法。

2. 目标

策划是围绕解决某个难题，达成某个目的而进行的活动。因此，目标必须切实可行，具有较强的方向性和目的性。制订策划目标时，首先，要确定目标，使之明确化、具体化、数量化；其次，要对长期目标进行分解，制订阶段性短期目标，并使短期目标与长期目标保持持续性和协调性；最后，要保证目标的价值性。策划的目标要与企业利益、员工利益息息相关，以获得大家的认可和支持。

3. 可操作性

策划方案只有具备很强的可操作性才有意义。可操作性具体体现在：第一，在企业现有的人、财、物等有形资源和信息、商誉、品牌等无形资源的条件下可以实现；第二，要考虑到外部环境，与外部环境能融合；第三，要形成具体的、清晰的行动方案，使策划的参与者能懂得游戏规则，遵循游戏规则。

三要素密不可分，如果没有独辟蹊径、耳目一新的营销谋略，就不能称为营销策划；如果没有具体的营销目标，策划就不能落在实处；不能操作的方案，无论创意多么巧妙、杰出，目标多么具体、富有鼓动性，都没有任何实际价值。

二、营销策划的内容及原则

（一）营销策划的内容

营销策划的内容不是僵化、孤立的，策划的不同的部分与整体之间是相互制约的。

1. 观念的策划

有句流行语"思路决定出路"。营销策划无论大小，首先涉及的问题就是观念的问题。营销策划离不开创新，创新需要新理念作为牵引。观念的策划融入各种策划之中，并在各种策中起到引领作用。

2．企业战略策划

企业战略策划是为实现企业总目标，对未来发展方向所做出的长期性、总体性的谋划。企业战略策划制约着企业其他各种策划，是企业经营活动的行动纲领。任何企业失去了战略策划，就会患"经营近视症"，缺乏方向感。

3．企业市场定位策划

企业市场定位策划是企业通过市场细分，从中寻找目标市场机会，然后进行市场定位所进行的谋划。

任何企业都是在一定的营销环境下进行，都处于有竞争对手的状态下。市场机会虽然可以为企业赢得利益，但是不会自动落在人们面前，需要人们寻找和选择。企业将市场细分后，把自己的产品和服务进行合理的定位，使其处在既受消费者欢迎，又能保证实现最佳效益的优势市场。

4．企业产品策划

企业的产品策划是其他项目策划的重要基础，因为消费者对企业的认可，需要通过企业的产品来实现。产品策划首先要从产品整体概念开始，不再停留于传统的有形产品上。要从核心产品、有形产品、附加产品和心理产品四个层次来策划。如某产品在传统观念上被认为是一种功能的产品，产品策划可以进一步把它塑造成一种时尚、一种艺术和一种文化的代名词。

5．企业分销渠道策划

使用何种分销渠道是企业营销策划的重要任务，也是企业对分销渠道成员的一项重要承诺。如同样是销售空调，美的、海尔、格力、志高等不同的企业，采用的是不同的空调分销渠道，每种分销渠道都是各个企业自己策划的结果。分销渠道是企业一项重要的外部资源，其策划内容包括企业分销渠道战略、分销渠道政策、分销渠道成员、分销渠道控制、分销渠道绩效和分销渠道管理等。

6．企业定价策划

营销组合的四个基本要素中，产品、促销、渠道是企业创造价值的重要因素，价格则是从所创造的价值中获取收益的最灵敏、最灵活的因素，其变化也是迅速的，决定着企业市场份额的大小和盈利率的高低。企业定价策划内容包括定价目标策划、定价环境分析、定价方法策划、修订定价策划等，其中各个项目都要作为一个系统来完成策划。

7．企业促销策划

企业促销策划部分涵盖广告、公共关系、营业推广、人员销售等几个方面，企业不仅需要提供产品，更要及时地通过广告方式传播信息，塑造品牌形象。公共关系策划是企业整合营销传播的一个重要组成部分，公共关系的好坏直接影响着企业形象，它能帮助企业与外界建立相互了解和依赖的关系，以取得公众的理解。营业推广也是不可小视的，要确定对象、时间、地点，选择最合理的推广方式。人员推销虽然是最古老的促销方式，也属于一种艺术性较强的活动，需要推销人员巧妙地将知识、天赋、诚信和智慧融于一身。所以，企业促销策划需要细化到具体可操作的水平，才能收到最佳效果。

（二）营销策划的原则

市场营销策划是为企业营销活动出谋划策的，它是企业营销活动取得成功的重要保证。企业在市场营销活动中，不仅要充分发挥营销策划的作用，而且还必须遵守一定的原则。

1. 创新原则

策划贵在创新，只有创新才能保证竞争优势。《孙子兵法》中的"兵无常势、水无常形"道出了营销策划的精髓。创新原则要求市场营销策划从新的视角，用辩证的、动态的、系统的、发散的思维整合市场营销策划对象所占用的和可利用的各种资源，使其在特定的时空条件下具有唯一性、排他性和权威性，让营销策划对象能以崭新的面貌出现在市场上，在市场竞争中抢占先机，从而实现经济效益最大化。创新原则具体体现在如下几个方面。

（1）创意语言新。注意从生活中提炼警句、名言，使策划词既有哲理性，又有人情味。

（2）表现手法新。有新的艺术构思、格调和形式，即概念的创新，让消费者认同。

（3）策划内容新。在渠道、价格、促销手段等方面另辟蹊径，突出与众不同的奇特性。别具一格的内容才能吸引人、打动人，取得既定的效果。

2. 系统原则

营销策划不同于"点子"，营销策划活动是一个系统工程。其系统性具体表现在：

（1）营销策划工作是企业全部经营活动的一部分，营销策划工作的完成有赖于企业各个部门的支持和合作。系统原则会把营销策划作为一个整体来考察，对整体与部门之间的相互依赖性进行综合性分析，选择最优方案，以实现企业追求的目标。

（2）进行营销策划时会涉及诸多因素，如宏观环境因素、竞争情况、消费需求、本企业产品及市场情况等，将这些因素的有利方面最大限度地综合起来是非常重要的。

开展营销策划必须强调市场活动的整体性、全局性，如果企业仅仅依靠一两个灵光的"点子"，没有系统的配套措施，那么对企业的长期发展有害无益。确定最优目标，通过系统地策划可以使结果大于各个部分相加之和。

所以，营销策划不是单纯的广告和销售活动，它是一个系统工程，任何一个部分缺失，都会使整个营销策划难以完成。营销策划要具有整体意识，从企业发展出发，明确重点，统筹兼顾，处理好局部利益与整体利益的关系，酌情制订出正确的营销策划方案。

3. 可行性原则

营销策划过程是一个综合性思维活动过程，不是一个空想，必须有很强的可行性，营销策划不仅仅是提供思路，而且要在此基础上产生行动方案。不能操作的方案，创意再好也无任何价值，而且必然消耗大量的人力、物力和财力，成为劳民伤财的谋划活动。因此，在考虑营销策划方案时，必须考虑可行性。同时，要充分考虑策划的各个环节，确保策划到位。

例如，企业在进行营销策划时，不仅要考虑满足目标策略的需要，还必须从自身的可投入能力出发，必须与企业的实力相适应。超出企业自身能力的营销策划不具有实现的可行性，这是对企业不负责任的空想。

4. 战略原则

营销策划是一种战略性筹划，将对未来一段时间的企业营销起指导作用。要有预见性，凡事预则立，不预则废，策划者只有把握未来市场发展的脉搏，善于分析发展趋势，在准确分析的基础上设计策划方案，才能获取成功。营销策划作为一种战略行为，应具有相对稳定性，一般情况下不能随意变动。如果营销策划方案缺乏稳定性，朝令夕改，不仅会导致企业营销资源的巨大浪费，而且还会影响企业的发展。企业需根据战略对营销目标、营销手段进行整体性、长期性、层次性、动态性的规划和设计。营销策划方案一旦完成，将成为企业在较长时间内的营销指南。也就是说，企业整个营销工作必须依此方案进行。因此，在进行企业营销策划时，必须站在企业营销战略的高度去审视，力求细致、周密、完善。

5. 超前原则

营销策划是对未来行为的安排，是一种超前行为。营销策划者必须有超前意识，有长远眼光，在设计方案时要高瞻远瞩。策划是一种超前思维，对于可能产生的效果要有明确的预测，对策划方案实施过程中可能遇到的障碍、难点及各种环境变化的状况，营销策划者都要事先做出评估并制订出对策。

6. 权变原则

所谓权变就是要在动态变化的复杂环境中及时、准确地把握发展变化的目标、信息，预测事物可能发展变化的方向、轨迹，并以此为依据调整策划目标和修改策划方案。市场就是战场，竞争犹如战争，现代市场经济中演绎着一场场激烈的竞争，权变原则在策划中成为不可或缺的思维因素。具体要求是：

（1）增强动态意识和随机应变观念。企业处在动态变化的营销环境之中，在策划的设计和实施过程中，有可能遇到一些对策划产生一定影响的突变时间和风险因素，所以在进行营销策划时，应尽量对各种可能的意外情况和风险因素进行预测分析，制订相应的对策，以增加营销策划的灵活性和应变性。

（2）时刻掌握策划对象的变化。策划对象信息是策划的基础材料和客观依据，基础和依据变化了，策划也应该随之变化。否则，策划就失去了准确性、科学性和有效性。

（3）及时调整策划目标、修正方案。当客观情况发生变化并影响到策划目标时，要对策划目标做必要的调整。

7. 效益原则

效益原则是指在营销策划活动中，要以成本控制为核心，获取经济效益和社会效益。实现效益原则的基本要求是：

（1）企业的营销策划要与消费者的利益实现有机结合。只有在保证"以消费者为中心"的前提下，才能保证企业效益的实现。

（2）企业策划活动要与社会发展相协调。脱离社会的营销策划，即使设想的目标再辉煌，也会与社会不容。

（3）最低成本实现策划目的。最低成本的原则不是处处节衣缩食，有些方面要舍得投入，形成规模效应。有些方面就需要精打细算，不乱花一分钱。

8. 心理原则

人们在接受某种事物时，总是遵循着一定的心理活动规律，这种心理活动规律可以概括为引起注意—激发兴趣—确立信念—加强记忆—导致行动，这也是人们进行购买活动的心理过程，在营销策划中必须遵循这个心理原则进行营销策划。运用心理原则的同时，要搭配好信息传播的事实部分和心理部分，一般来说，在新产品导入阶段，由于消费者一无所知，相关信息应以事实部分为主；当某种产品有许多竞争者时，相关信息要侧重于心理部分，宣传本企业及产品形象。有的企业一开始就注意塑造形象，注重人们心理感受的累积，这种做法很值得提倡。人们认识事物的一般规律是从感性到理性，但有时也从理性到感性，先提出结果，后提出原因，反而给人的印象更深、效果更好。

三、营销策划的程序

营销策划程序是一个科学的运作过程，是为解决一个营销策划任务而预先编制的工作执行方案。分为具体的几个步骤，如图 1-1 所示。

了解现状 → 情况分析 → 制订目标 → 制订营销战略 → 制订行动方案 → 方案实施与控制

图 1-1　营销策划程序图

（一）了解现状

了解现状包括对市场形势、产品情况、竞争情况、分销情况、环境情况等，在调查基础上，明确要策划的问题。

1. 市场形势

市场形势调查是指对不同地区的销售情况，购买动态及可能达到的市场空间进行了解，一般要包括以下几个方面。

（1）市场销售总体状况。市场销售总体调研主要是了解其状态和特性，反映市场销售总体指标，包括年销售数量、年销售金额和销售特点。

（2）区域市场销售构成。分析区域市场地域的销售规模和销售比例，以便了解市场的区域特性。了解产品销售的区域分布，区分重点区域市场和非重点区域市场，有利于掌握销售上升或急剧下降的具体原因。

（3）产品类别销售构成。分析不同产品类别的销售规模与结构是考量各类产品市场需求的需要，对于按照市场需求规划产品制造是非常有意义的。

市场销售现状既可以通过直接调查获取，也可以通过二手资料获取，还可以委托专门的调查公司去收集相关的研究报告。

2. 产品情况

产品情况调研的目标主要是找到现有产品的不足和有待加强、改进的地方，对自身产品的现状和未来做出统筹策划，找出产品的优劣势，为今后的改进找到突破口。

3. 竞争情况

全方位了解竞争者的情况，也是成功完成营销策划的重要前提。尤其是了解自己产品的市场占有率、竞争对手的市场占有率和对应的营销战略，这些信息必须是准确的。对竞争情况的了解，具体包括以下几个方面。

（1）竞争格局调研。从总体上先调研主要竞争品牌的市场规模和市场份额。在此基础上分析市场的竞争结构，是完全竞争还是垄断竞争，是完全垄断还是过渡状态。在对市场竞争结构分析之后，再根据竞争品牌的竞争实力、市场销售规模和市场份额，确定竞争品牌的市场地位和市场角色。如确定竞争品牌属于市场领导者、市场挑战者、市场追随者和市场补缺者。如果区域市场与总体市场存在差异，还有必要进行区域市场竞争格局的调研，了解不同细分市场的竞争态势，为有针对性地营销策划提供依据。

（2）竞争策略调研。竞争格局调研反映的是竞争的结果状态，要揭示市场格局形成的原因，需要调研竞争对手的竞争策略。包括主要竞争对手的竞争策略，主要竞争对手的营销策略，主要竞争对手的优劣势（历史业绩、资金实力、融资能力、技术水平、原料供应、内部管理能力等）。

4．分销情况

了解分销情况主要是对各地经销商的情况及变化趋势进行调查，了解经销商的需求。流通渠道是企业走向消费者的重要通路，企业采取什么样的流通渠道，直接关系到产品的销路能否发展壮大。通过调研，可以在策划时，找到更适合的销售渠道形式，形成稳固的、良好的合作关系。对分销情况的了解，具体包括以下几个方面。

（1）流通渠道的业态形式、销售对象、市场份额和发展趋势。任何产品的流通渠道不会仅是一种业态形式，有传统商场渠道，也有专卖、门店渠道，还有网络渠道。不同业态的存在必然形成主流业态与非主流业态并存的状态，每种业态针对的消费对象不同，自然形成购买力、价格档次、购买数量的差异。不同的业态所占据的市场份额也会不同，未来的发展趋势也会不同。

（2）主流流通企业的销售对象、市场地位、分销区域与分销能力。就是要了解主流流通企业的销售对象、市场份额与市场地位，以及所能覆盖的市场区域及分销能力。

5．环境情况

了解环境是为了找出对自己有利的切入点，因为环境对任何企业来说都是不可控因素，只有了解环境才能够适应环境。对环境情况的了解，具体包括以下几个方面。

（1）人口环境。人口是决定市场规模与市场价值的基础，需要掌握人口数量、性别比例、职业构成、年龄构成、受教育程度等。

（2）经济环境。经济环境是影响一个地区收入水平和消费水平的重要因素，收入是购买力的重要标志。做企业营销策划需要了解人均国内生产总值（GDP）、居民人均年收入、社会商品零售总额及人均社会商品零售额等。

（3）社会文化环境。社会文化环境影响着人们的生活方式、价值观念和消费习惯，从消费者的产品购买欲望层面上对市场需求产生着直接的影响。对这方面的调研包括社会风尚、生活方式、价值观念、消费习惯、消费潮流等。

上述三种调研非常重要，按照营销学的市场概念：市场 = 人口 + 购买力 + 购买欲望可知，市场由这三个要素组成。

（4）自然地理环境。人们生活的自然地理环境对消费者行为有着明显的影响，并形成消费市场的区域特征。对自然地理环境的调研，可以根据自然规律，有意识、有成效地规划营销活动。

（5）科学技术环境。科学技术在产品更新换代层面上影响着市场营销。因此，科学技术环

2．监控执行过程

监控方式主要包括信息沟通、及时协调、工作指导、组织指挥、工作控制。发现问题及时反馈，对突发情况及时应变。把目标分解，使管理部门及时了解策划的执行状况，发现问题及时提出改进意见。

四、营销策划的分类、常用方法与常用工具

（一）营销策划的分类

1．按策划的对象划分

按照策划的对象进行划分，市场营销策划划分为企业策划、商品策划和服务策划。

（1）企业策划是指为了树立良好的企业形象，对企业整体进行的策划活动。

（2）商品策划是指对产品的开发和销售进行的策划，主要目的是推出新商品和扩大销路。

（3）服务策划是指为了提高企业的信誉，想方设法满足消费者的需要而进行的谋划活动。

2．按市场发展程序划分

按照市场发展程序可划分出市场选择策划、市场定位策划、市场渗透策划、市场开发策划等。

（1）市场选择策划是指在整个市场中进行细分筛选后，对如何选择企业的目标市场所做的谋划活动。

（2）市场定位策划是指为了产品能确定适当的市场位置，赢得消费者偏爱所做的谋划活动。

（3）市场渗透策划是指企业在面对竞争对手的情况下，为了进入市场采取恰当的、慢慢渗透的销售方法所进行的谋划活动。

（4）市场开发策划是指企业通过采取恰当的方法将现有产品推向新市场，扩大本企业的市场范围所做的谋划活动。

3．按市场营销过程划分

按照市场营销过程可划分出产品策划、定价策划、促销策划和分销渠道策划等。

（1）产品策划是指企业从产品的开发、进入市场、销售至退出市场的全过程的活动与方案的谋划，具体可分为新产品开发策划，老产品改进策划，产品品牌与包装使用的策划等内容。

（2）定价策划是指企业产品在进入市场的过程中，如何利用价格的因素争取目标市场，进而渗透甚至占领目标市场，以及达到营销目标而制订的价格策略的一系列活动、方案和措施的谋划活动。具体包括定价策划的思路与价格定位、价格调整策划等内容。

（3）促销策划是指为了扩大销售，将人员策划、广告策划、公共关系和营业推广等形式有机结合，综合运用，最终形成一整套促销活动方案的谋划活动。

（4）分销渠道策划是指企业产品由生产地向销售地运动的过程中，选择使用何种方式方法、路线的策划。设计有效的分销渠道，可以保证产品方便快捷地传递到消费者手里。

4．按市场营销的不同层次划分

按照市场营销的不同层次可划分为市场营销战略策划和市场营销战术策划。

（1）市场营销战略策划是指企业为了长期发展所做的具有纲领性、方向性、总体性的有战略意义的策划。战略一词系军事用语，指的是对战争全局的谋划和指导。将战略思想运用于企业的经营管理中，便产生了企业战略。市场营销战略策划是依据企业战略的要求与规范，制订市场营销的目标、途径和手段，并通过营销目标的实现策划出服务于企业的战略。企业战略策划可分为总体战略策划和经营战略策划两个层次，总体战略策划的任务是从企业整体的角度，明确企业的使命，决定企业的投资组合战略和企业成长战略，为企业经营活动指明方向。企业经营战略的任务是分析竞争形势，制订竞争策略，树立企业良好的形象，进行科学的市场细分，正确的选择目标市场和准确的进行市场定位等。

（2）市场营销战术策划是指企业在战略策划基础上，按照营销战术设计的思路和方向，综合运用各种市场营销手段，进入和占领目标市场，帮助实现战略意图所进行的谋划活动。与战略策划相比，其特点是短期的、局部的、个别的、具体的；其内容包括产品策划、定价策划、促销策划和分销渠道策划；其目的是把战略策划规定的任务落在实处，全面实现策划目标。

（二）营销策划的常用方法

1. 工作流程法

营销策划是一个流程，所谓的流程是指工作事物进行中的流向次序或顺序的布置和安排，包括实际工作过程中的工作环节、步骤和程序。工作流程法是企业按照自己的工作流程和营销策划的活动次序所进行的谋划。

企业的营销策划一般经历七个阶段：确定策划的目的，收集和分析营销策划信息，创意构思与内容提炼，制订策划方案，方案的评估与论证，选择实施策划方案，评估策划效果。

工作流程法三要素包括任务流向、任务交接和推动力量。其中，任务流向是指明任务的传递方向和次序；任务交接是指明任务交接标准与过程；推动力量是指明流程内在协调与控制机制。

2. 模型法

模型是根据已知事实建立的，是对研究对象简洁的仿真性的表述。所谓的模型法是指通过模型来揭示原型的形态、特征和本质的方法，即借助与原型相似的物质模型或抽象反映原型本质的思想模型，间接地研究客体原型的性质和规律。

营销策划模型法是指利用现有的模型进行企业的营销策划，使企业的营销策划工作更为简便、高效。因为模型本身已经经过检验、判断和逻辑分析，并通过实践证明在某种情况下是适用的。

模型法是企业营销策划的重要工具，在营销策划中常用的模型有数学模型和行为模型。数学模型包括市场预测模型、市场决策模型等；行为模型包括促销组合模型、消费者行为模型等。

模型法的使用一般是根据某一特定目的，抓住原型的本质特征，对原型进行抽象反映，通过引入模型，把复杂的原型客体加以简化和纯化，将策划对象的变化及事物之间的关系问题实际化。

3. 案例分析法

案例分析法由哈佛大学开发完成，后被哈佛商学院用于培养高级经理和管理精英的教育实践，逐渐发展成为今天的"案例分析法"。案例分析法是指根据过去成功的案例，吸取其经验进行策划的一种方法。在市场营销策划中，有些情况与过去发生的问题极为相似，甚至可以说是过去的问题的复制或再现。在这种情况下，可以参考过去的案例的操作方法，作为研究新问题的依据。

运用案例分析法的最大优势是可以节省策划成本，提高策划的效率，增强策划可行性程度。

（三）营销策划的常用工具

1. SWOT分析

SWOT分析，即基于内外部竞争环境和竞争条件下的态势分析，就是将与研究对象密切相关的各种主要内部优势、劣势和外部的机会和威胁等，通过调查列举出来，并依照矩阵形式排列，然后用系统分析的思想，把各种因素相互匹配加以分析，从中得出一系列相应的结论，而结论通常带有一定的决策性。

运用这种方法，可以对研究对象所处的情景进行全面、系统、准确的研究，从而根据研究结果制订相应的发展战略、计划及对策等。

S（Strengths）是优势、W（Weaknesses）是劣势，O（Opportunities）是机会、T（Threats）是威胁。按照企业竞争战略的完整概念，战略应是一个企业"能够做的"（组织的优势和劣势）和"可能做的"（环境的机会和威胁）之间的有机组合。

SWOT分析具有显著的结构化和系统性的特征。就结构化而言，首先，在形式上，SWOT分析法表现为构造SWOT结构矩阵，并对矩阵的不同区域赋予了不同分析意义。其次，在内容上，SWOT分析法的主要理论基础也强调从结构分析入手，对企业的外部环境和内部资源进行分析。

2. 7-S模型

7-S模型是美国麦肯锡顾问公司研究中心设计的企业组织七要素，作为营销策划的研究的框架（简称7-S模型），指出了企业在营销策划中必须全面地考虑各方面的情况。7-S包括战略（Strategy）、结构（Structure）、制度（Systems）、风格（Style）、人员（Staff）、技能（Skills）、共同价值观（Shared Values）。也就是说，企业仅具有明确的战略和深思熟虑的行动计划是远远不够的，因为企业还可能在战略执行过程中失误。因此，战略只是其中的一个要素。在模型中，战略、结构和制度被认为是企业成功的"硬件"，风格、人员、技能和共同价值观被认为是企业成功经营的"软件"。麦肯锡的7-S模型提醒世界各国的企业管理人员，软件和硬件同样重要，各公司长期以来忽略的人性，如非理性、固执、直觉、喜欢非正式的组织等，其实都可以加以管理，这与各公司的成败息息相关，绝不能忽略。

3. PDCA循环

PDCA是英语单词Plan（计划）、Do（执行）、Check（检查）和Action（处理）的首字母组合，PDCA循环又称"戴明环"，是美国质量管理学家戴明教授在日本普及质量管理时发明的。PDCA循环是能使任何一项活动有效进行的一种合乎逻辑的工作程序，如图1-2所示。

图1-2 PDCA循环的四个阶段

PDCA循环就是按照这样的顺序进行，并且循环不止地进行下去的科学程序。在这四个阶段中又分为八个步骤，见表1-2。

表1-2 PDCA循環的八個步驟

代号	阶段	步骤
P	计划：包括方针和目标的确定，及活动策划的制订	1.分析现状，找出问题
		2.分析产生问题的原因
		3.找出主要原因
		4.拟定措施，制订计划，回答"5W1H"要素
D	执行：实现计划的内容	5.按照计划具体运作
C	检查：分清对错、找出问题	6.总结计划执行的结果
A	处理：对检查的结果进行处理，对于失败的教训也要总结，引起重视	7.对成功的经验加以肯定，并予以标准化
		8.对没有解决的问题，进入下一个PDCA循环中去解决

以上四个阶段不是运行一次就结束，而是周而复始，一个循环完了，解决一些问题，未解决的问题进入下一个循环，呈阶梯式上升。

4. 帕累托法则

帕累托法则又名80/20定律、最省力的法则。此法则是由意大利经济学家帕累托提出的，被广泛应用于社会学及企业管理学等。

帕累托法则表明，80%的产出源自20%的投入，80%的结论源自20%的起因，80%的收获源自20%的努力。这个20%是关键的少数。营销策划工作也是如此，只要控制住重要的少数，就能控制全局。

该法则认为，世界充满不平衡性，关键的少数处处存在。所以，这个法则被称为最省力法则，是营销策划中的一个重要工具。

任务二
营销策划书的制作

营销策划书是企业根据市场变化和企业自身实力，对企业的产品、资源及市场进行整体规划的计划书，撰写营销策划书是营销策划的最后一步，是将设想、观点、过程变成书面材料，即形成条理化、文字化、结构化的表述。

一、营销策划书的作用、撰写原则与写作技巧

营销策划书一般来说没有一成不变的格式，它根据产品或营销活动的不同要求，在策划的内容与编制格式上也有变化。但营销策划书也有基本要素，其编写也有技巧。

（一）营销策划书的作用

营销策划书既是艰苦的营销策划工作的最后一环，也是下一步实施营销活动的具体行动指

南，其作用如下。

1．准确、完整地表现营销策划的内容

营销策划书作为营销策划的书面反映形式，其内容是否能准确地传达策划者的真实意图，显得极为重要；其完整性是决定以后的活动能否成功的关键。

2．充分、有效地说服决策者

一份合格的营销策划书，首先要做到使阅读者相信，在此基础上再使阅读者认同。对一个策划者来说，首先追求的是让决策者能采纳营销策划中的意见，并按营销策划的内容去实施营销方案。

3．作为执行和控制的依据

一方面，营销策划的任务实施需要不同部门、不同人员之间相互配合进行，执行中需要保证行动的准确性和可控性。另一方面，在执行中需要决策者先接受策划的创意和过程方法、手段，并且在出现异常现象时及时给予控制。只有这两方面功能的实现都有依据，营销策划书才能成为决策者和所有相关人员的工作依据。

（二）营销策划书撰写的原则

为了提高营销策划书撰写的准确性和科学性，应该把握撰写的几个原则。

1．逻辑思维原则

营销策划的目的是解决企业营销中的问题，因此，要按照逻辑思维来构思、编制营销策划书。
（1）设定情况、交代策划背景、分析产品市场情况，在充分分析的基础上，提出明确的目标。
（2）在此基础上，按照营销策划的具体内容项目进行展开，详细阐述策划方案的重要内容。
（3）围绕策划目标，提出解决问题的对策。

2．简洁朴实原则

简洁一般是指语言、内容等简明扼要，无多余内容。朴实是指质朴诚实。营销策划书要突出重点，抓住企业在营销中急需解决的核心问题，并进行深入分析，提出针对性较强的应对策略。营销策划书应能让相关人员一目了然，切忌废话连篇、华而不实。

3．可操作原则

营销策划书是用来指导营销活动的，是能够拿来使用的指导性文件，应具有可操作性。不具操作性的策划方案，创意再好也无任何价值，而且还会耗费企业大量的人力、物力、财力，甚至还可能出现负面影响。

4．创意新颖原则

创意新颖能给人耳目一新的感觉，得到出奇制胜的效果。创意新颖既要体现与众不同，又要符合实际，具有应用性。与众不同才能在营销实践中取得突破性进展，符合实际才能体现创意新颖的实际价值。

（三）营销策划书的写作技巧

营销策划书要求有可信度和说服力，其写作中有些一般性的技巧。掌握这些技巧，撰写营

销策划书时能够更容易把握关键点。

1.合理选择理论依据

要提高策划内容的可信度并便于阅读者接受，就必须寻找理论依据。理论依据要有对应关系，纯粹的理论堆砌不仅不能提高可信度，反而会给人脱离实际的感觉。理论依据的合理选择关键在有理有据，所使用的数据、案例、文字等都要有可靠的出处。

2.适当举例

适当举例是指通过正、反两方面的例子来证明自己的观点。在营销策划书中加入适当的例子，既能起调整结构的作用，又能增强说服力，可谓一举两得。需要指出的是，举例以多举成功的例子为宜，选择一些国内外先进的经验与做法以印证自己的观点。

3.利用数字说明问题

营销策划书是一份指导企业实践的文件，其可靠程度如何是决策者首先要考虑的。策划书的内容不能留下查无凭据的漏洞，要善于使用数据，数据就是最好的依据。在策划书中利用各种绝对数和相对数来进行比较、对照是必不可少的。要注意的是，各种数据最好都明确的有出处，以证明其可靠性。

4.运用图表帮助理解

图表能有助于阅读者理解策划的内容。图表的主要优点在于有强烈的直观效果。因此，用图表进行比较分析、概括归纳、辅助说明的效果较好。图表的另一个优点是能调节阅读者的情绪，有利于阅读者对策划书的深刻理解。同时，图表还能提高策划书的美观性。

5.正确合理利用版面安排

有效利用版面也是撰写策划书的技巧之一。版面安排要考虑的内容包括打印的字体、字号、字与字的空隙、行与行的间隔、插图和颜色等。如果整篇策划书的字体、字号完全一样，没有层次之分，那么这份策划书就会显得呆板，缺少生气。而通过合理的版面安排可以重点突出、层次分明、严谨而不失活泼。

6.注意细节，消灭差错

细节对于策划书来说十分重要，但却往往被人忽视。如果一份策划书中连续错字、别字，就会使阅读者对策划者留下不良的印象。因此，策划书要反复仔细检查，尤其是企业的名称、专业术语、专用英文单词等内容。因为一旦出现差错，阅读者就会对撰写者的水平置疑，策划书的可信度自然也会下降。

二、营销策划书的构成要素与内容结构

（一）营销策划书构成要素和一般格式

1.构成要素

WHAT（什么）——营销策划的目的、内容，即执行什么策划方案。

WHO（谁）——营销策划相关人员，即谁执行策划方案。

WHY（为什么）——营销策划缘由、前景，即为什么执行策划方案。

WHERE（何处）——营销策划实施场所，即在何处执行策划方案。

WHEN（何时）——营销策划的时间，即在何时执行策划方案。

HOW（如何）——营销策划的方法和运转实施，即如何执行策划方案。

HOW MUCH（多少）——营销策划预算，即营销策划需要花费多少钱。

EFFECT（效果）——预测策划的结果，即要有看得见的结论和效果。

任何一种营销策划书必须具备上述八项要素，其中费用、效果两项要素对营销策划方案来说更为重要。不考虑成本的营销策划书可能得不偿失，这样的策划不是成功的策划。效果不明显，属于水平低下的营销策划书。成功的营销策划书必须是少投入大产出，即在必须的投资基础上，能给企业带来显著的经济效益。

2．营销策划书的一般格式

营销策划书的一般格式见表 1-3。

表 1-3　营销策划书的一般格式

项　目	内　容
封面	呈报对象，文件种类 策划名称（策划主题、副标题） 策划者姓名及简介（小组名称、成员名称：单位、职称和姓名） 策划制作年、月、日 编号及总页数
前言	简要介绍营销策划的原因（策划目的） 策划过程的概述（策划摘要） 策划实施后将要达到的状态
目录	按照标准格式列出目录，列出每部分的页码
正文	策划的目标、背景、动机 环境分析、营销策略 策划费用预算表 策划方案进度表（时间、人员、操作等计划表） 策划的预期效果（使用资源、预期效果及风险评估）
附件	可供参考的策划案、文献、案例 对本策划的其他想法 其他注意事项

（二）营销策划书的内容结构

策划书是对于未来的活动或事件进行规划和筹备，为组织者展现活动具体安排和实施方案的文稿。策划书是目标规划的文字书，是实现目标的指路灯。营销策划书包括以下基本要素。

1．封面

一份好的营销策划书，不仅内容要精彩，封面排版也很重要，封面就是脸面。封面能产生强烈的视觉效果，给人留下深刻的第一印象，对内容也有辅助性作用。封面设计原则是醒目、整洁、不花哨。封面的文字字体、字号、颜色都需要认真设计。

营销策划书封面能提供的信息如下。

策划书的名称。将活动或事件的具体名称写在页面的正中位置，如"×年×月××大学××活动策划书"，当然可以写完正标题后将此作为副标题写在下面，而且要写得具体、清楚，例如，"品牌营销策划书"的名称不完整、不准确，应该修正为"××品牌营销策划书"。

策划机构或策划人的名称。注明组织者、参与者姓名、工作单位，如果是小组策划应注明小组名称、负责人、所有的参与者。

策划完成日期及本策划适用时间段。必须按照营销策划书实际完成的时间据实填写，如果需要修正之后重新定稿，除了填写"×年×月×日完成"之外，还要加上"×年×月×日修正定稿"。营销活动随着市场变化而变化，营销策划不可能一成不变。因此，为了保证营销策划执行效果，要明确策划书所适用的时间段。

2．前言

前言的作用，一方面是对策划内容的高度概括性表达，另一方面在于引起读者的兴趣激发读者阅读正文的强烈欲望。因此，撰写前言最好采用概括力强的方法。前言的文字不能过长，一般不要超过一页，字数应该控制在500~1 000字。具体内容包括：

（1）简单论述接受营销策划委托的情况。如××公司接受××公司的委托，就××年度的促销计划进行具体策划。

（2）进行策划的原因，将策划的重要性和必要性表达清楚，以吸引读者进一步阅读正文。

（3）策划过程的概述及对策划实施后要达到的理想状态进行说明。

（4）策划及策划书的特色，参加人员的情况及致谢等。

3．目录

目录是营销策划书的题目清单，其作用如下。

（1）可以使营销策划书的内容、结构一目了然。

（2）可十分方便地查找到营销策划书的相关内容。

（3）目录的作用是让人对营销策划书的全貌一目了然，引发继续阅读的兴趣，如果目录不能吸引读者，激发读者的兴趣，那么读者可能就不会继续阅读了。

4．正文

正文是营销策划书的重要组成部分，这里以一般以整体策划书为例简单介绍。

（1）营销策划的目的。活动的目的应该简要地描述出来。同时将目的要点表述清楚，在陈述目的要点时，该活动的核心构成或策划的独到之处及由此产生的意义都应该明确。活动目标要具体化，并需要满足重要性、可行性、时效性。营销策划目的基本包括：

①企业开张伊始，尚无一套系统营销方略，因而需要根据市场特点策划出一套营销计划。

②企业发展壮大，已有的营销方案已不适应新的形势，因而需要重新设计营销方案。

③企业改变经营方向，需要相应地调整营销策略。

④企业原有的营销方案严重失误，不能再作为企业的营销计划。

⑤市场行情发生变化，原营销方案已不适应变化后的市场。

⑥企业在总的营销方案下，需要在不同的时段，根据市场的特征和行情变化，设计新的阶段性方案。

（2）分析当前的营销环境状况。

①当前市场状况及市场前景分析。其具体包括：产品的市场性——现实市场及潜在市场状况。市场成长状况——产品当前处于市场生命周期的哪一阶段。对于处在不同市场阶段的产品，公司营销侧重点如何，相应营销策略效果怎样，需求变化对产品市场的影响。消费者的接受性——需要策划者凭借已掌握的资料分析产品市场发展前景。

②对产品市场影响因素进行分析。其具体包括：对影响产品的不可控因素进行分析，如宏观环境，政治环境，居民经济条件，消费者收入水平、消费结构、消费心理等。对一些受科技发展影响较大的产品，如计算机、家用电器等，营销策划中还需要考虑技术发展趋势的影响。

（3）市场机会与问题分析。营销方案，是对市场机会的把握和策略的运用。因此分析市场机会，就成了营销策划的关键。找准了市场机会，策划就成功了一半。

①针对产品当前营销现状进行问题分析。一般营销中存在的具体问题，表现为多方面：企业知名度不高、形象不佳影响产品销售；产品质量不过关，功能不全，被消费者冷落；产品包装太差，提不起消费者的购买兴趣；产品价格定位不当；销售渠道不畅，或渠道选择有误，使销售受阻；促销方式不佳，消费者不了解企业产品；服务质量太差，令消费者不满；售后保证缺乏，消费者购后顾虑多；等等。

②针对产品特点分析优、劣势。从问题中找劣势予以克服，从优势中找机会，发掘其市场潜力。把各目标市场或消费群特点进行市场细分，对不同的消费需求尽量予以满足，抓住主要消费群作为营销重点，找出与竞争对手的差距，把握并利用好市场机会。

（4）营销目标。营销目标是在营销策划目的的基础上，公司所要实现的具体目标，即营销策划方案执行期间，经济效益目标达到：总销售量为×××万件，预计毛利×××万元，市场占有率实现××。

（5）营销战略。

①营销宗旨。一般企业可以注重这几方面：以强有力的广告宣传顺利拓展市场，为产品准确定位，突出产品特色，采取差异化营销策略；以产品主要消费群体为产品的营销重点；建立相应的销售渠道，不断拓宽销售区域等。

②产品策略。通过前面产品市场机会与问题分析，提出合理的产品策略建议，形成有效的4P组合（产品、价格、地点、促销），达到最佳效果。产品策略应包括以下几项内容。

a. 产品定位——产品市场定位的关键是在顾客心目中寻找一处空位，使产品迅速启动市场。

b. 产品质量——产品质量就是产品的生命。企业对产品应有完善的质量保证体系。

c. 产品品牌——要形成一定知名度、美誉度，成为消费者心目中的知名品牌，必须有强烈的品牌意识。

d. 产品包装——包装作为产品给消费者的第一印象，需要迎合消费者的想法使其满意。

e. 产品服务——策划中要注意产品服务方式、服务质量的改善和提高。

③价格策略。价格的变化会引起产品销售量和消费者购买行为的变化，如采取拉大批零差价，调动批发商、中间商积极性；给予适当数量折扣，鼓励多购；以成本为基础，以同类产品价格为参考。以此使产品价格更具竞争力，这些都是确保定价策划成功的因素。

④销售渠道。了解产品当前销售渠道状况，拓展销售渠道，采取一些实惠政策鼓励中间商、代理商的销售积极性或制定适当的奖励政策。

⑤广告宣传。其遵守的原则是：

a.服从公司整体营销宣传策略，树立产品形象，同时注重树立公司形象。

b.长期化策略。广告宣传商品的变换频率不宜过快，否则，不仅会使新顾客不认识商品，也会使老主顾觉得陌生。

c.广泛化策略。广告宣传媒体选择方式多样化，注重选择宣传效果好的方式。

d.不定期的配合阶段性的促销活动，如重大节假日、公司有纪念意义的日期等。

其实施步骤可按以下方式进行：策划前期推出产品形象广告；销后适时推出诚征代理商广告；节假日、重大活动前推出促销广告；把握时机进行公关活动，接触消费者；积极利用新闻媒介，善于利用新闻事件提高企业产品知名度。

⑥具体行动方案。根据策划期内各时间段特点，推出各项具体行动方案。行动方案要细致、周密，操作性强又不乏灵活性。还要考虑费用支出，一切量力而行，尽量以较低费用取得良好效果为原则。尤其应该注意季节性产品淡、旺季营销侧重点。

（6）费用预算。费用预算指整个营销方案推进过程中的费用投入，包括营销过程中的总费用、阶段费用、项目费用等，其原则是以较少投入获得最优效果。

（7）方案调整。方案调整是策划方案的补充部分。在方案执行中可能会出现与现实情况不相适应的地方。因此必须根据市场的反馈及时对方案进行调整。

营销策划书的编制一般由以上几项内容构成。企业产品不同，营销目标不同，则所侧重的各项内容在编制上也可有详略取舍。

5. 附件

（1）文献资料。有助于本策划书的各种参考文献资料，包括报纸、杂志、书籍、演讲稿、企业内部资料、政府统计资料、调查报告等，均应一一列出。一是可以表明策划者负责的态度，二是可增加营销策划方案的可信度。

（2）其他注意事项。为了使策划顺利进行，其他重要的注意事项应附在策划方案上。如执行本策划应该具备的条件，必须得到哪些支持，需要进一步说明的内容等。一个大策划书，可以有若干子策划书。

如有附件，既可以附于策划书后面，也可以单独装订。策划书需从纸张的长边装订。

（三）营销策划书要点把握

1. 活动背景清晰

阐明基本情况：主要执行对象、近期状况、组织部门、活动开展原因、社会影响，以及相关目的动机。

2. 区分目的与目标

目的是实现未来理想和建立价值观的努力对象。目标则是实现具体的目的而设定的直接对象。二者之间有着直接的联系，也有区别。

为了实现目的，必须设定若干个目标。如果忽视这一点，一口气冲向目的，便会遇到挫折。

目的是超越时间的概念，但是很多策划人往往把目的当成目标，这样在目的不能很快实现的情况下，就会使策划人产生挫败感。

如果没有明确的目的，仅仅在当前的目标周围打转，就会目光短浅，随波逐流。

3. 准确确定资源

列出所需人力、物力、财力，包括使用的地方，如使用活动中心都应详细列出。可以列为已有资源和需要资源两部分，不能脱离实际而纸上谈兵。

4. 文字与图表兼用

作为策划的正文部分，表述应要力求详尽，除文字表述外，也可适当加入统计图表、流程图或系统图等；对策划的各工作项目，应按照时间的先后顺序排列，绘制实施时间表有助于方案核查。人员的组织配置、活动对象、相应权责及时间地点也应明确，执行的应变程序也应该在这部分加以考虑。

5. 不确定因素预估

内外环境的变化，不可避免地会给方案的执行带来一些不确定性因素。因此，当环境变化时应急措施等方面也应在策划中加以说明。

任务三
优秀营销策划人的培养

一、营销策划人的概述

（一）策划人

1. 策划人的概念

策划人，顾名思义是指专门从事策划工作的人或说以策划为职业的人。其策划的内容、范围五花八门，有大有小，共同的特点是靠"好点子"出奇制胜。

2. 策划人的历史渊源

自古以来不乏专职从事类似策划的人物，甚至有大批策划人因能力杰出、业绩突出而流传千古的人物。

古代的"谋士"是专职设谋献计的人，谋士指的是运用巧妙的计策而完成某一事业或得到某一结果的人，也指有智谋的人。

古时的谋士，有相当一部分是"学而优"却不能"仕"的读书人，常以"门客""军师""幕僚"等身份，为自己的"主人""主公"出谋划策，排忧解难，有时甚至以死相报。

春秋战国时期谋士这个职业很受欢迎，秦汉三国之时，谋士地位依然较高。汉唐时期谋士开始有了细分，从政的称之为丞相、宰相；从军的称之为军师，大抵相当于后来的参谋长，诸如此类。后来，有部分谋士被分流到了商业领域。

在古代，谋士是贵族的一种，贵族一共有四等，天子、诸侯、卿大夫、士。靠辩论、说服、出谋划策来谋生的士，也叫说客和辩士。谋士相当于现在的政治顾问、智囊。

3．谋士的特点

策划是计谋的筹划，古代从事策划的人一般不参与具体执行，多是通过头脑中经验的积累和对环境、目标活动的信息进行分析，为现实活动出谋划策，提出富有创意的行动方案。

历史上，我们经常会联想到的谋士，如张良、孙膑、郭嘉、贾诩、范增、陈平等人，这些人有一个共同的特点：只负责出谋划策，而不负责实施。而韩信、诸葛亮等人虽然也能谋划，但他们都亲自参与指挥实施，所以很少有人称韩信、诸葛亮等人为谋士，由此我们可以得出：谋士只负责出谋划策，并不亲自参与实施。

4．现代策划人产生

当代"谋士"所做的事情并不局限于某个专业或某个领域，而是以个人的成熟思想融会贯通到工作、生活、社会、科技、商业、军事、医学等方方面面。

现代策划人起到帮人分析所面临的复杂局面，并给出应对建议的作用。生活与工作中每个人都会遇到难于处理的问题，只是往往求助于朋友或亲人，把他们当作自己的谋士。而在高位的人面对复杂局面更多，朋友或亲人的参谋力量就很有局限性了，这就需要有更强谋划能力的专职人员来协助。

随着世界和平发展、经济繁荣，现代策划多用于经济事务中，即产生了营销策划。随着社会分工协作的要求，专门服务于策划的公司成立，专职从事策划的职业人产生。

（二）策划人的使命

1．为策划对象注入思想

策划人与一般人的区别不单纯在技巧上，更在于思想上，策划人应该有创新的思想，才能体现其存在的社会价值。

2．为策划对象创造效益

策划人的作用就是帮助策划对象以最低的投入或最小的代价达到预期目的，赢得更高的经济效益、社会效益。策划人为实现上述目标，要在科学调查研究的基础上，运用掌握的策划技能、新颖超前的创意和跨越式思维，对现有资源进行优化整合，并进行全面、细致的构思谋划，从而制定详细、可操作性强的方案。

3．不断追求自身升华

当代谋士和古代谋士也有所不同，在知识面方面，古代谋士主要集中在政治、军事、医学、天文、地理、生活方面，知识面主要是以《易经》为源头的古典科学。而当代谋士所需涉及的知识面要远远超越古代谋士。在思想与思维方法上除了要继承中国优秀传统思想与思维方法，同时还需要融入西方思维模式。

策划人要不断学习才能跟上时代步伐，所做出来的策划方案才不会脱离实际。"打铁首先自身硬"，策划人只有不断地追求自我提升，才能保证在策划活动中能出类拔萃、独辟蹊径。优秀的人才能设计出优秀的方案，提升自己也是保证对策划对象负责任的体现。

（三）营销策划人的选择

营销策划人既可以来自企业内部，也可以来自企业外部。其选择的标准是保证策划效果实现的前提下，成本低、方便快捷。

1．使用企业内部营销策划人

使用企业内部策划人，如企业市场部、广告部、公关部等部门让具备策划能力的员工来完成策划的任务。其优点是内部人员比较熟悉企业资源状况和条件，熟悉行业的市场情况，制订的策划方案可操作性比较强。缺点是方案的创意和理念受到企业文化、管理体制、企业领导人个性和观念的影响，往往缺乏开拓创新的精神。另外，有时企业缺乏高素质的专业性的营销策划人。

2．使用企业外部营销策划人

使用企业外部策划人，如企业委托专门从事营销策划的公司或个人，包括营销策划公司、营销咨询公司、广告公司、调研公司、公关公司、高等院校和科研机构的专家教授等。其优点是外部人员视角独特、创意新颖，往往摆脱了传统习惯思维的束缚。方案理念设计的战略指导性强，策略制订的逻辑性和系统性较强。缺点是常常对行业、企业、市场及企业营销的运作时机缺乏深入细致的了解，设计的方案有时缺乏可操作性，运作费用投入比较大。

二、营销策划人的素质

要想营销策划达到预期目的，无论是选择内部营销策划人还是外部营销策划人，都要求营销策划人具备多方面的素质，这些素质主要包括知识素质、心理素质和能力素质三个方面。

（一）知识素质

优秀的营销策划人员需要具备扎实的知识素质，具体包括以下几个方面。

1．理论知识

营销策划是创造性活动，具备扎实的专业理论知识是非常重要的，包括与营销策划工作相关的诸如经济学、心理学、传播学等基础性理论，营销学、广告学等专业性知识，策划中与成本控制相关的会计学、统计学等。尤其是营销实务知识，包括市场调研、营销策划程序、营销整体策划、营销战略策划、产品策划、定价策划、渠道策划、广告策划、公关策划和现场销售技能技巧等，更要扎实掌握。

有了扎实的理论知识，才能保证营销策划过程中不至于出现失误。

2．社会生活知识

营销活动直接与广大公众紧密相关，营销策划活动自然离不开社会生活。掌握丰富的社会生活知识，了解社会现象，掌握社会心理，尊重并利用社会风俗习惯，才能设计出与广大消费者密切相关的策划，才能创造出"人人心中有、各个语中无"的效果，创造出紧密贴切、深入人心的营销策划方案。社会生活知识缺失的策划，容易脱离实际，变成貌似华丽而难以操作的方案。

3．政策法规知识

政策法规既是影响营销活动也是企业无法控制的因素，因此，营销策划过程中不能违背政策法规。政策法规与企业二者之间联系紧密，企业如果能够调整好自身适应政策法规，政策法规就会起到保护企业利益的作用。营销策划人员要懂得遵守政策法规，同时要懂得利用政策法规，在遵纪守法的前提下为企业抓住营销机会。

（二）心理素质

1. 保持自信

强烈的自信心及追求目标实现的必胜信念是事业成功的基础，是人们行为的内驱动力，也是创新思维不竭的思想源泉。策划人员如果对自己从事的事业充满信心，那么成功的信息就会传入他的脑海，使他处于一种积极亢奋的状态之中。在这种情况下，一种强大的精神力量就会自然而生，人的潜能也会得到充分发挥，此时一切克服不了的困难、摆脱不了的困境，都不再是不可逾越的障碍，甚至还可以创造奇迹。

2. 存疑与挑战

存疑和质疑都是策划人应该具备的素质，存疑是在好奇心、求知欲驱使下，刨根问底地追问为什么，对不理解的地方进行分析。质疑是不盲从、敢于提出疑问，策划人员要敢于接受挑战，不要害怕被他人否定，在自己确定一项方案之后，就应当有勇气接受他人的批评与挑战，否则永远也做不出令自己满意的方案。

3. 果断与创造

所谓果断，是指在复杂多变的困难条件下，辨析事情真相、机智灵活地衡量利弊、迅速果断地做出决策并积极地贯彻实施。果断是创新心理的行动表现，是创新意识的外在化、行为化。我们知道，任何决策都有风险，有百分之百把握的决策，其实已失去了决策的意义。只要有百分之六十的可能性，就应当当机立断，不能有半点的犹豫与彷徨。智慧的头脑必须以果断的胆魄为翅膀，才能飞抵创意与策划成功的彼岸。

缺乏果断的判断是一种自卑的畏惧心理，持有这种心理的人总是谨小慎微、不敢冒险、不敢竞争，凡事总要三思而后行，结果就因为缺乏创新进取的能力而满足于现状，从而失去了成功的机会。所以，作为一名策划人员，应当克服这样的缺点。

策划是创造性的活动，策划人员必须有独特的见解和与众不同的构想，不能人云亦云，要敢于创新、求新图变、摆脱依赖性。

4. 严谨与坚韧

严谨是指策划人员态度要严肃谨慎、细致、周全、完善，既要关注全局性大问题，也要对每个环节、每个细节精益求精。任何一个环节、细节被忽略都可能影响整体策划工作的质量和效率。优秀的策划人不仅要崇尚科学、尊重事实还要思维严密，追求科学性、严密性、系统性和高效性的方法。

坚韧是指人们为了实现一定的目的而去克服困难的毅力，是指人们坚定不移、不达目的誓不罢休的精神状态。毅力具有两个基本特征：坚持性和方向性。人的一生何其短暂，每个创意与策划目标的完成，都是高强度的智力与意志活动，策划人如果没有在一定时间里围绕某一目标持久而专一的热情与不达目的誓不罢休的决心，是不可能实现真正的创新的。

5．处变不惊

策划人必须具备应变能力。现代社会瞬息万变，市场更是变幻无穷。这便要求策划人不但要习惯面对瞬息万变的市场环境，而且还要能够对眼前的变化迅速做出相应的反应，即拿出自己的策划对策。

策划人提高自己的随机应变能力，在意外发生时就可以较为从容地进行处理。这就需要策划人员不断地积累总结经验，同时，不断地学习掌握更多的方法技巧。

（三）能力素质

1．洞察能力

洞察的意思是看穿，观察得很透彻，专指发现事物内在的内容或意义。洞察能力就是指策划人具备全面、正确、深入地分析、认识客观现象的能力。企业策划人的洞察力对于策划结果的质量具有直接的影响。策划人应该具备统观全局、全面分析的能力，具备透过现象抓住本质及着眼发展、科学预见的判断能力。只有这样，策划人才能够保证策划的针对性，找到解决问题的关键所在，获得策划的成功。"察人之所未察，见人之所未见"，是对策划人洞察力要求的具体描述，策划人应该善于从过去和现在的资料文献中发掘具有创意策划的重要素材。洞察力有时也被称为对事物发展变化的敏感力和分析力，这是策划人应具备的最基本素养。

2．想象能力

想象是一种特殊形式的思维，它是以感性材料为基础，把表象的东西重新加工而产生的新形象，在头脑中创造出新形象的能力，是在头脑中创造思想画面的能力。

营销策划工作是一种特殊的思维创新活动，按部就班、踩着他人的脚印走路，是不可能有所作为的。只有建立在丰富的想象和创新基础之上的营销策划才能引起公众的广泛关注和支持，从而取得出人意料的营销活动效果。想象力要丰富，要新奇，营销策划要脚踏实地，细致缜密，这是对一个优秀营销策划者的要求。营销策划者的想象能力，最大的特点在于"出奇""求新""突破"。

这就要求营销策划者有敢于打破常规、不拘一格探寻问题的习惯，即培养创造性思维的习惯，培养超常规的思考动机。

3．分析能力

分析能力包括分析、判断与决策能力，是指把一件事情、一种现象、一个概念分成简单的组成部分，找出这些部分的本质属性和彼此之间的关系单独进行剖析、分辨、观察和研究的一种能力。包括将问题系统地组织起来，对事物的各个方面和不同特征进行系统的比较；认识到事物或问题在出现或发生时间上的先后次序，在面临多项选择的情况下，通过理性分析来判断每项选择的重要性和成功的可能性，以决定取舍和执行的次序；对前因后果进行线性分析的能力；等等。

（1）善于综合分析。全面地考虑各种因素，善于在整体和全局中把握营销的时机和策略。

（2）善于处理判断信息。一位优秀的营销策划者首先应该使自己及部门成为本组织的信息中心，能迅速察觉和了解组织和外部所发生的各种情况，并善于捕捉各种信息。能对量大面广的原始信息进行必要的预先处理分析，将信息进行归类排列，去伪存真，去粗取精。

（3）以战略的胆识，择优决断。从本质上讲，营销策划是一种决策过程。因而进行择优决断就成了营销策划者能力的重要方面。

4. 整合能力

策划人不是比别人更高明，而是善于把各种资源要素整合在一起，协调各方面的力量形成合力，达到策划目的。策划人必须学会使用"整合"这一锐利的武器，去夺取最后的胜利。

策划人的整合能力的高低，基于其理性思维能力的高低，还基于策划人对信息情报资源的大量、合理、高效的占有能力。所以策划人的整合能力是有前提的，只有在其占有足够多的信息，并且进行理性分析之后做出合理取舍，才能使策划活动具有创新性和创造性。

5. 执行能力

"纸上得来终觉浅，绝知此事要躬行"，策划人在构思之后，自然就应当采取实际的行动，策划人不仅要勤于思考，更要敏于行动。有时实际操作能力甚至成为策划方案能否成功的关键，否则，就是纸上谈兵。何况策划不仅是搞出策划方案，还必须设计出切实可行的操作流程和方式，尤其是基层的策划人员必要时要指挥、监督甚至要具体操作执行。如果说作为总策划或首席策划，主要的工作是解决定性与定位的问题、考虑整体的战略问题；作为一般的策划人员，则主要是更多地考虑定量的战术和具体问题，他们要参与许多实际的操作过程，如市场调研、信息收集反馈、广告制作与监测、媒介的组合、销售队伍的培训、营销组合及推广等。

本章小结

1. 策划是有计划地实施谋略，策划是谋略，但不是普通谋略，不仅仅是想出计策，而且是有计划地实施过程。营销策划是运用谋略而进行的营销活动与理性行为，借助科学方法与创新思维，制订出可行的方案。策划不同于计划，与决策和"出点子"也有所不同。策划必须有三要素：策划创意、策划目标和策划的可操作性。营销策划的内容包括观念策划、战略策划、市场定位策划、企业产品策划等。营销策划的原则是创新原则、系统原则、可行性原则、战略原则、超前原则、权变原则、效益原则和心理原则。策划过程要遵守一定的程序。策划按照对象类别可分为企业策划、商品策划和服务策划；根据发展程序分为市场选择策划、市场定位策划、市场渗透策划和市场开发策划；按照营销过程分为产品策划、定价策划、促销策划和分销渠道策划；按照不同层次划分为战略策划和战术策划。策划所使用的方法包括工作程序法、模型法和案例分析法。所使用的工具包括SWOT分析、7-S模型、PDCA循环和帕累托法则等。

2. 策划书是策划过程的最后阶段，要求把策划内容以文字、图表的形式展现，便于审核得到认同，付诸实施。策划书编写的作用包括三个方面：把策划目标、内容、方法进行准确的表达；对决策者和将来使用过程中的消费者进行有效的说服；策划书也是未来执行策划的依据。策划书编写的原则是使用逻辑思维原则、保持简洁朴实原则、确保可操作性原则和创意新颖原则。策划书写作过程要使用一定的技巧，首先要保证策划内容方法有理论依据，而不是凭空想象或主观臆造；要适当的举例说明，增加说服力；用数据说话、图表展示，可以帮助相关人员更好地接受认同策划书的观点、方法。策划书的构成要素在于5W2H1E，与以往接触过的5W1H不同的是，增加了预算数量指标和策划效果。5W1H要素适合于计划，而策划要考虑投入与产出。策划书的格式包括封面（其内容有名称、策划人、时间段等）、前言（内容包括简述策划书内容、策划的原因、策划实施效果和策划书的特色）、目录（将各个部分的内容与页码相对应，便于阅读者使用）、正文（详细叙述策划目的、环境、机会、目标、战略、预算调整等内容）、附件（策划所使用的参考文献和信息来源，策划过程的注意事项等）。编写策划书要做到活动背景要清晰、目标目的要区分、准确确定资源、文字图表要兼用和不确定因素要预估出来。

3. 任何策划都是由人来完成的，人的质量决定着策划的质量。优秀策划人在策划中不可或缺，发挥重要作用。策划人是专职从事策划的人或在策划中有智慧的人，策划人自古就有，专门为掌权者提供方案。策划人的使命是给社会、组织、个人注入思想。创新的思想是实现策划目的的首要因素；要保证能够为策划单位创造效益，这是策划有效性的根本条件；策划人要不断地提升自己，只有与时俱进，才能使策划不过时。策划人可以是企业内部人员也可以是企业外部人员，要根据具体情况灵活掌握。优秀的策划人是由其素质决定的，应该具备的素质包括知识素质（理论知识、社会生活知识和政策法规知识）、心理素质（保持自信、存疑与挑战、果断与创造、严谨而坚韧、处变不惊）、能力素质（洞察能力、想象能力、分析能力、整合能力和执行能力）。

实训项目

一、知识选择训练

1. 营销策划的特点有（　　　）。

　　A. 前瞻性　　　　　B. 全局性　　　　　C. 概括性　　　　　D. 创新性
　　E. 系统性

2. 营销策划三要素是（　　　）。

　　A. 创意　　　　　B. 目标　　　　　C. 可操作性　　　　　D. 完整性
　　E. 可借鉴性

3. 按照策划对象划分，策划分类可分为（　　　）。

　　A. 企业策划　　　　　B. 战略策划　　　　　C. 商品策划　　　　　D. 服务策划

4. 按照发展程序划分，策划分类可分为（　　　）。

　　A. 市场选择策划　　B. 市场定位策划　　C. 产品定位策划　　D. 市场开发策划

5. 营销策划方法包括（　　　）。

　　A. 数理统计方法　　B. 工作程序法　　C. 模型法　　　　D. 案例分析法

6. 策划人必须具备的优秀素质包括（　　　）。

　　A. 心理素质　　　　　B. 政治素质　　　　　C. 知识素质　　　　　D. 能力素质

7. 优秀策划人的能力素质包括（　　　）。

　　A. 洞察能力　　　　　B. 想象能力　　　　　C. 整合能力　　　　　D. 写作能力
　　E. 分析能力

8. 策划活动中要遵守的原则包括（　　　）。

　　A. 创新原则　　　　　B. 可行原则　　　　　C. 预见原则　　　　　D. 系统原则
　　E. 动态原则　　　　　F. 心理原则

二、案例分析训练

速溶咖啡在美国产生时，制造商一开始认为，速溶咖啡与手磨咖啡相比，最大的好处是能使家庭主妇从烦琐的制作劳动中解脱出来，省时省力是亮点。没想到销售平平，亮点没得到认同。

经过深入调查发现：制造商好心设计的亮点被误解，手磨咖啡费时费力，恰恰在传统观念中被认为是勤快的标志，速溶咖啡省时省力是懒惰主妇所追求的。经过创新策划，速溶咖啡厂商开始宣传速溶咖啡醇香美味的特点，宣传其不仅不比手磨咖啡味道差，而且有方便独到的特点。通过邀请当时的总统品尝的广告形式，被消费者理解、认同，快速进入千家万户。

问题：从这个案例我们可以得到哪些启示？

三、营销策划创意分析

1. 红海滩风景区坐落于辽宁省盘锦市大洼县赵圈河乡境内，总面积有 20 余万亩。景区以红海滩为特色，以湿地资源为依托，以芦苇荡为背景，再加上碧波浩渺的苇海，数以万计的水鸟和一望无际的浅海滩涂，这里成为一处自然环境与人文景观完美结合的纯绿色生态旅游系统，被誉为拥有红色春天的自然景观。

问题：

（1）假如对红海滩的植物按照植物学的名称进行宣传，会收到如此的效果吗？

（红海滩上的植物是非常普通的碱蓬菜，有的地方也称之为碱蓬草、荒碱菜，它味道苦涩、生命力极强、浑身有刺，属于藜科植物。但凡有盐碱的地方，都生有这种植物，在没有现代猪饲料时，人们把它的嫩芽和菜籽采来喂猪）。

（2）抓住这种植物成熟期呈现红色的特点，与人们习惯中的海边沙滩印象形成反差，达到出奇制胜的效果，这就是成功的策划创意。从红海滩风景区的创意中，我们可以得到哪些启发？

（3）参考练习对普通的事物，找出关键点，提出新的创意。

2. 讨论蜜雪冰城成功的创意。

问题：

（1）其创意回避了哪些容易被误解的方面？

（2）其创意是如何赢得消费者认同的？

项目二
企业市场营销战略策划

学习目标

1. 掌握企业战略的概念，准确理解企业战略策划要素。
2. 认识企业战略分析、实施和控制的具体内容、实施原则和控制手段。
3. 理解企业基本战略与企业形象策划的内容。

能力目标

1. 熟悉制订企业战略的流程方法。
2. 掌握企业市场地位和不同业务的分析技巧。
3. 掌握企业发展战略和竞争战略的具体方法。

实训目标

引导学生在掌握知识的基础上，完成企业战略的模拟实训任务。

案例导入

　　2018 年 1 月 8 日晚，中国一汽红旗品牌战略发布会在北京人民大会堂盛大举行。中国第一汽车集团有限公司董事长、党委书记徐留平等领导班子成员和来自汽车产业界、科技与互联创投界、艺术文化界、体育界、影视界等各界嘉宾，以及全国各地的近千家媒体，共同见证了这一红旗发展史上里程碑式的重要时刻。新红旗品牌战略掀开了"新时代、新红旗"振兴的新篇章。徐留平董事长表示："新红旗的品牌理念是'中国式新高尚精致主义'，品牌目标是成为'中国第一、世界著名'的'新高尚品牌',满足消费者对新时代'美好生活、美妙出行'的追求,成功地肩负起历史赋予的强大中国汽车产业的重任。为达成这一使命,新红旗将奋力向2020年销量10万台级,2025年30万台级,2035年50万台级的宏伟目标迈进。"

在新红旗的品牌理念中,"新高尚"是其核心。所谓新高尚,是指在中国传统优秀文化基础上融入中国先进文化内涵的高尚道德情操。当前中国已进入新时代,"新高尚"是对民族文化自信和进取精神的突出展现,以及对民族大义的重要担当。

全新品牌战略的背后,是新红旗在设计、研发、生产、品质、前瞻技术、服务、生态出行等各个方面的强大实力。在设计方面,新红旗运用了全新语言——以"尚·致·意"为核心理念,畅情表达、充分演绎"中国式新高尚精致主义"。"新红旗"概念模型车则展现了未来新红旗家族的统一设计语言:"高山飞瀑、中流砥柱"的格栅,"气贯山河、红光闪耀"的贯通式旗标,"梦想激荡、振翅飞翔"的前大灯,"昂首挺胸、雄旗飘扬"的腰身,"流彩纷呈、定海神针"的轮标,以及"中华瑰宝,经典永恒"的汉字"红旗"尾标。

同时,中国一汽还在发布会上公布了全新红旗徽标,其理念来源于迎风飘扬的红旗,象征奋进向上的红旗精神。徽标采用金色与红色的搭配,体现中国特色和精致;对开的红旗寓意红旗品牌旗开得胜;并以经纬线条展现万物互联的新时代。全新红旗徽标将呈现于红旗车型的方向盘和轮毂上。

在全新品牌战略引导下,未来新红旗家族将包括四大系列产品:L系——新高尚红旗至尊车、S系——新高尚红旗轿跑车、H系——新高尚红旗主流车、Q系——新高尚红旗商务出行车四大系列产品。在2025年前,新红旗将推出17款全新车型。

在研发领域,中国一汽已构建了"一部四院"研发体系的技术支撑和"三国五地"的全球研发布局。其中,长春是其全球研发总部,并新组建了造型设计院、新能源研发院、智能网联研发院;前瞻技术创新分院和体验感知测量研究院在北京;新能源研发院在上海;前瞻设计创新分院在德国慕尼黑;人工智能研发分院在美国硅谷。

新红旗将坚持"极致标准、极致要求"的理念,打造极致品质。为此,新红旗调集优势资源,建立了世界一流的质量标准和过程质量控制要求;坚持使用全球最优秀供应商;投入核心资源建设世界顶级制造基地。

在技术支撑和品质保障基础上,新红旗将直接切入新能源领域,以全部电动化作为驱动动力,在2018年推出首款纯电动车,在2020年推出巡航里程达600千米的FME平台系列电动车,到2025年将推出15款电动车型。

新红旗还将把智能网联作为核心,在2019年推出实现L3级自动驾驶的量产车型,到2020年推出实现L4级自动驾驶的量产车型,2025年实现L5级自动驾驶。

此外,新红旗还将通过以红旗"心服务"为用户提供极致服务,以"智慧城市、智慧居住、智能交通、智能汽车、智享出行、智享生态"为主线构建"智能出行生态圈",打造"新红旗绿色智能小镇"等一系列举措,为消费者打造极致的用车体验、高品质出行体验和美好的生活体验。

作为国人情思所系的国车第一品牌,红旗经历过辉煌,也曾经历挫折。如今,中国特色社会主义进入了新时代,中华民族的伟大复兴踏上了新征程,这为红旗振兴提供了"民族之运";人民群众对美好生活的追求和向往,以及消费理念和品味的更加高尚、自信和成熟，为红旗振兴提供了"民众之运"；而中国汽车产业正在迎来"立世界汽车产业之标杆，开全球汽车产业之先河"的绝好机遇，这为红旗振兴提供了"产业之运"。

在这重要的历史时刻，全新红旗品牌战略应"运"而生，可谓具备了天时地利人和。与此同时，新红旗更得到了一汽内外各方的热情支持和鼎力相助。从供应商到经销商伙伴，从互联网巨头企业到顶尖创投机构，从名人大咖到热情粉丝，从行业专家到媒体记者，新红旗的支持者、合作者遍及各个领域。

习近平主席在十九大报告中指出："今天，我们比历史上任何时期都更接近、更有信心和能力实现中华民族伟大复兴的目标。"这句话鼓舞着一汽人坚定振兴红旗，坚决实现"产业报国、工业强国""强大中国汽车产业"的初心，新红旗将全力以赴、勇往直前，为新时代的消费者带来美妙的出行生活！

任务一
企业战略知识储备

一、企业战略含义、特点及策划要素

（一）企业战略含义

1．战略

"战略"（strategy）一词最早是军事方面的概念。在西方，"strategy"一词源于希腊语"strategos"，意为"将领"。后来演变成军事术语，指军事将领领导军队、运用军事力量作战的谋略和艺术。在中国，"战略"一词历史久远，《辞海》中对战略的定义为：泛指重大的、带有全局性和决定性的计谋。"战"指战争，"略"指"谋略""施诈"。春秋时期孙武的《孙子兵法》被认为是中国最早对战略进行全局筹划的著作。

2．企业市场营销战略

企业市场营销战略，是指企业在现代市场营销观念下，为实现其经营目标，对一定时期内市场营销发展的总体设想和规划。主要涉及组织的长期发展方向和范围，使企业与环境变化相适应，尤其是企业战略确定的目标，必须与企业的宗旨和使命相吻合，以达到满足市场需要、消费者需要和企业实现预期的目的。

企业战略是一种思想，一种思维方法，也是一种分析工具和一种较长远的整体的规划。

（二）企业市场营销战略特点

1．全局性特点

企业的市场营销战略体现了企业全局的发展需要和利益。例如，如何估计一定时期内市场需求发展的趋势和变化，相应地发展某一新技术，推出某一新产品，这是关系企业发展兴衰的大事，属于战略决策，具有全局性的特点。全局又是由局部有机构成的，所以，维系各个局部之间的关系，也是战略决策的一项重要任务。

2．长期性特点

战略要着眼于未来，能影响未来一个相当长的时期。因此，市场营销战略又具有长期性的特点。具有战略头脑的领导人不会只顾眼前的利益，会更重视长远的利益。任何未来的发展都要以当前为依据。因此，立足当前，放眼未来，协调当前和未来发展的关系，是市场营销决策的关键。

围绕远景目标，企业战略必须经历一个持续、长远的奋斗过程，除根据市场变化进行必要的调整外，制定的战略通常不能朝夕令改，要具有稳定性。

3．系统性特点

系统性是指企业各个方面的问题是个体彼此之间紧密配合和有机联系的整体。系统既有层次之分，又有主次和大小之分。对应于各个不同层次和不同部门系统的战略，只能是整体系统战略的一个局部，局部应该服从全局。

立足长远发展，企业市场营销战略确立了远景目标，并须围绕远景目标设立阶段目标及实现各阶段目标的经营策略，以构成一个环环相扣的战略目标体系。

4．适应性特点

企业的营销受外部环境和内部条件的综合影响。当外部环境发生变化（如市场需求、政治或经济形势变化、政策与法令变更等）时，必须不失时机地做出战略调整。企业的内部条件变化也会对市场营销产生影响。战略决策应该适应内外环境变化而进行创造性的反应。

5．风险性特点

任何营销决策都不可能是在信息绝对充分的条件下做出的，都是对未来所做的预计性决策。由于环境的多变性和复杂性及企业自身条件的不断变化，使得任何营销决策都有不确定性和瞬时性。某个机会的价值大小，往往取决于企业当时的地位、实力和综合条件，很多机会往往转瞬即逝。机会和威胁经常是可以互相转化的，一次机会就是一份有利的战略资源，及时抓住时机能抢先利用。反之，对于失去机会的企业来说，机会可能会变成更大的威胁。

6．竞争性特点

竞争是市场经济不可回避的现实，也正是因为有了竞争才确立了"战略"在经营管理中的主导地位。面对竞争，企业市场营销战略需要进行内外环境分析，明确自身的资源优势，通过设计合适的经营模式，形成特色经营，增强企业的战斗力，推动企业长远、健康的发展。

二、企业市场营销战略的影响因素与制订流程

（一）企业市场营销战略的影响因素

影响企业战略的因素有很多，包括以下几个方面。

1．宏观环境

企业在制订战略时，需要考虑的因素比较多，其中包括企业的内部因素及外部因素。外部

环境影响因素主要包含以下几个方面。

（1）政治环境。政治环境指企业市场营销活动的外部政治形势和状况给市场营销活动带来的，或可能带来的影响。它一般分为国内政治环境与国际政治环境分析两部分。

一方面包括党和政府的各项方针、路线、政策的制定和调整对企业市场营销的影响，另一方面包括国际政治环境的研究。随着经济的全球化发展，我国企业对国际政治环境的研究将越来越重要。

（2）经济环境。市场营销的经济环境主要是指企业市场营销活动所面临的外部社会经济条件（具体来说，主要是指社会购买力）。影响购买力水平的因素主要是消费者收入、消费者支出、消费信贷及居民储蓄、币值等，而消费者的收入水平是影响企业市场营销的最重要的因素。

（3）社会文化环境。社会文化环境主要是指一个国家、地区或民族的传统文化，如风俗习惯、伦理道德观念、价值观念等。传统文化是经过千百年逐渐形成的，它影响和制约着人们的行为，包括消费行为。市场营销者在产品和商标的设计、广告和服务的形式等方面，要充分考虑当地的传统文化，要研究不同社会阶层和相关群体的需求特点和购买者行为。

2. 企业内部环境

首先，要考虑其他部门（如制造、采购、研发、财务等）的情况，并与之密切合作，共同制订年度或长期计划。其次，要以最高管理层制订的企业任务、目标、战略和政策为依据，制订市场营销计划，并报最高管理层批准。

企业内部环境分析也可称为企业内部条件分析，其目的在于掌握企业实力现状，找出影响企业生产经营的关键因素，辨别企业的优势和劣势，以便寻找外部发展机会，确定企业战略。具体包括企业资源分析、企业文化分析、企业能力分析。

3. 市场

市场因素包括供应商——向企业及其竞争者提供生产经营所需资源的企业或个人。供货的稳定性与及时性、供货的价格变动、供货的质量水平对营销战略的策划有直接影响。中间商——协助企业寻找消费者或直接与消费者进行交易的商业企业，包括代理中间商和经销中间商。顾客——企业服务的对象，也是营销活动的出发点和归宿，它是企业最重要的市场因素。

4. 竞争者

竞争者是指与企业存在利益争夺关系的其他经济主体。企业要想在市场竞争中获得成功，就必须比竞争者更好地满足消费者的需求。竞争者包括愿望竞争者、一般竞争者、产品形式竞争者和品牌竞争者，了解这些竞争者的战略，可以取得知己知彼，有备无患的效果。

（二）企业市场营销战略的制订流程

1. 企业市场营销战略分析

战略分析在于总结影响企业发展的关键因素，它包括以下三个主要方面。

（1）确定企业的使命和目标。把企业的使命和目标作为制订和评估企业战略的依据。

（2）对外部环境进行分析。外部环境包括宏观环境和微观环境。

（3）对内部条件进行分析。战略分析要了解企业自身所处的相对地位，具有哪些资源及战略能力；了解企业利益相关者的利益期望，在战略制订、评价和实施过程中，这些利益相关者会有哪些反应。

2．企业市场营销战略选择

战略选择阶段所要解决的问题是"企业向何处发展"。其步骤如下。

（1）制订战略选择方案。根据不同层次管理人员介入战略分析和战略选择工作的程度，将战略形成的方法分为三种形式。

第一，自上而下。先由企业最高管理层制订企业的总体战略，然后由下属各部门根据自身的实际情况，将企业的总体战略具体化，形成系统的战略方案。

第二，自下而上。企业最高管理层对下属部门不做具体规定，但要求各部门积极提交战略方案。

第三，上下结合。企业最高管理层和下属各部门的管理人员共同参与，通过上下级管理人员的沟通和磋商，制订出适宜的战略。

（2）评估战略备选方案。评估战略备选方案通常使用两个标准：一是考虑选择的战略是否发挥了企业的优势，克服了劣势，是否利用了机会，将威胁削弱到最低；二是考虑选择的战略能否被企业利益相关者所接受。

（3）选择战略。选择战略指确定准备实施的战略。如果用多个指标对多个战略方案的评价出现不一致时，确定最终的战略可以考虑以下三种方法。

第一，把企业目标作为选择战略的依据。

第二，提交上级管理层审批。

第三，聘请外部机构。

3．企业市场营销战略实施和控制

战略实施和控制就是将营销战略策划转化为具体行动。其中实施体现的是"做"，控制体现的是"做好"。前者是将策划化作可操作的计划加以执行，后者是监控与适时调整。

任务二
营销战略的分析、实施与控制

一、营销战略的分析

（一）企业市场竞争地位的战略分析

1．企业市场竞争地位分类

认识自己的的资源条件，目前处在什么地位，选择何种地位最佳，是企业必须明确的问题。在市场中分为市场主导者、市场挑战者、市场追随者和市场补缺者。

市场主导者是指在相关产品的市场上占有率最高的企业。一般来说，大多数行业都有一家企业被认为是市场主导者，它在价格变动、新产品开发、分销渠道的开发等方面处于主导地位，为同业者所公认。它是市场竞争的先导者，也是其他企业挑战、效仿或回避的对象，如国内电脑制造商联想集团、软饮料市场的可口可乐公司、中国电冰箱市场的海尔集团、微波炉市场的格兰仕公司等。这种主导者几乎各行各业都有，它们的地位是在竞争中自然形成的，但不是固定不变的。市场主导者所具备的优势包括消费者对品牌的忠诚度高、分销渠道的建立及高效运行、市场营销经验的迅速积累等。

市场挑战者和市场跟随者，是指那些在市场上处于次要地位（第二、第三甚至更低地位）的企业，如软饮料市场的百事可乐公司等。这些处于次要地位的企业可采取两种战略：一是争取市场领先地位，向竞争者挑战，即市场挑战者；二是安于次要地位，在"共处"的状态下求得尽可能多的收益，即市场跟随者。每个处于市场次要地位的企业，都要根据自己的实力和环境，决定自己的竞争战略是"挑战"还是"跟随"。

所谓市场补缺者，是指精心服务于市场的某些细小部分，而不是与主要的企业竞争，只是通过专业经营来占据有利的市场位置的企业。

2．企业不同市场地位的战略选择

（1）市场主导者的战略选择。市场主导者为了维护自己的优势，保住自己的领先地位，通常可采取三种战略：扩大市场需求总量、保护市场占有率、提高市场占有率。

第一，扩大市场需求总量。当一种产品的市场总需求扩大时，受益最大的是处于领先地位的企业。一般说来，市场主导者可从三个方面扩大市场需求量：发现新用户、开辟新用途、增加使用量。

第二，保护市场占有率。处于市场领先地位的企业，必须时刻防备竞争者的挑战，保卫自己的市场份额。

第三，提高市场占有率。市场主导者设法提高市场占有率，也是增加收益、保持领先地位的一个重要途径。一项研究表明，市场占有率是与投资收益率有关的最重要的变量之一。市场占有率越高，投资收益率也越大。市场占有率高于40%的企业其平均投资收益率相当于市场占有率低于10%者的3倍。不过，领先企业在追求提高市场占有率之前必须认真筹划，以免出现成本上升过快，导致市场占有率虽上升利润却下降。

在现有市场上扩大市场份额，实际上意味着要向其他企业发起进攻，即使是处于市场主导地位的企业，也须慎重，并要选择好进攻对象。

（2）市场挑战者的战略选择。市场挑战者如果要向市场主导者和其他竞争者挑战，首先必须确定自己的战略目标和挑战对象，然后选择适当的进攻战略。

第一，确定战略目标和挑战对象。战略目标同进攻对象密切相关，对不同的对象有不同的目标和策略。一般来说，挑战者有三种对象可以选择。攻击市场主导者，这种进攻风险很大，然而吸引力也很大，挑战者需仔细调查研究领先企业的弱点和失误：有哪些未满足的需求，有哪能些使顾客不满意的地方。找到主导者的弱点和失误，就可作为自己进攻的目标。攻击与自己实力相当者，挑战者对那些与自己势均力敌的企业，可选择其中经营不善、发生亏损者作为进攻对象，设法夺取它们的市场阵地。进攻小型企业，对一些小型企业中经营不善、财务困难者，可夺取它们的顾客，甚至兼并或收购这些企业。

第二，选择进攻战略。在确定战略目标和进攻对象之后，挑战者还需要考虑采取什么进攻战略。正面进攻——集中攻击对手的强项而不是弱点，如在产品开发、定价、广告等方面较量，正面进攻的胜负取决于谁的力量更强，因此，若无在相应项目上优于对手的资源和能力，就不宜采取此策略；侧翼进攻——选择对手的弱点或"缺口"，以己之长，攻彼之短，如进攻偏僻地区市场或某个细分市场，有时这些地区市场几乎没有竞争者的推销力量，或这些细分市场并未被竞争者明确意识到，因此是最容易取得胜利的薄弱之处；包围进攻——看准敌方一块阵地后，从前后左右几条战线上同时进攻，迫其全面防守，如产品包围战，就是针对竞争者的产品，推出质量、风格、特点各异的数十种同类产品，以此淹没对手的产品，最后夺取市场；迂回进攻——一种间接进攻策略，它不是进攻竞争者现有的市场或地盘，相反，对这些产品和市场采取回避态度，绕过竞争者，或是开发新产品去满足未被任何竞争者满足的市场，或是开展多角化经营，进入与竞争者不相关的行业，或是寻找新的、未被竞争者列入经营区域的地区市场；游击式进攻——以小胜大、以弱胜强的有效战略，在市场营销上也不例外，其典型做法是对竞争者的不同领域或不同部位发动小规模、时断时续的攻击，骚扰对手，使之不得安宁，疲于应付，最终逐渐被削弱和瓦解。

（3）市场跟随者的战略选择。并非所有在行业中处于第二或第三位的企业都可以或愿意充当挑战者。一些公司会模仿或改进革新者推出的新产品，并将其大量推向市场，虽未必夺得行业第一，却能获得很好的利润，因为它们不必承担用于创新的高额费用，也无须承担创新的风险。通常有以下三种战略。

第一，紧密跟随——在各个子市场和市场营销组合方面，尽可能仿效主导者。这种跟随者有时好像是挑战者，但只要它不从根本上侵犯主导者的地位，就不会发生直接冲突，有些甚至被看成靠拾取主导者残余谋生的寄生者。

第二，距离跟随——跟随者在主要方面，如目标市场、产品创新、价格水平和分销渠道等方面都追随主导者，但仍与主导者保持若干差异。这种跟随者可通过兼并小企业而使自己发展壮大。

第三，选择跟随——跟随者在某些方面紧跟主导者，而在另一些方面又各行其是。也就是说，它不是盲目跟随，而是择优跟随，在跟随的同时还发挥自己的独创性，但不进行直接的竞争。这类跟随者有些可能发展成为挑战者。

（4）市场补缺者的战略选择。市场补缺者成功的关键，是要选择好补缺之处，即补缺基点。

第一，补缺基点的选择。选择市场补缺基点时，选择多重补缺基点比单一补缺基点更能减少风险，增加保险系数。因此，企业通常选择两个或两个以上的补缺基点，以确保企业的生存和发展。总之，只要企业善于经营，小企业也有许多机会，可以在获利的条件下更好地为顾客服务。

第二，专业化市场营销。取得补缺基点的主要战略是专业化市场营销。具体来讲，就是在市场、顾客、产品或渠道等方面注重专业化。

（二）企业业务单位的战略分析

1. 波士顿矩阵法原理

波士顿矩阵法，即"市场增长率–相对市场占有率矩阵"，用来对企业的战略业务单位（Strategic Business Unit）或产品进行分类和评估的方法，如图2–1所示。

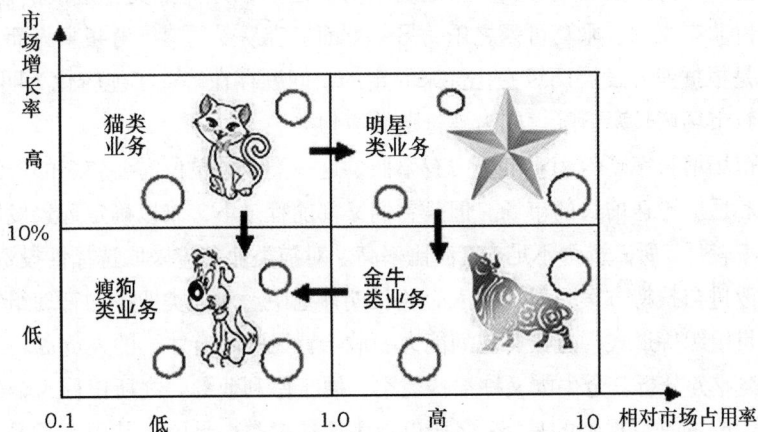

图2–1　波士顿矩阵

波士顿矩阵法是由美国大型商业咨询公司——波士顿咨询集团（Boston Consulting Group）首创的一种规划企业产品组合的方法。问题的关键在于要如何使企业的产品品种及其结构适合市场需求的变化。

波士顿矩阵中纵向表示市场增长率，即产品销售额的年增长速度，以10%（也可以设为其他临界值，视具体情况而定）为临界线分为高低两个部分；横向表示业务单位的市场占有率与最大竞争对手市场占有率之比，称为相对市场占有率，以1.0为分界线分高低两个部分。如果相对市场占有率为0.1，则表示该业务单位的市场份额为最大竞争对手市场份额的10%；如果相对市场占有率为10，则表示其市场份额为最大竞争对手市场份额的10倍。市场增长率反映产品在市场上的成长机会和发展前途；相对市场占有率则表明企业的竞争实力大小。区域图中的圆圈代表企业的各个业务单位，圆圈的位置表示该业务单位市场增长率和相对市场占有率的现状，圆圈的面积表示该业务单位的销售额大小。

2. 波士顿矩阵图的应用

通过以上两个因素相互作用，会出现四种不同性质的业务类型，形成不同的业务战略发展前景，即：市场增长率和相对市场占有率"双高"的业务群（明星类业务）；市场增长率和相对市场占有率"双低"的业务群（瘦狗类业务）；市场增长率高、相对市场占有率低的业务群（猫类业务）；市场增长率低、相对市场占有率高的业务群（金牛类业务）。

（1）明星类业务分析。明星类业务有双高特点，即处于相对市场高占有率和快速增长阶段象限内的业务群。资金等资源投入较大，追求的是快速增长，扩大经济规模和市场机会。明星业务可以成为企业的品牌标志，却属于企业的"现金使用者"，不属于"现金提供者"。

猫类（问题类）业务，如果能经营成功，不会背离企业而去，就会变为明星类业务。明星类业务待其市场增长率降低时，就会变成金牛类业务，成为企业的"现金提供者"。

明星类业务采取的发展战略一般是以长远利益为目标，提高市场占有率，加强竞争地位。明星类业务的发展战略及管理与组织，最好由对生产技术和销售两方面都很内行的经营者负责。

（2）猫类业务分析。猫类业务又称问题类业务。之所以成为猫类，是根据猫的分裂特性，一方面给主人以萌态可掬、乖巧可爱之乐，另一方面极容易受诱惑、背叛主人而去。之所以成为问题业务，是根据业务发展两级变化性来界定的，问题存在解决了能转化为明星产品；问题不解决就会导致市场增长率下降，成为被打败的瘦狗类。

猫类业务市场增长率高但相对市场占有率低，这一类业务单位需要较多的资源投入，以赶上最大竞争者和适应迅速增长的市场。但是它们又都前程未卜，难以确定远景发展方向。其财务特点是利润率较低，所需资金不足，负债比率高。对猫类业务应采取选择性投资战略。因此，对猫类业务的改进与扶持方案一般均列入企业长期计划中。对猫类业务的管理组织，最好是采取智囊团或项目组织等形式，选拔有规划能力、敢于冒风险、有才干的人负责。

（3）金牛类业务分析。金牛类又称摇钱树类，属于厚利业务。之所以称为金牛类就是形容其像金牛一样，吃的是草得到的是奶；之所以称为摇钱树类，是因为其用不了多大的劲，就能得利润。

金牛类业务是处于低市场增长率、高相对市场占有率象限内的业务群，由于市场增长率降低，不再需要大量资源投入；又由于相对市场占有率较高，这些业务单位的财务特点是销售量大、产品利润率高、负债比率低，可以为企业提供资金。因而成为企业回收资金，支持其他产品，尤其明星产品投资的后盾。金牛业务是企业的财源，这类业务单位越多，企业的实力越强。金牛类业务是成熟市场中的领导者，该业务享有规模经济和高边际利润的优势，要力争保持这种良好状态。如果不能维护住金牛的强壮身体，会变成瘦狗类。

（4）瘦狗类业务分析。瘦狗类（也称败狗类）是面临衰退期的业务。处在低市场增长率、低相对市场占有率象限内的业务群。其财务特点是利润率低、处于保本或亏损状态，负债比率高，无法为企业带来收益。对这类业务首先应采用减少批量，逐渐撤退，对那些市场增长率和市场占有率均极低的产品应立即淘汰。其次是将剩余资源向其他产品转移。最后是整顿业务系列，最好将瘦狗产品与其他事业部合并，统一管理。

3．对不同类业务的投资策略选择

在对各业务单位或产品进行分析之后，企业应着手制订业务组合，确定对各个业务单位的投资策略。

（1）发展策略，是指投入资金，以提高其相对市场占有率。此策略特别适用于明星类及某些有发展前途的猫类业务，并尽快使那些有发展潜力的猫类业务转化为明星类业务。

（2）维持策略，是指保持原有的资金投入规模，以维持相对市场占有率。该策略适用于金牛类业务，特别是其中的大金牛类业务。

（3）缩减策略，是指减少投资、减少促销费用，以求短期内获取尽可能多的利润。此策略适用于弱小的金牛类业务，也适用于猫类和瘦狗类业务。

（4）放弃策略，是指清理、变卖现存产品，处理某些业务单位，使企业资源转移到那些盈利的业务单位或产品上。其策略适用于给企业造成负担而又没有发展前途的猫类和瘦狗类业务。

二、营销战略的实施

（一）战略实施的四个阶段

营销战略的实施一般有四个相互联系的阶段。

1．发动阶段

在这一阶段上，企业负责人要将企业战略变为企业大多数员工的实际行动，调动起大多数员工实现新战略的积极性和主动性，对企业管理人员和员工进行培训，向他们灌输新思想、新观念，提出新口号和新概念，消除一些不利于战略实施的旧观念和旧思想，以使大多数人逐步接受一种新战略。对于一种新战略，在开始实施时相当多的人会产生各种疑虑，而新战略往往要将人们引入一个全新的境界，如果没有充分的认识和理解，它就不会得到大多数员工的充分拥护和支持。因此，战略的实施是一个发动广大员工的过程，要向广大员工讲清楚企业内外环境的变化给企业带来的机遇和挑战、旧战略存在的各种弊病、新战略的优点及存在的风险等，使大多数员工能够认清形势，认识到实施战略的必要性和迫切性，树立信心，打消疑虑，为新战略的美好前景而努力奋斗。

2．计划阶段

此阶段是将经营战略分解为几个战略实施阶段，每个战略实施阶段都有分阶段的目标，相应的有每个阶段的政策措施、部门策略及相应的方针等。具体表现在：

（1）要定出分阶段目标的时间表，要对各分阶段目标进行统筹规划、全面安排，并注意各个阶段之间的衔接。

（2）对于远期阶段的目标方针可以概括一些，但是对于近期阶段的目标方针则应该尽量详细一些。

（3）为减少阻力和摩擦，第一阶段的分目标及计划应该更加具体化和操作化，应该制订年度目标、部门策略、方针与沟通等措施，使战略最大限度地实现具体化，变成企业各个部门可以具体操作的业务。

3．运作阶段

此阶段主要与下面六个因素有关。

（1）各级领导人员的素质和价值观念。

（2）企业的组织机构。

（3）企业文化。

（4）资源结构与分配。

（5）信息沟通。

（6）控制及激励制度。

通过这六项因素，战略真正进入到企业的日常生产经营活动中去，成为制度化的工作内容。

4．控制与评估阶段

此阶段是说明战略是在变化的环境中实践的，企业只有加强对战略执行过程的控制与评价，才能适应环境的变化，完成战略任务。这一阶段主要是建立控制系统，监控绩效；评估偏差；控制及纠正偏差。

（二）战略实施的三个原则

1．适度合理性原则

由于经营目标和企业经营战略在制订过程中，受到信息、决策时限及认识能力等因素的限制，对未来的预测不可能很准确，所制订的企业经营战略也不是最优的，而且在战略实施的过程中由于企业外部环境及内部条件的变化较大，情况比较复杂。因此，只要在主要的战略目标上基本达到了战略预定的目标，就应当认为这一战略的制订及实施是成功的。在客观生活中不可能完全按照原先制订的战略计划行事。因此，战略的实施过程不是一个简单机械的执行过程，而是需要执行人员大胆创造，大量革新，因为新战略本身就是对旧战略及旧战略相关的文化、价值观念的否定，没有创新精神，新战略就得不到观测实施。

另外，企业的经营目标和战略总是要通过一定的组织机构分工实施，也就是要把庞大而复杂的总体战略分解为具体的、较为简单的、能予以管理和控制的问题，由企业内部各部门按分工去贯彻和实施。

2．统一领导，统一指挥原则

高层领导人员一般要比企业中下层管理人员及一般员工掌握的信息更多，对企业战略各个方面的要求及相互联系了解得更全面，对战略意图体会最深。因此战略的实施应当在高层领导人员的统一领导、统一指挥下进行，只有这样其资源的分配、组织机构的调整、企业文化的建设、信息的沟通及控制、激励制度的建立等，才能相互协调、平衡，才能使企业为实现战略目标而卓有成效地运行。

同时，要实现统一指挥的原则，要求企业的每个部门只能接受一个上级的命令。

3．权变原则

权变即权宜应变，是指灵活应付随时变化的情况。"权"是指职责范围内支配和指挥的力量，"变"是指性质状态或情形和以前不同。

企业经营战略的制订是基于一定的环境条件的假设，在战略实施中，事情的发展与原先的假设有所偏离是不可避免的，战略实施过程本身就是解决问题的过程，但如果企业内外环境发生重大的变化，就需要把原定的战略进行调整，这就是战略实施的权变问题。

权变的观念应当贯穿于战略实施的全过程，从战略的制订到战略的实施，提出哪些关键变量的变化超过一定的范围时，原定的战略就应当调整，并准备相应的替代方案，即企业应该对可能发生的变化及其对企业造成的后果，应变替代方案，有足够的了解和充分的准备，以使企业有充分的应变能力。

（三）战略实施的五种模式

1．指挥型模式

指挥型模式的特点是企业总经理考虑的是如何制订一个最佳战略的问题。在实践中，计划人员要向总经理提交企业经营战略的报告，总经理确定了战略之后，向高层管理人员宣布企业战略，然后强制下层管理人员执行。

这种模式的运用要有以下约束条件。

（1）总经理要有较高的权威，通过其权威发布各种指令来推动战略实施。

（2）本模式只能在战略比较容易实施的条件下运用。企业组织结构是高度集权制的体制，企业环境稳定，能够集中大量的信息，多种经营程度较低，企业处于强有力的竞争地位，资源较为宽松。

（3）本模式要求企业能够准确有效地收集信息并能及时汇总到总经理的手中。因此，它对信息条件要求较高。这种模式不适应高速变化的环境。

（4）本模式要有较为客观的规划人员，企业需要配备一定数量的、有全局眼光的规划人员来协调各事业部的计划，使其更加符合企业的总体要求。

这种模式的缺点是把战略制订者与执行者分开，即高层管理者制订战略，强制下层管理者执行战略。因此，下层管理者缺少了执行战略的动力和创造精神，甚至会拒绝执行战略。

2．变革型模式

变革型模式的特点是企业经理考虑的是如何实施企业战略。在战略实施中，总经理本人需要对企业进行一系列的变革，如建立新的组织机构，新的信息系统，变更人事，甚至是兼并或合并经营范围，采用激励手段和控制系统以促进战略的实施。为进一步增强战略成功的机会，企业战略领导者往往采用以下三种方法。

（1）利用新的组织机构和参谋人员向全体员工传递新战略优先考虑的战略重点是什么，把企业的注意力集中于战略重点所需的领域中。

（2）建立战略规划系统、效益评价系统，采用各项激励政策以便支持战略的实施。

（3）充分调动企业内部人员的积极性，争取各部分人对战略的支持，以此来保证企业战略的实施。

这种模式在许多企业中比指挥型模式更加有效，但这种模式并没有解决指挥型模式存在的如何获得准确信息的问题，各事业单位及个人利益对战略计划的影响问题及战略实施的动力问题，而且还产生了新的问题，即企业通过建立新的组织机构及控制系统来支持战略实施的同时，也失去了战略的灵活性，在外界环境变化时使战略的变化更为困难。从长远观点来看，环境不确定性的企业，应该避免采用不利于战略灵活性的措施。

3．合作型模式

合作型模式的特点是企业的总经理考虑的是如何让其他高层管理人员从战略实施一开始就承担有关的战略责任。为发挥集体的智慧，企业总经理要和企业其他高层管理人员一起对企业战略问题进行充分的讨论，形成较为一致的意见，制订出战略，在进一步落实和贯彻战略，使每个高层管理者都能够在战略制订及实施的过程中做出各自的贡献。

协调高层管理人员的形式多种所多样，如有的企业有各职能部门领导参加的"战略研究小组"，专门收集在战略问题上的不同观点，并进行研究分析，在统一认识的基础上制订出战略实施的具体措施等。

合作型模式克服了指挥型模式及变革模式存在的两大局限性，使总经理接近一线管理人员，获得比较准确的信息。同时，由于战略的制订是建立在集体考虑的基础上的，从而提高了战略实施成功的可能性。

该模式的缺点是由于战略是不同观点、不同目的的参与者相互协商折中的产物，有可能会使战略的经济合理性有所降低，同时仍然存在着谋略者与执行者的区别，仍未能充分调动全体管理人员的智慧和积极性。

4．文化型模式

文化型模式的特点是企业总经理考虑的是如何动员全体员工都参与战略实施活动，即企业总经理运用企业文化的手段，不断向企业全体成员灌输战略思想，建立共同的价值观和行为准则，使所有成员在共同的文化基础上参与战略的实施活动。由于这种模式打破了战略制订者与执行者的界限，力图使每个员工都参与制订实施企业战略。因此使企业各部分人员都在共同的战略目标下工作，使企业战略实施迅速、风险小，企业发展迅速。

文化型模式也有局限性，表现为：

（1）这种模式是建立在企业职工都是有学识的假设基础上的，在实践中受文化程度及素质的限制，一般职工（尤其在劳动密集型企业中的职工）对企业战略制订的参与程度受到限制。

（2）极为强烈的企业文化，可能会掩饰企业中存在的某些问题，企业也要为此付出代价。

（3）采用这种模式要耗费较多的人力和时间，而且还可能因为企业的高层不愿意放弃控制权，从而使职工参与战略制订及实施流于形式。

5．增长型模式

增长型模式的特点是企业总经理考虑的是如何激励下层管理人员制订实施战略的积极性及主动性，为企业效益的增长而奋斗，即总经理要认真对待下层管理人员提出的一切有利企业发展的方案，只要方案基本可行，符合企业战略发展方向，在与管理人员探讨了解决方案中的具体问题及措施以后，应及时批准这些方案，以鼓励员工的首创精神。采用这种模式，企业战略不是自上而下的推行，而是自下而上的产生。因此，总经理应该具有以下的认识。

（1）总经理不可能控制所有的重大机会和威胁，有必要给下层管理人员以宽松的环境，激励他们集中精力从事有利于企业发展的经营决策。

（2）总经理的权力是有限的，不可能在任何方面都可以把自己的意愿强加于组织成员。

（3）总经理只有在充分调动及发挥下层管理者积极性的情况下，才能正确地制订和实施战略。

（4）企业战略是集体智慧的结晶，靠一个人很难制订出正确的战略。因此，总经理应该坚持发挥集体智慧的作用，并努力减少集体决策的各种不利因素。

上述五种战略实施模式在制订和实施战略上的侧重点不同，指挥型和合作型更侧重于战略的制订，把战略实施作为事后行为，而变革型、文化型及增长型则更多的考虑战略实施问题。实际上，在企业中上述五种模式往往是交叉或交错使用的。

三、营销战略的控制

（一）营销战略的控制内容

对企业经营战略的实施进行控制的主要内容如下。

1. 设定绩效标准

根据企业战略目标，结合企业内部人力、物力、财力及信息等具体条件，确定企业绩效标准，作为战略控制的参照系。

2. 绩效监控与偏差评估

通过一定的测量方式、手段、方法，监测企业的实际绩效，并将企业的实际绩效与标准绩效对比，进行偏差分析与评估。

3. 及时纠偏

设计并采取纠正偏差的措施，顺应变化着的条件，保证企业战略的顺利实施。

4. 监控外部环境的关键因素

外部环境的关键因素是企业战略赖以存在的基础，外部环境关键因素的变化意味着战略前提条件的变动，必须给予充分的注意。

5. 激励战略控制的执行主体

企业的一些部门和成员是执行战略控制的执行主体，激励他们以调动其自控制与自评价的积极性，保证企业战略实施的切实有效。

（二）营销战略的控制类型

1. 控制时间

从控制时间来看，企业的战略控制可以分为如下三类。

（1）事前控制。在战略实施之前，要设计好正确有效的战略计划，该计划要得到企业高层领导人的批准后才能执行，其中重大的经营活动必须通过企业领导人的批准同意才能开始实施，所批准的内容往往也就成为考核经营活动绩效的控制标准，这种控制多用于重大问题的控制，如任命重要的人员、重大合同的签订、购置重大设备等。

由于事前控制是在战略行动成果尚未实现之前，通过预测发现战略行动的结果可能会偏离既定的标准。因此，管理者必须对预测因素（投入因素、早期成果因素、外部环境和内部条件的变化）进行分析与研究。

（2）事后控制。事后控制发生在企业的经营活动之后，把战略活动的结果与控制标准相比较，这种控制方式工作的重点是要明确战略控制的程序和标准，把日常的控制工作交由职能部门人员去做，即在战略计划部分实施之后，将实施结果与原计划标准相比较，由企业职能部门及各事业部定期的将战略实施结果向高层领导汇报，由领导者决定是否有必要采取纠正措施。

（3）随时控制。随时控制即过程控制，企业高层领导者要控制企业战略实施中的关键性的过程或全过程，随时采取控制措施，纠正实施中产生的偏差，引导企业沿着战略的方向进行经营，这种控制方式主要是对关键性的战略措施要进行随时控制。

应当指出，以上三种控制方式所起的作用不同。因此在企业经营当中它们是被随时轮换采用的。

2．控制主体

从控制主体的状态来看，战略控制可以分为如下两类。

（1）避免型控制。避免型控制即采用适当的手段，使不适当的行为没有产生的机会，从而达到不需要控制的目的。如通过自动化使工作的稳定性得以保持，按照企业的目标正确工作；通过与外部组织共担风险减少控制；转移或放弃某项活动，以此来消除有关的控制活动。

（2）开关型控制。开关型控制又称为事中控制或行与不行的控制。其原理是在战略实施的过程中，按照既定的标准检查战略行动，确定行与不行，类似于开关的开与关。

开关型控制方法的具体操作方式有很多种，如直接领导、自我调节、共同愿景。开关型控制法一般适用于实施过程标准化的战略实施控制，或某些过程标准化的战略项目的实施控制。

3．控制切入点

从控制的切入点来看，企业的战略控制可以分为如下五种。

（1）财务控制。财务控制方式覆盖面广，是用途极广的非常重要的控制方式，包括预算控制和比率控制。

（2）生产控制。生产控制即对企业产品品种、数量、质量、成本、交货期及服务等方面的控制，可以分为产前控制、过程控制及产后控制等。

（3）销售规模控制。销售规模太小会影响经济效益，太大会占用较多的资金，也影响经济效益，为此要对销售规模进行控制。

（4）质量控制。质量控制包括对企业工作质量和产品质量的控制。工作质量不仅包括生产工作的质量，还包括领导工作、设计工作、信息工作等一系列非生产工作的质量。因此，质量控制的范围包括生产过程和非生产过程的其他一切控制过程，质量控制是动态的，着眼于事前和未来的，其难点在于全员质量意识的形成。

（5）成本控制。成本控制可使各项费用降到最低水平，达到提高经济效益的目的，成本控制不仅包括对生产、销售、设计、储备等有形费用的控制，而且还包括对会议、领导、时间等无形费用的控制。在成本控制中要建立各种费用的开支范围、开支标准并严格执行，要事先进行成本预算等工作。成本控制的难点在于企业中大多数部门和单位是非独立核算的，因此缺乏成本意识。

4．控制层次

从企业的控制层次分，企业战略可分为三类。

（1）组织控制。在大型企业里，战略管理的控制可以通过各层的组织系统来实现。企业董事会的成员应定期审核企业正在执行的战略，测试它的可行性，重新考虑或修正重大的战略问题。企业的总经理和其他高层管理人员则要设计战略控制的标准，也可以指定计划人员组成战略控制小组来执行一定的控制任务。

（2）内部控制。内部控制是指在具体的职能领域里和生产作业层次上的控制。生产作业的管理人员根据企业高层管理人员制订的标准，采取具体的内部行动。内部控制多是战术性控制。

（3）战略控制。战略控制是指企业对发生或即将发生战略问题的部门，以及重要战略项目和活动所进行的控制。这种控制比内部控制更为直接和具体。例如,在研究开发、新产品和新市场、兼并和合并等领域里,战略控制发挥着重要的作用。

(三)营销战略控制的作用与控制系统的基本要求

1. 营销战略控制的作用

(1)企业经营战略实施的控制是企业战略管理的重要环节,它能保证企业战略的有效实施。战略决策仅能决定哪些事情该做,哪些事情不该做,而战略实施的控制的好坏则将直接影响企业战略决策实施的效果好坏与效率高低。因此,企业战略实施的控制虽然处于战略决策的执行阶段,但对战略管理是十分重要的,必不可少的。

(2)企业经营战略实施的控制能力与效率的高低又是战略决策的一个重要制约因素,它决定了企业战略行为能力的大小。企业战略实施的控制能力强,控制效率高,则企业高层管理者可以做出较为大胆的、风险较大的战略决策,否则,只能做出较为稳妥的战略决策。

(3)企业经营战略实施的控制与评价可为战略决策提供重要的反馈,帮助战略决策者准确决策,明确决策中哪些内容是正确的、符合实际的,哪些是不正确的、不符合实际的,这对于提高战略决策的适应性和水平具有重要作用。

(4)企业经营战略实施的控制可以促进企业文化等企业基础建设,为战略决策奠定良好的基础。

2. 营销战略控制系统的基本要求

(1)控制系统应是节约的。既不能产生过多的信息,也不能提供太少的信息,而应是最经济地产生各部门所需要的最低限度的信息。

(2)控制系统应是有意义的。控制必须与企业的关键目标相联系,能为各层管理人员提供真正需要和有价值的信息。

(3)控制系统应当适时地提供信息。经常和快速地反馈并不一定意味着是较好的控制,关键是要及时地提供给管理者使用。例如,在试销一种新产品时,就需要快速地反馈;而在长期研究和开发项目中,逐日、逐周甚至逐月地反馈进展情况,可能是不必要的,而且也无益。因此,应使设计的控制系统对应所考核的活动或职能的时间跨度。

(4)控制系统应提供关于发展趋势的定性信息。例如,知道某一产品市场占有率是上升、下降,还是保持稳定,与确定其市场占有率的多少同样重要。类似这样的定性信息比仅用定量数据能更快地发现问题,从而有助于更迅速地采取解决问题的行动。

(5)控制系统应有利于采取行动。控制系统输出的信息必须传递给企业中那些根据这些信息而采取行动的人。

(6)控制系统应当是简单的。复杂的控制系统常常会引起混乱,收效甚微。有效的控制系统的关键是它的实用性,而非它的复杂性。

(四)营销战略的控制手段和方法

1. 营销战略的控制手段

营销战略的控制手段有以下三种。

（1）目标导向控制。目标导向控制就是采取合理的阶段目标和按照企业系统进行分解的目标，作为不同单位和全体成员行为的方向，即让员工参与战略行动目标的制订和工作业绩的评价，既可以看到个人行为对实现战略目标的作用和意义，又可以从工作业绩的评价中看到成绩与不足，从中得到肯定和鼓励，为战略推进增添动力。用目标比对行为效果，作为行为状态和结果的监控手段。

（2）管理纠偏控制。"管"讲的是控制、引导，"理"讲的是追求最合理的效果。在实现企业战略目标过程中，众多的行为之间会出现不协调现象。管理纠偏就是随时发现偏向及时给与纠偏，进而实现控制的作用。

（3）现场观察控制。现场观察是指企业的各层管理人员（尤其是高层管理人员）深入各种生产经营现场，进行直接观察，从中发现问题，并采取相应的解决措施，实现控制的作用。

2. 营销战略的控制方法

营销战略的控制方法有以下三种。

（1）预算控制方法。预算是一种以财务指标或数量指标表示的有关预期成果或要求的文件。一方面预算起着如何在企业内各单位之间分配资源的作用；另一方面，预算也是企业战略控制的一种方法。预算准备完成后，企业内部的会计部门就要保有各项开支记录，定期做出报表，表明预算、实际支出及二者之间的差额。做好报表之后，通常要送到该项预算所涉及的不同层次的负责人手中，由他们分析偏差产生的原因，并采取必要的纠正措施。

（2）审计控制方法。审计是客观地获取有关经济活动和事项的论断论据，通过评价弄清所得论断与标准之间的符合程度，并将结果报知有关方面的过程。

审计过程基本上着重于注意一个企业做出的财务论断，以及这些论断是否符合实际。企业内部审计人员，他们的主要职责是确定企业的方针和程序是否被正确地执行，并保护企业的资产。此外，他们还经常评估企业各单位的效率及控制系统的效率。

（3）统计分析控制方法。统计分析是指运用统计方法及与分析对象有关的知识，从定量与定性的结合上研究企业的战略活动。统计分析控制是指对营销战略的各种活动的数据特征进行收集、整理，运用统计分析的方法，分析活动现象与目标标准之间的差异，进行及时、准确的控制。

任务三
企业基本战略与企业形象策划

一、企业基本战略

（一）企业发展战略

企业要在动态的环境中求生存和发展，就要对未来的事业发展方向做出战略计划，制订其发展战略。可提供选择的主要发展战略有三个类型，即密集性发展战略、一体化发展战略、多角化发展战略。每种发展战略又可分为不同的策略,见表2-1所示。

表2-1 发展战略

类型	密集型发展战略	一体化发展战略	多角化发展战略
策略	(1)市场渗透	(1)后向一体化	(1)同心多角化
	(2)市场开发	(2)前向一体化	(2)横向多角化
	(3)产品开发	(3)横向一体化	(3)综合多角化

1.密集型发展战略

密集型发展战略,是指某一特定市场上存在尚未被充分满足的需求,企业可以利用现有的生产,在现有的经营范围内谋求发展的战略。具体可采取三种策略。

(1)市场渗透。通过更加积极有效的营销措施,如增加销售网点、加强广告宣传、采取各种促销方式及降价等,努力在现有市场上扩大现有产品的销售量。

(2)市场开发。通过开拓新市场,扩大市场范围来增加现有产品的销售,如地方→全国;国内→国际;城市→农村。

(3)产品开发。通过向现有市场提供多种改型产品,如花色品种、规格档次、更新包装、改善服务等;或增加新产品,如由单一产品向系列产品转化,来扩大产品的销售。

2.一体化发展战略

一体化发展战略,是指一个企业通过把自己的业务活动伸展到供、产、销不同环节或与同类企业联合来谋求发展的战略。有三种具体策略,如图2-2所示。

(1)后向一体化。通过各种形式向后控制供货商,使供产一体化,实现供产结合。

(2)前向一体化。企业向前控制分销系统,实现产销结合,如汽车厂家自设销售公司等,日本的流通系列化均属于前向一体化策略。

(3)横向一体化,又称水平一体化。兼并或控制同类产品的企业,或与同类企业合资经营。

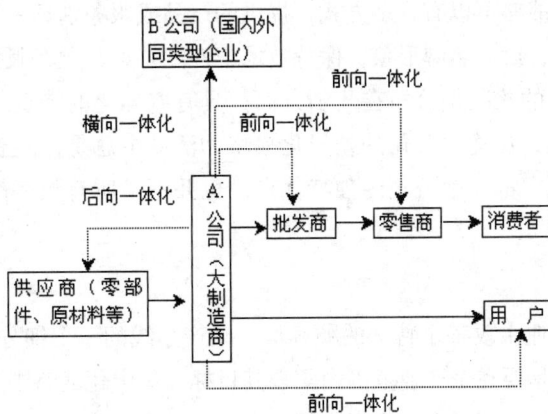

图2-2 一体化发展战略

3.多角化发展战略

多角化发展战略,也称多样化或多元化,是指向本行业以外发展,扩大业务范围,实行跨行业经营。多样化发展战略也有三种具体策略。

（1）同心多角化，是指以现有业务为中心向外扩展业务范围，用企业现有物质技术力量开发新产品，增加产品的门类和品种，以寻求新的业务增长。这种策略有利于发挥企业原有的设备、技术和营销人员的优势。

（2）横向多角化，也称水平多角化，是指企业针对现有顾客对其他方面的需求，增加物质技术力量开发新产品，扩大业务经营范围，实现业务增长。

（3）综合多角化，也称集团式多样化，是指企业通过投资或兼并等形式，把经营范围扩展到多个部门，组成混合型企业集团，开展与现有技术、产品、市场无联系的多角化经营活动，以寻求新的增长机会。

（二）企业竞争战略

企业获取竞争优势是所有战略的核心，企业要获得竞争优势就必须做出选择，必须决定希望在哪个范畴取得优势。

竞争战略有以下四种。

1. 成本领先战略

成本领先战略就是最大努力降低成本，通过低成本降低商品价格，维持竞争优势。处于低成本地位的公司可以获得高于产业平均水平的利润。

总成本领先战略要求企业必须建立起高效、规模化的生产设施，全力以赴地降低成本，严格控制成本、管理费用及研发、服务、推销、广告等方面的成本费用。为了达到这些目标，企业需要在管理方面对成本给予高度的重视，确保总成本低于竞争对手。企业一般都能在短期内实现成本优势，但成本领先战略不是短期的成本优势或仅仅是某一方面成本低，而是持续性的总成本领先，随着时间的延长，企业比竞争对手的成本更低。

2. 差异化战略

差异化战略是将公司提供的产品或服务差异化，创造出一些全产业范围中具有独特性的产品和服务。实现差异化战略可以有许多方式，提供的产品或服务别具一格，或功能多，或款式新，或更加美观。例如，设计名牌形象，保持技术、性能特点、顾客服务、商业网络及其他方面的独特性等。最理想的状况是公司在几个方面都具有差异化的特点。但这一战略与提高市场份额的目标不可兼顾，在建立公司的差异化战略的活动中总是伴随着很高的成本代价，有时即便全产业范围的顾客都了解公司的独特优点，也并不是所有顾客都将愿意或有能力支付公司要求的高价格。

3. 集中化战略

集中化战略是指企业主攻某个特殊的顾客群、某产品线的一个细分区段或某一地区市场。低成本与差异化战略都是要在全产业范围内实现其目标，集中化战略则是公司业务集中，某一狭窄的战略对象服务，从而超过在较广阔范围内竞争的对手。公司或通过满足特殊对象的需要而实现了差异化，或者在为这一对象服务时实现了低成本，或者二者兼得。这样可以使公司盈利的潜力超过产业的平均水平。

4．快速反应战略

快速反应战略的含义起源于 20 世纪 80 年代中期。它是在"满足顾客的需求，更有效地服务于顾客"这一理念的基础上建立起来的。它的目标就是"在合适的时间内，为消费者提供合适数量、合适价格的合适商品"。"合适的时间"是指商品供给适合季节的变化，既不早于也不迟于需求的出现，从而避免因仓储和资金占用带来的额外费用或降价出售带来的损失。"合适数量"是指商品供给量与需求量持平，既不会因供过于求而出现滞销，也不会因供不应求而造成脱销和销售额的损失。"合适价格"是指在物有所值的基础上顾客乐于接受的价格，同时，这种价格又不会使供应链各方吃亏。"合适商品"是指商品在款型、花色、品种、规格和质量等方面能满足顾客的真正需求。

快速反应战略的运行方式是指参与战略的各方通过电子数据交换系统相互连接，交换产品信息，在满足供应的基础上保持库存平衡。企业在采取快速反应战略时，其成功的关键是建立一个高效有序的系统。

二、企业形象策划

（一）企业形象策划概念

1．企业形象含义

企业形象是指人们通过企业的各种标志和行为，而建立起来的对企业的总体印象，是企业文化建设的核心。企业形象是企业精神文化的一种外在表现形式，它是社会公众与企业接触交往过程中所感受到的总体印象。

美国著名品牌专家凯文·莱恩·凯勒（Kevin Lane Keller）对企业形象所下的定义是消费者在记忆中通过联想反映出对组织的感知。

2．企业形象构成

企业形象由产品形象、媒介形象、组织形象、标识形象、人员形象、文化形象、环境形象、社区形象等构成。部分形象的组成要素见表 2-2。

表 2-2　企业形象构成

项目	组成要素
产品形象	质量、款式、包装、商标、服务
组织形象	体制、制度、方针、政策、程序、流程、效率、效益、信用、承诺、服务、保障、规模、实力
人员形象	领导层、管理群、员工
文化形象	历史传统、价值观念、企业精神、英雄人物、群体风格、职业道德、言行规范、公司礼仪
环境形象	企业门面、建筑物、标志物、布局装修、展示系统、环保绿化
社区形象	社区关系、公众舆论

3. 企业形象策划含义

企业形象策划也可以称为企业形象管理（Corporate Image Management），即从形象的角度对企业进行理念（Mind）、行为（Behavior）和视觉（Visual）方面的规划和管理。有目的、有计划地规范企业的价值观、目标、公关策略、服务营销、品牌标志、广告等，将企业的内部文化和外部表现结合起来，内外兼修，构成形象的合力，从而冲击市场，赢得消费者的信任与支持。

4. 企业形象策划内容

企业形象可归纳为三个层次，即理念形象、行为形象和视觉形象。在这三个子系统中，理念形象是最深层次、最核心、最为重要的部分，它决定行为形象和视觉形象；而视觉形象是最外在、最易表现的部分，它和行为形象都是理念形象的载体和外化；行为形象介于上述两者之间，它是理念形象的延伸和载体，又是视觉形象的条件和基础。企业形象策划的内容，即围绕这三个子系统展开。

（1）企业理念形象策划。企业理念形象策划通常是企业通过对内外部的形象调查、市场调研、产品分析、经营实绩的分析来确定的。其利用企业哲学、宗旨、精神、发展目标、经营战略等精神因素，实现对企业良性运行的战略功能。具体有以下几种功能。

导向功能——通过对企业倡导的价值目标、行为方式的陈述，塑造员工心智和观念，引导其有更高的人生追求和更好的事业发展。

激励功能——通过员工价值与企业理念形象塑造的愿景认同，给员工带来巨大的满足。

凝聚功能——企业理念形象的认同将形成强大的凝聚力和向心力，以一种黏合剂的效果，使员工众志成城、齐心协力为企业的发展而努力。

稳定功能——强大的企业理念形象，以其导向力和惯性，保证企业对外部环境变迁的稳定，从而使企业持续健康发展。

（2）企业行为形象策划。企业行为形象策划是对企业组织及组织成员在内部和对外的生产经营管理，以及非生产经营性活动中表现出来的由员工素质、企业制度、行为规范等因素构成的企业形象子系统进行的战略策划。其中内部行为包括员工招聘、培训、管理、考核、奖惩、各项管理制度、责任制度的制定和执行等；对外行为包括采购、销售、广告、金融、公益等公共关系活动。

（3）企业视觉形象策划。企业视觉形象策划是指企业的基本标识及应用标识、产品外观包装、厂容厂貌等构成的企业形象子系统。其中，基本标识指企业名称、标志、商标、标准字、标准色，应用标识指象征图案、旗帜、服装、口号、招牌、吉祥物等，厂容厂貌指企业自然环境、店铺、橱窗、办公室、车间及其设计和布置。通过组成企业独特的视觉识别手段，将企业信息向外界传达，树立企业的良好形象。

（二）企业形象分类

企业形象的分类方法很多，根据不同的分类标准，企业形象可以划分为以下几类。

1. 按照企业内、外在表现划分，可分为内在形象和外在形象

内在形象主要指企业目标、企业哲学、企业精神、企业风气等看不见、摸不着的部分，是企业形象的核心部分。

外在形象则是指企业的名称、商标、广告、厂房、厂歌、产品的外观和包装、典礼仪式、公开活动等看得见、听得到的部分，是内在形象的外在表现。

2. 按照主、客观属性来划分，可分为实态形象和虚态形象

实态形象又可以叫作客观形象，指企业实际的观念、行为和物质形态，它是不以人的意志为转移的客观存在。例如，企业生产经营规模、产品和服务质量、市场占有情况、产值和利润等，都属于企业的实态形象。

虚态形象则是用户、供应商、合作伙伴、内部员工等企业关系者对企业整体的主观印象，是实态形象通过传播媒体等渠道产生的映象，就好像我们从镜子中去观察一个物体，得到的是虚像。

3. 按照社会公众的评价态度不同来划分，可分为正面形象和负面形象

正面形象是指社会公众对企业形象认同或肯定的那部分形象，虽然正面形象不一定决定用户肯定购买某企业产品或接受某项服务，但也要努力扩大正面形象。

企业形象受到社会抵触或否定的部分就是负面形象，负面形象一定会使用户拒绝购买该企业产品和接受其服务，所以，更要注意努力避免或消除负面形象。

4. 按照公众获取企业信息的媒介渠道来划分，可分为直接形象和间接形象

直接形象是指公众通过直接接触某企业的产品和服务，并由亲身体验形成的企业形象。
间接形象是指通过大众传播媒介或借助他人的亲身体验得到的企业形象。

5. 按照公众对企业形象因素的关注程度来划分，可分为主导形象和辅助形象

主导形象是指由公众最关注的企业形象因素构成的形象，如电视机的质量（图像、色彩、音质等）和价格（是否公道）是公众最关心的，因而构成电视机厂的主导形象。

辅助形象是指由其他一般因素构成的形象，如电视机厂的企业理念、员工素质、企业规模、厂区环境、是否赞助公益事业等。

（三）企业形象策划的程序和方法

1. 企业形象策划的程序

企业在进行企业形象策划时，一般要经历五个阶段。

第一阶段：企业形象策划的准备。

首先，企业成立以最高领导人为中心的筹备委员会，成员是各个部门的中层管理者，同时邀请专家来指导。其次，筹委会要制订企业形象策划的计划，明确施行计划的理由、意义和目的。最后，决定企业形象策划计划的大概范围。妥善安排进度时间表，决定执行人的选择（自己实施还是聘请专门机构）。

第二阶段：企业现状分析，包括内部环境分析和外部环境分析。

企业内部环境分析是指通过企业最高管理者面谈，对各部门和员工进行企业形象的调查、视觉识别审查等活动，找出存在的问题，使问题明晰化，主题明确化。

企业外部环境分析是指通过对社会环境的分析、当前市场的分析和其他竞争企业形象的分析等活动，掌握本企业在同行中的地位，摸索、探讨公司今后的位置。

第三阶段：企业理念和事业领域的确定。

以企业的经营意志和社会、市场背景为基础，在科学预测的基础上确定企业的事业领域。同时，将现存的企业理念与未来相对照，据此构筑出企业活动的范围和方向。

第四阶段：企业结构的整合。

根据企业理念、事业领域来检讨企业内部结构，着手改善与提高企业整体素质。在专业机构或策划人员的协助下，设定企业内的组织和体制，以及信息传递系统，形成新的企业素质。

第五阶段：整合行为识别、视觉识别。

行为识别是指企业内部结构的整合过程所表现出新的企业活动行为，在员工行为方面，可积极推行内部促进运动，展开全公司的企业理念的贯彻、实施计划，使企业整体行为得到统一。

视觉识别是指人人看到的信息传递标识，应该遵守统一的视觉识别系统，把企业理念有效地传递给社会公众。

2．企业形象策划的方法

对于新成立的企业，如果实力较强，可以直接导入企业形象识别系统（Corporate Identity System），简称 CIS 系统，通过周密和完整的策划，确定市场定位、实施原则、视觉规范，使企业在成立之初，以全新的形象出现在受众面前，从而赢得先机。如果企业规模较小，导入 CIS 系统的成本过高，会增加企业成为负担，可以先导入视觉识别系统（Visual Identity System），简称 VI 系统，等企业日臻成熟，再进一步实施。

对于经营多年较成熟的企业，基本完成了市场定位和发展方向，可以只导入 VI 系统，发挥企业的优势，对内获得员工的认同，对外树立企业的形象。

对于 CIS 系统的导入方式，其顺序也不是一成不变的。按照导入顺序分为：MI（理念识别）—BI（行为识别）—VI，BI—MI—VI，VI—MI—BI，VI—BI—MI。

在企业形象策划中，主要方法可以采用头脑风暴法又称智力激励法，基本要点是针对所要解决的问题，召集一种特殊的小型会议，让参加会议的人毫无顾忌地提出各种解决问题的方法，彼此激励，相互启发，从而导致连锁反应，产生更多的创造性设想。参加头脑风暴会议的人数一般为 10 人左右，会议时间最好不超过 1 小时，地点应选择安静、不受外界干扰的场所，切断电话、谢绝会客。会议应提前发出通知，告诉与会者会议的主题，使他们事先有所准备。会议设主持人 1 名，鼓励大家发言，设 1~2 名记录员，专门负责记录提出的所有设想，不能遗漏。最后，对提出的所有设想进行集中评价、筛选，从中选出一个或几个最佳策划方案。

也可以采用组合性形象策划法，把两个或两个以上貌似不相关的事物巧妙地加以联结、组合，从而获得新思想、新观念。组合是想象力中最宝贵、最核心的内容。策划者可以把现实生活中各种有关、无关的事物加以组合，如书和声音、钢笔和光等，看组合后的事物是否具有新的作用、新的价值。美国亚特兰大奥运会组委会为了筹集经费，策划了这样一个活动：凡是捐款 35 美元的人，可以在一块砖上刻上自己的名字，再把这块刻有名字的砖铺在亚特兰大正在建造的奥运公园内。活动消息一经公布，人们纷纷响应，前往捐款者络绎不绝，喜欢出名的美国人都乐意花这点钱使自己扬名。组委会在短短几天内便筹集到大量的经费，活动取得了巨大成功。这一策划就是巧妙地运用了组合方法，把奥运筹款与公众名声组合起来，成为奥运史上筹集经费的一大创举。

还可以采取类比性形象策划法，是指把两种事物进行比较，从两者的某些相似之处推出另外一些相似之处的策划方法。

本章小结

1. 战略原来的含义是"将军的艺术"，泛指重大的、带有全局性的、决定性的计谋。企业在市场上所进行的活动相当于一场"特殊的战争"，自然而然也必须要进行企业战略的研究，即在市场营销观念指导下，为实现企业的经营目标，在一定的环境条件下完成自己的总体设想和规划。其特点包括全局性特点、长期性特点、系统性特点、适应性特点、风险性特点、竞争性特点。企业的战略策划是一个为了创造未来而组织起来的结构和过程，主要解决"做什么""怎么做""谁来做""我是谁"等一系列的问题。为了完成企业战略策划，要进行宏观环境的分析，内部环境的分析，市场、竞争者的分析；其流程涵盖了战略分析过程、战略选择过程和实施控制过程。

2. 企业战略策划的具体操作中首先是营销战略分析，包括：企业的竞争地位的分析，对企业的地位进行分析，确定四种地位中的位置——市场主导者、市场挑战者、市场追随者和市场补缺者，根据不同的地位采取不同的战略选择；企业的业务单位也要进行战略分析，常用的是波士顿矩阵图，确定四大类不同的业务（明星类、金牛类、猫类和瘦狗类），然后完成分析决策，保证企业的业务能有完善的长期准备。企业战略的实施分为四个阶段：战略发动阶段、战略计划阶段、战略运作阶段和战略控制与评估阶段。营销战略实施的三原则：适度合理性原则，统一领导、统一指挥原则和权变原则。战略实施的五种模式是：指挥型模式、变革型模式、合作型模式、文化型模式和增长型模式。战略控制内容包括设定绩效标准、绩效监控与纠偏评估、及时纠偏、监控外部环境的关键因素和激励战略控制的执行主体。控制的类型按照不同的分类可以分为很多种，按照控制的时间划分，可分为事先控制、事后控制和随时控制；按照控制主体状态划分，可分为避免型控制和开关型控制；按照控制切入点划分，可分为财务控制、生产控制、销售规模控制、质量控制和成本控制。按照控制层次划分，可分为组织控制、内部控制和战略控制。按照控制度手段和方法划分，可分为目标导向控制、管理纠偏控制、现场观察控制、预算控制、审计控制和统计分析控制。

3. 企业的基本战略分为企业发展战略、企业竞争战略。企业发展战略其中包括密集型发展战略、一体化发展战略和多角化发展战略；企业竞争战略包括成本领先战略、差异化战略、集中化战略、快速反应战略。企业的形象策划也非常重要，企业形象是指人们通过企业的各种标志而建立起来的对企业的总体印象，是企业文化建设的核心。其构成包括产品形象、媒介形象、组织形象、标识形象、人员形象、文化形象、环境形象、社区形象等。企业形象策划是对企业进行理念形象、行为形象和视觉形象三方面的规划和管理，有目的、有计划地将内部文化与外在形象结合起来，形成形象合力，最终赢得社会公众的信任和支持。企业形象策划的内容分为三个层次，理念形象是最核心的、深层次的部分。企业形象策划分类很多，按照内外在表现划分，可分为内在形象和外在形象；按照主客观属性划分，可分为实态形象和虚态形象；按照公众评价态度划分，可分为正面形象和负面形象；按照公众获取信息的媒体渠道划分，可分为直接形象和间接形象；按照公众关注的程度划分，可分为主导形象和辅助形象。形象策划的程序分为五个阶段：形象策划的准备阶段、形象策划的现状分析、企业理念和事业领域的确定、企业结构的整合、整合行为识别和视觉识别。形象策划的方法包括：新企业如果实力强可以全盘引入CIS系统；如果实力较弱，可以部分地选择其中一两项，完成形象策划。对于多年的老企业，因为理念已有，有一定的基础，需要在以往基础上进行整合，可以在VI方面下功夫。CIS系统导向方式不拘一格，理念、行为、视觉三项排练顺序可以变化。形象策划的方法可以选择头脑风暴法，这是普遍采取的研究方法。也可以采取组合性形象策划法和类比性形象策划法。

实训项目

一、知识选择训练

1. 企业战略的特点包括（　　　）。

A. 全局性　　　　B. 长期性　　　　C. 系统性　　　　D. 适应性
E. 安全性

2. 市场竞争者分为（　　　）。

A. 市场破坏者　　B. 市场领导者　　C. 市场补缺者　　D. 市场挑战者
E. 市场跟随者

3. 企业营销策划讲究三原则，下面属于其中的项目有（　　　）。

A. 适度合理性　　B. 完全合理性　　C. 统一领导指挥性　　D. 放权协调性

4. 属于战略实施模式的项目有（　　　）。

A. 指挥型　　　　B. 分配型　　　　C. 合作型　　　　D. 文化型
E. 变革型

5. 按照控制时间划分，企业营销战略可分为（　　　）。

A. 事先控制　　　B. 财务控制　　　C. 随时控制　　　D. 避免控制
E. 开关控制　　　F. 事后控制

6. 按照控制主体状态划分，企业营销战略可分为（　　　）。

A. 内部控制　　　B. 财务控制　　　C. 随时控制　　　D. 避免控制
E. 开关控制　　　F. 事后控制

7. 企业的业务单位可分为（　　　）。

A. 猫类　　　　　B. 摇钱树类　　　C. 明星类　　　　D. 败狗类
E. 完美类

8. 按照控制手段划分，企业的战略控制可分为（　　　）。

A. 目标导向控制　B. 统计分析控制　C. 管理纠偏控制　D. 审计控制
E. 预算控制

9. 按照控制方法划分，企业的战略控制可分为（　　　）。

    A. 内部控制   B. 财务控制   C. 随时控制   D. 避免控制

    E. 开关控制   F. 事后控制

10. 企业基本战略中的发展战略包括（　　　）。

    A. 密集型战略   B. 集中化战略   C. 一体化战略   D. 快速反应战略

    E. 多角化战略   F. 差异化战略

11. 企业基本战略中的竞争战略包括（　　　）。

    A. 密集型战略   B. 集中化战略   C. 一体化战略   D. 快速反应战略

    E. 多角化战略   F. 差异化战略

12. 企业形象构成有（　　　）。

    A. 社区形象   B. 文化形象   C. 标识形象   D. 产品形象

    E. 人员形象   F. 管理形象

13. 按照内在表现划分，企业形象可分为（　　　）。

    A. 内在形象   B. 实态形象   C. 正面形象   D. 外在形象

    E. 负面形象   F. 虚态形象

14. 按照客观属性现划分，企业形象可分为（　　　）。

    A. 内在形象   B. 实态形象   C. 正面形象   D. 外在形象

    E. 负面形象   F. 虚态形象

15. 按照评价态度划分，企业形象可分为（　　　）。

    A. 内在形象   B. 实态形象   C. 正面形象   D. 外在形象

    E. 负面形象   F. 虚态形象

16. 按照媒体渠道划分，企业形象可分为（　　　）。

    A. 内在形象   B. 直接形象   C. 辅助形象   D. 负面形象

    E. 间接   F. 主导形象

17. CIS系统导入的方法有（　　　）。

    A. 头脑风暴法   B. 组合性形象规划法

    C. 联想型形象规划法   D. 类比型形象规划法

18. 市场领导者保护市场占用率的谋略主要有（　　　）。

    A. 阵地防御   B. 侧翼防御   C. 先发防御   D. 反攻防御

    E. 运动防御   F. 收缩防御

19. 使竞争对手难以反击的战略有（　　　）。

    A. 使竞争对手陷入被动而不能反击

    B. 先下手为强，使竞争对手难以反击

    C. 从各方面威胁竞争对手让他不敢反击

    D. 向竞争对手显示有再反击的充分准备，使其知难而退

二、案例分析训练

（一）企业发展战略分析

企业发展战略中有多角化经营战略，其中有同心多角化，是指以现有业务为中心向外扩展

业务范围，用企业现有物质技术力量开发新产品，增加产品的门类和品种，以寻求新的业务增长；有横向多角化，也称水平多角化，是指企业针对现有顾客对其他方面的需求，增加物质技术力量开发新产品，扩大业务经营范围，实现业务增长；还有综合多角化，也称集团式多样化，是指企业通过投资或兼并等形式，把经营范围扩展到多个部门，组成混合型企业集团，开展与现有技术、产品、市场无联系的多角化经营活动，以寻求新的增长机会。

某企业是加工汽车配件起家，抓住了发展机遇，使企业快速发展。随后开始扩大业务范围。

1. 除了专供一些名牌汽车公司配件外，根据市场需要，开始加工一些机械设备。

2. 随着企业的发展，在单一机械设备产品基础上，开始有针对性地开发技术水平更高的产品，同时也为满足一些客户对低端产品的要求生产对应的产品。

3. 一些同行业的厂家，包括供应商和一些下游厂家，来洽谈合作。企业根据生产需要和对本身条件的研究，兼并了一些厂家，组成了更大的公司。随着房地产热潮的来临，企业用闲暇资金进行投资。在引进现代化设备过程中，一方面不断招收学校毕业生，一方面组织文化较为落后的员工，成立餐饮服务公司。

问题：上述各步骤反映了企业发展战略是如何进行的？

（二）企业竞争战略分析

当中国人"随时在家洗热水澡"的梦想因为热水器的大量上市而变成现实，却因为洗浴时室内温度低而美中不足时，"奥普浴霸"填补了空白，迎合了消费者的渴望与需求。最初产品供不应求，从奢侈品成为大众适用产品。

随着消费需求的不断扩大，浴霸市场迅速成长。奥普的市场领导者地位决定了众多的后来者纷纷仿效，浴霸品牌不下几十种。在竞争面前，奥普采取的不是简单的打击战略，而是采取鼓励竞争对手参与的竞争战略。奥普公司认为，有竞争才会有发展，有竞争才能有进步。企业本身因为有竞争压力，才会努力成长壮大。

奥普公司将竞争对手分为两类，一类是毁灭行业的恶性对手，另一类是促进行业发展的良性伙伴式对手。前一种对手是对整个行业有危害的，对消费者也是不利的，他们为了短期利益，偷工减料，产品缺乏安全保障，不仅给消费者带来潜藏的人身安全风险，也会将整个行业引向不利处境。对这样的对手不仅仅要防范，而且要打击。后一种对手，犹如赛场上的比拼伙伴，有威胁存在却可起到互相促进的、极大地激发企业潜力的积极作用。没有对手的赛场往往会失去激励的动力，不利于企业发展。

所以，奥普希望有对手，对手越是努力强大，越对自己起到了考验、警示、激发拼搏力量的作用。奥普居安思危、欢迎有良好对手积极竞争的战略思想，使自己成为心态良好的市场领导者。

问题：

（1）奥普公司为什么能成为市场竞争领先者？

（2）奥普公司在竞争中采取的是什么样的谋略？

（3）奥普公司还可以采取哪些竞争谋略来提升竞争能力？

（三）模拟创业的战略分析

某学院管理专业在校生参与市里组织的创业大赛，大学生参选人员认真投入地研究，并实地考察，决定选择一个闹市区路口作为公司地址，成立礼仪公司。其理由是在此处开公司是独一份，可以减少竞争，在闹市区也显示出公司的档次。全部管理人员都由大学生自己担任，这样便于减少成本。促销策略方面，按照学过的内容充分考虑，大学生准备贷款10万元，按照自己的预估，一年能还上贷款。

还有一些营销专业的学生，决定选择一个养殖项目——养猪，他们选择在郊区附近进行创业。虽然这两个项目都是模拟创业，由于管理专业的大学生在创业原理上准备充分，策划书写得比较完整，最终得到了二等奖。

问题：

（1）从营销战略角度，分析一下这两种创业的成功率是否会很高？

（2）你认为其中缺少哪些关键内容？

（3）在日常生活中，服务性的公司在选址上，多是聚堆开办还是孤独开办？原因是什么？

（4）从长期发展和近期起步分别说明，创业最重要的因素有哪些？

（四）形象策划模拟分析

结合企业形象策划原则、方式，引导学生对所在的学校进行形象策划的实训。

例如，某学院以某行业特点的专科学院为主，同时有文科分院。学院现有教学理念、培养目标、学生行为准则、学院标识、学生服装等，但是，发现内部成员对教学理念理解处于模糊状态，在社会上没有对毕业生的钟爱、赞许，学生在行为识别方面没有突出的表现。通过企业形象策划（CIS系统）方法，进行移植性模拟分析。

具体内容：

（1）了解目前学校已有的形象策划内涵（理念、视觉、行为识别）。

（2）分析存在的不足之处。

（3）结合具体内容，提出相应的合理化建议（不在于全面系统，重点在于提出符合实际的有效的可操作的分析建议）。

三、企业营销业务组合的分析

表2-3中的数据是某企业市场调研中得到的信息资料，请大家分别计算出产品市场增长率和相对市场占用率，然后将各种业务在波士顿矩阵（图2-3）中标明（注意标识位置、圆圈的大小）。

表2-3 某企业市场信息资料

业务代号	去年业务销量	今年业务销量	市场占有率/%	最大对手占有率/%	计算本企业业务增长率/%	计算本企业相对市场占有率/%	业务类别
A	80	95	24	20			
B	150	170	18	20			
C	200	210	50	25			
D	100	105	30	40			
E	120	140	20	15			
F	180	190	25	18			
G	70	80	15	20			
H	90	95	5	50			

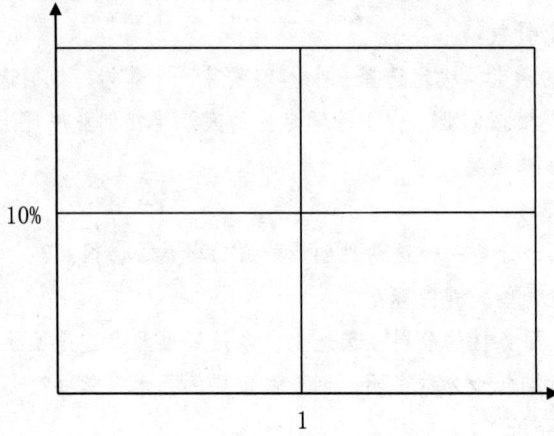

图 2-3　某企业波士顿矩阵

问题：上述各种业务应该分别采取哪些营销战略为佳？

项目三

STP策划

🎯 学习目标

1. 学习掌握市场细分策划概念、基本原理、作用、原则等。
2. 理解掌握目标市场的概念、选择的影响因素等。
3. 掌握市场定位策划的含义及原则、方式等。

📋 能力目标

1. 掌握不同因素条件下的市场细分的依据和方法。
2. 掌握目标市场的切入点和切入的方法。
3. 熟练掌握市场定位的内容。

⚙️ 实训目标

在市场细分、目标市场选择和市场定位的学习过程中，培养目标市场策划的职业能力。

💬 案例导入

手机的出现，对钟表市场产生了严重的冲击。但是，2018年我国的钟表行业企业总产值达 326.6 亿元。我国的钟表行业通过市场营销研究和市场细分的调查，把消费者对手表的需求细分为三类不同的顾客群。

第一类顾客群，想购买价格尽可能低廉且能进行正常计时的手表，占手表市场的 23%。

第二类顾客群，想购买计时相对准确、耐用、价格适中的手表，占手表市场的46%。

第三类顾客群，想购买名贵的名牌手表，要求计时精确，而且可以作为礼物，追求象征性或感情性的价值，占手表市场的31%。

同时得知，享有盛名的著名钟表商几乎都只注重第三类顾客群，并将其作为目标市场，广告宣传和推销活动也都很有针对性，主要集中在礼品购买季节进行，而且大多通过大的百货商店、珠宝店推销。而占手表市场69%的第一、第二类顾客群的需要并没有得到满足，这里存在着最好的市场机会。

多家知名钟表公司经过上述细分后，迅速选定这两类顾客群作为其目标市场，并制订相应的市场营销组合，进入这两个细分市场，以满足这两类顾客群的需要。此公司制造了一种叫作"天美时"的物美价廉的手表，利用新的分销渠道，广泛通过百货商店、超级市场、廉价商店、药房等各种类型的零售商店，大力推销"天美时"手表，结果这家公司很快就大大提高了市场占有率，成为当时世界上最大的钟表公司之一。

这个事例表明，市场细分是企业发现良机，发展市场营销战略，提高市场占有率的有力手段。

任务一
STP与市场细分策划

一、STP策划概述

（一）STP基本概念

1. STP含义

STP中的S、T、P三个字母分别是Segmenting、Targeting、Positioning三个英文单词的首字母缩写，即市场细分、目标市场和市场定位。STP表示企业策划活动的三个步骤，STP策划的每一步骤对企业的营销都起到相当重要的作用。在这三个步骤中，市场定位处于核心环节。

2. STP策划含义

STP策划是企业通过调查和分析，根据购买者对产品或营销组合的不同需要，将自己的市场细分为若干不同的顾客群体，并勾勒出细分市场的轮廓。通过市场细分选择目标客户，进而以此为根据确定目标市场。在目标市场顾客群中形成一个良好的印象，保持一定的优势即为市场定位的谋划活动过程。

（二）STP策划的基础

1. 对企业情况有全面的了解

对企业经济实力、经营目标、远景规划、技术力量、企业与竞争者相比较的优势和不足的了解，是营销策划者首先要掌握的信息资料。因为只有掌握了这些资料，才有可能针对企业的情况进行STP的策划。

2. 对当前市场形势有准确的分析

通过分析，要清楚地了解到哪些细分市场尽管目前发展很好但潜力不大，并不适合本企业发展；哪些市场虽然目前还没有蓬勃发展但有发展潜力，能为企业提供更大的发展空间；哪些市场尽管发展得比较好，但已经逐步地走向衰退。只有对当前市场形势有准确的分析，才能有针对性地进行STP的策划。

3. 对未来的市场走势有科学的预测

未来市场的走势方向固然重要，但对企业具体产品群的未来走势能作出科学的预测也甚为关键。只有对企业的产品与未来的市场发展趋势作出准确的判断、分析和预测，才能找到符合企业未来发展的突破口，科学地选择目标市场，准确地进行市场定位。

（三）STP 策划的步骤

1. 科学进行市场细分

市场细分（Market Segmenting）是指按照某种特征将客户分类，同类客户称为一个细分市场。常用的市场细分方法有以下几种。

（1）地理因素市场细分法，就是根据顾客所在的地理区域进行市场细分。由此形成的区域市场，一般采用渠道管理模式，在不同的区域设置管理机构，来负责该区域的市场开拓，管理。

（2）消费行为市场细分法，按客户消费的行为特征进行市场细分。

（3）人文因素市场细分法，则是根据客户的社会特征进行市场细分。

（4）利益因素市场细分法，则是先界定客户和潜在客户的真正需求，以及满足这些需求后能享受到哪些利益，以此为基础进行市场细分。

2. 正确选择目标市场

目标市场（Market Targeting）是指评估不同市场细分的吸引力，并据此选择为之服务的目标客户。因此，我们可以根据地理区域、消费行为、人文因素、利益因素进行市场细分来定位目标市场，即目标客户。

正确选择目标市场还必须考虑以下因素：企业实力、市场性质、产品性质、产品生命周期、市场供求情况和竞争者情况。

3. 准确进行市场定位

市场定位（Market Positioning）是指企业针对潜在顾客的心理进行营销设计，创立产品、品牌或企业在目标顾客心目中的某种形象或某种个性特征，保留深刻的印象和独特的位置，从而取得竞争优势。企业常用的定位方法有以下几种。

（1）根据产品的属性和利益定位。产品有耐用、性能可靠、富有特色等属性，能满足消费者对实惠、经济、显示地位等不同利益的追求。因此，企业可以根据产品不同的属性及消费者不同的利益追求进行市场定位。

（2）根据产品的质量和价格定位。企业依据产品的质量档次和价格高低，吸引相应的顾客群。可根据产品不同的质量、价格档次进行市场定位。

（3）根据产品的不同用途定位。例如，洗发水市场，海飞丝定位于去头屑，霸王洗发水定位于防脱发，这就是根据产品的不同用途进行市场定位。

（4）根据企业的竞争地位定位。企业为了取得有利地位，需要对竞争对手和市场营销对象进行细致分析，从而为自己的产品确定有别于竞争对手的形象，以获得消费者的青睐。

（四）STP 理论的应用

1. 帮助企业认知应该选择哪个细分市场

最好的办法是，首先将资源投放到少数细分市场上，然后随着这些细分市场地位的巩固，再逐渐将范围扩展到其他市场。在做出决策前，应经过调查选出几种方案，并通过对各个方案的衡量，选出一个最合适的方案。

2. 帮助企业认知是否需要一个不同的组织向目标客户提供服务

不同的细分市场，进行决策的方式不同，因此要求提供服务的方式也有所不同。STP 理论可以帮助企业认知是否需要建立一个与众不同的团队，向目标客户提供恰到好处的服务。

3. 帮助企业认知是否准备进行必要的投资

在进入一个新的细分市场，选定目标客户后，需要大量金钱与时间的投入。这种投资是非常必要的，它能够使企业在新的市场中建立自己的地位，牢牢抓住目标客户，保证整个组织的未来发展。

4. 帮助企业认知不同的细分市场是否需要不同的服务

每个细分市场的客户都希望自己能得到最满意的服务，所以需要企业提供的服务不可能完全相同，企业所要做的，就是使客户有从企业提供的服务中获得最大收益的感觉的同时，企业也能获得最大的商业利润。

5. 帮助企业认知不同的细分市场能否承受不同的服务价格

不同细分市场，会对同一种服务做出不同判断，不同的细分市场对同一服务的需求也会出于不同的原因，因此这项服务所提供的价值、竞争的程度及所面临的机会成本也是各不相同的，这些因素都会对价格产生影响。这需要企业对整个细分市场所承受的价格做出准确判断，以最适当的价格向客户提供最多的产品和服务，以实现最大利润。

二、市场细分的概念、基本原理及作用

（一）市场细分的概念

1. 市场细分含义

所谓的市场细分是指根据顾客在需求特点、购买心理、购买行为等方面的明显差异性，把某一产品的整体市场划分为若干个"子市场"或"分市场"的市场分类过程。

市场细分本质上是对市场的一种洞悉，决定了企业后续的定位选择和营销组合策略的制

订。市场细分很重要，因为它不仅仅为企业选择某个目标市场奠定了基础，也是企业把握市场、切入市场、运作市场、营销市场的基本出发点。

2. 市场细分概念的提出

市场细分是目标市场营销的基础。1956年，美国市场营销学家温德尔·史密斯（Wendell R. Smith）在《市场营销策略中的产品差异化与市场细分》中提出了市场细分概念，奠定了目标市场营销的理论基础，从而使市场营销进入一个新的阶段，即目标市场营销。从现代市场营销发展演变来考察，大致可以概括为三个阶段：大量市场营销阶段、多品种市场营销阶段和目标市场营销阶段。

20世纪50年代，企业面对买方市场的严峻形势，开始实行目标市场营销，即企业识别各个不同的购买者群，选择其中一个或几个作为目标市场，运用适当的市场营销组合，集中力量为目标市场服务，满足目标市场需求。

（二）市场细分的基本原理

1. 顾客需求的差异性

顾客需求的差异性是指不同的顾客之间的需求是不一样的。在市场上，消费者总是希望根据自己的独特需求去购买产品，我们根据消费者需求的差异性可以把市场分为"同质性需求"和"异质性需求"两大类。

同质性需求是指由于消费者的需求的差异性很小，甚至可以忽略不计因此没有必要进行市场细分。而异质性需求是指由于消费者所处的地理位置、社会环境、自身的心理和购买动机不同，造成他们对产品的价格、质量、款式上需求的差异性。这种需求的差异性就是我们市场细分的基础。

2. 顾客需求的相似性

在同一地理条件、社会环境和文化背景下的人们会形成相对类似的人生观、价值观的亚文化群，他们的需求特点和消费习惯大致相同。正是因为消费需求在某些方面的相对同质性，市场上绝对差异的消费者才能按一定标准聚合成不同的群体。所以消费者需求的绝对差异造成了市场细分的必要性，消费需求的相对同质性则使市场细分有了实现的可能性。

3. 企业资源的有限性

现代企业由于受到自身实力的限制，不可能向市场提供能够满足一切需求的产品和服务。为了有效的进行竞争，企业必须分析市场需求，进行市场细分，选择目标市场，明确市场定位，制定有效的竞争策略，集中资源有效地服务于市场，力争取得最大的竞争优势。

（三）市场细分的作用

1. 有利于选择目标市场和制定市场营销策略

市场细分后的子市场比较具体，比较容易了解消费者的需求，企业可以根据自己经营思想、方针及生产技术和营销力量，确定自己的服务对象，即目标市场。针对较小的目标市场，便于制定特殊的营销策略。同时，在细分市场上，容易了解和反馈信息，一旦消费者的需求发生变化，企业可迅速改变营销策略，制定相应的对策，以适应市场需求的变化，提高企业的应变能力和竞争力。

2．有利于发掘市场机会，开拓新市场

通过市场细分，企业可以对每个细分市场的购买潜力、满意程度、竞争情况等进行分析对比，探索出有利于本企业的市场机会，使企业及时做出投产等销售决策或根据本企业的生产技术条件编制新产品开拓计划，进行必要的产品技术储备，掌握产品更新换代的主动权，开拓新市场，以更好适应市场的需要。

3．有利于集中人力、物力投入目标市场

任何一个企业的人力、物力、资金等资源都是有限的。通过细分市场，选择适合自己的目标市场，企业可以集中人力、财力、物力等资源，去争取局部市场上的优势，然后再占领自己的目标市场。

4．有利于企业提高经济效益

前面三个方面的作用都能使企业提高经济效益。除此之外，企业通过市场细分后，可以面对自己的目标市场，生产出适销对路的产品，既能满足市场需要，又可增加企业的收入。产品适销对路可以加速商品流转，加大生产批量，降低企业的生产销售成本，提高生产工人的劳动熟练程度，提高产品质量，全面提高企业的经济效益。

三、市场细分的原则与依据

（一）市场细分的原则

企业进行市场细分的目的是通过对顾客需求差异予以定位，来取得较大的经济效益。众所周知，产品的差异化必然导致生产成本和推销费用的相应增长，所以，企业必须在市场细分所得收益与市场细分所增成本之间做一权衡。由此，我们得出有效的细分市场必须保持如下原则。

1．可衡量性原则

可衡量性是指各个细分市场的购买力和规模是可以被识别和衡量的，即细分的市场不仅要范围明确，而且对其容量大小也能大致做出判断。如果细分变数很难衡量，就无法界定市场。

2．可盈利性原则

可盈利性也称市场开发的效益性，是指企业新选定的细分市场容量足以使企业获利。这是衡量市场细分有效性的标志，细分必须遵守可盈利性原则，考虑细分市场的顾客数量，以及他们的购买能力和购买频率。如果容量小、成本高、获利小，就不值得企业去开发。

3．可进入性原则

可进入性也称可实现性，是指所选定的细分市场必须与企业自身状况相匹配，企业有优势占领这一市场。可进入性具体表现为，信息进入、产品进入和竞争进入。考虑市场的可进入性，实际上是研究其营销活动的可行性。

4. 差异性原则

差异性也称可区分性,是指细分市场在观念上能被区别,并对不同的营销组合因素和方案有不同的反应。如果不同的细分市场顾客对产品需求差异性不大,市场细分就有些多余。在几个细分市场中采取了不同的方案,结果反映差异性不大,也同样不必进行市场细分。

5. 社会性原则

社会性是指市场细分必须符合社会道德,符合社会整体利益,符合社会伦理道德。

(二)市场细分的依据

一般依据消费者特性进行市场细分,常见的有人口因素、地理因素、心理因素和行为因素四大类。

1. 人口变量细分

企业按照人口变量来细分消费者市场,它包括年龄、性别、收入、职业、教育水平、家庭规模、家庭生命周期、种族等。人口变量很久以来一直是细分消费者市场的重要依据,这主要是因为人口比其他变量更容易测量,用人口变量细分市场简单易行。如图3-1所示。

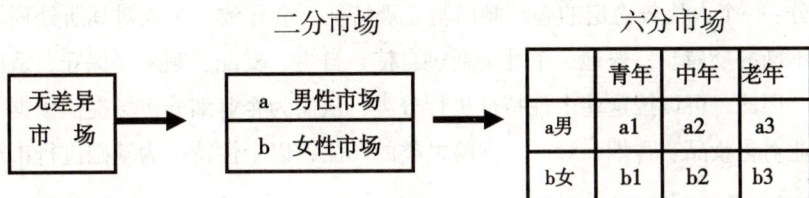

图 3-1 人口变量细分

性别细分:由于生理上的差别,男性与女性在产品需求与偏好上有很大不同,在服饰、发型、生活必需品等方面均有差别。

年龄细分:不同年龄的消费者有不同的需求特点,例如,青年人对服饰的需求与老年人的需求就有差异,青年人需要鲜艳、时髦的服装,老年人则需要端庄素雅的服饰。

收入细分:低收入和高收入消费者在产品选择、休闲时间的安排、社会交际与交往等方面都会有所不同。

职业与教育细分:消费者职业的不同、所受教育的不同也会导致所需产品的不同。例如,农民购买自行车偏好载重自行车,而学生、教师则喜欢轻型、样式美观的自行车。

家庭生命周期细分:一个家庭,按年龄、婚姻和子女状况,可分为单身、新婚、满巢、空巢和孤独五个阶段。在不同阶段,家庭购买力、家庭成员对商品的兴趣与偏好也会有很大的差别。

2. 地理细分

地理细分是指按照消费者所处的地理位置、自然环境等对市场进行细分。具体变量包括国家、地区、城市、农村、地形气候、交通运输等。

地理细分的主要理论根据是:处在不同地理位置的消费者对企业的产品各有不同的需求和偏好,他们对企业所采取的市场营销战略,对企业的产品、价格、分销渠道、广告宣传等市场营销组合各有不同的反应。

3. 心理个性细分

心理个性细分是指按照消费者的生活方式、个性特点等心理变量来细分消费者市场。在同一人口统计群体中的人可能表现出差异极大的心理特性。尤其是在生活多样化、个性化、质比量更受到重视的时代，市场不只是要在性别、年龄、职业等方面加以细分，而更重要的是要通过生活方式、价值观、兴趣爱好、个性、交友关系等来进行心理上的区分。

社会阶层细分：社会阶层指在某一社会中具有相对同质性和持久性的群体。处于同一阶层的成员具有类似的价值观、兴趣爱好和行为方式，而不同阶层的成员所需的产品也各不相同。识别不同社会阶层消费者所具有的不同特点，对于很多产品的市场细分将提供重要依据。

生活方式细分：人们追求的生活方式不相同也会影响他们对产品的选择。例如，有的人追求新潮时髦，有的人追求恬静、简朴，有的人追求刺激、冒险，有的人追求稳定、安逸。西方的一些服装生产企业为"简朴的女性""时髦的女性"和"有男子气的女性"分别设计不同的服装；烟草公司针对"挑战型吸烟者""随和型吸烟者""谨慎型吸烟者"推出不同品牌的香烟，均是依据生活方式细分市场。

个性细分：一个人比较稳定的心理倾向与心理特征，会导致一个人对其所处环境做出相对一致和持续不断的反应。一般地，个性会通过自信、自主、支配、顺从、保守、适应等个性特征表现出来。因此，可以按这些个性特征进行分类，从而为企业细分市场提供依据。在某些国家，一些企业对化妆品、香烟、啤酒、保险之类的产品，以个性特征为基础进行市场细分并取得了成功。

4. 行为细分

行为细分是指企业按照消费者对产品的了解程度、态度、使用情况或反应等来细分消费者市场。其行为变量包括时机、利益、使用者、使用率、忠诚度。

时机，即根据消费者产生需要、购买或使用产品的时机来细分。在我国，不少公司利用春节、元宵节、中秋节、五一劳动节等节日大做广告，借以促进产品销售。

利益，即消费者往往因为各有不同的购买动机，追求不同的利益，所以购买不同的产品和品牌。

使用者，即许多商品的市场可以按照使用者情况来细分，如非使用者、曾经使用者、潜在使用者、初次使用者和经常使用者等。

使用率，即市场也可以按产品被使用的程度，细分成少量使用者、中度使用者和大量使用者群体。

忠诚度，即企业可以按照消费者对品牌（或商店）的忠诚度来细分消费者市场。品牌忠诚是指由于价格、质量等诸多因素的吸引力，使消费者对某一品牌的产品情有独钟，形成偏爱并长期地购买这一品牌产品的行为。提高品牌的忠诚度，对于一个企业的生存和发展、扩大市场占有率极其重要。

市场细分的各种因素及其具体变量见表3-1。

表 3-1　市场细分的各种因素及其具体变量

市场细分因素	人口变量因素	地理因素	心理因素	行为因素
具体变量	性别 年龄 家族 收入 学历 职业 种族 社会阶层 教育程度 其他	国家 地区 大中小城市 农村 人口规模 交通条件 距离 气候 其他	生活方式 价值观 职业观 兴趣爱好 活动领域 人生观 情感 性格 其他	使用体验，了解程度 兴趣程度，欲望程度 购买动机，使用频率 商标可靠性 商店信任程度 购买频率，价格反应 广告反应，服务敏感程度 品牌忠诚度，其他

四、市场细分的程序及方法

（一）市场细分的程序

1. 细分市场的确定

（1）选定市场范围。

选定产品的市场需求范围包括：

第一，确定经营范围。确定产品市场范围，即潜在的顾客群体（产品的市场范围应以市场的需求而不是产品特性来定，并且产品市场范围应尽可能的全面）。

第二，确定市场细分变量。列举潜在顾客的基本需求，公司的市场营销专家通过"头脑风暴法"，从地理、人口、行为和心理等几个方面的变量出发，大致估算潜在顾客的基本的需求并进行分析以确定细分市场的范围。

（2）形成细分市场。

第一，根据差异性需求细分市场。公司找到差异性需求之后，把差异性需求相对应的顾客细分变量和利益细分变量作为市场细分变量，确定了所有的细分变量后，选择合适的细分方法，将市场划分为不同的群体或子市场，并结合各分市场的顾客特点赋予每个子市场一定的名称，在分析中形成一个简明的、容易识别和表述的概念。

第二，运用调查数据或经验判断，重新按对顾客购买行为影响程度大小对变量进行降序排列，从而找出最合适的变量。

（3）凸显细分关键点。

不同的企业对市场细分的角度、方法和结果都有所不同，要凸显出自己的企业市场细分的关键点。例如，同样是功能性饮料，也可以突出自己的关键点。红牛公司选择了"恢复体力"为关键点，"困了累了喝红牛"；脉动支持的概念是"水分和维生素双补"；乐虎则凸显"补充能量"，"喝乐虎，激发正能量"；等等，都是为了凸显细分市场的关键点。

2．细分市场的选择

（1）放弃较小或无利可图的细分市场。排除重复细分市场（首先弄清非重复细分市场的属性：所提供的产品或服务用途不相同；产品和服务在细分市场中的比重及相对价值各不相同；所提供的产品或服务不会取得相同的利益）。

（2）合并较小且与其他需求相似的细分市场。拆分内部需求差异较大的细分市场。（应注意：在能取得经济效益的细分中，拥有顾客数量的最低界限是什么，企业能够控制的细分市场数量是多少，其限度主要由企业自身的综合实力强弱来决定。）

3．初评细分市场规模

（1）对细分市场进行分析预测。

步骤1，确定产品的潜在购买者和使用者（有需求、有使用产品的必要资源和有支付能力的顾客，或运用反向提问：谁是不合格的潜在顾客，可来自调查数据、商业数据）。

步骤2，确定第一步界定的每个潜在购买群体中有多少人。

步骤3，估计购买率或使用率（据调查或其他研究所获得的平均购买率来确定，或假设潜在使用频率等于重度使用者的使用频率来确定。市场潜力就等于步骤2和步骤3的乘积，即潜在顾客数乘潜在使用频率。企业需要预测各个不同城市、地区的市场潜量）。

（2）预测细分市场未来需求。

通过环境因素预测市场，主要包括对通货膨胀、失业、利率、消费者开支和储蓄企业投资、政府支出及与本公司有关的其他重要环境因素和事件进行预测。然后依照预测结果进行行业预测。对照行业预测的销售额，再进行公司销售预测。

4．给细分市场命名

根据有效市场细分的条件，对所有细分市场进行分析研究，剔除不符合要求、无用的细分市场。为便于操作，可结合各细分市场上顾客的特点，用形象化、直观化的方法给予细分市场命名，保证充分认识各细分市场的特点，达到细分市场的目的。

（二）市场细分的方法

1．单一变量法

单一变量法，是指根据市场营销调研结果，把选择影响消费者或用户需求最主要的因素作为细分变量，从而达到市场细分的目的。

这种细分法以公司的经营实践、行业经验和对组织客户的了解为基础，在宏观变量或微观变量间，找到一种能有效区分客户并使公司的营销组合产生有效对应的变量。例如，玩具市场需求量的主要影响因素是年龄，可以针对不同年龄段的儿童设计适合不同年龄需要的玩具。

2．主导因素排列法

将对消费者购买行为有影响的几个因素进行排列，从消费者的特征中寻找和确定主导因素对市场进行细分，这种方法简便易行，但难以反映复杂多变的顾客需求。例如，中国移动的市场细分，全球通的客户是尊贵的、追求高服务价值的人群；动感地带是时尚的年轻一族；神州行是话费不多的普通市民，定位于草根阶层。中国移动利用这一主导因素，确定了细分的目标市场，从而占领了大部分的市场份额。

3. 综合因素细分法

综合因素细分法即将影响消费需求的两种或两种以上的因素进行综合细分，例如，用生活方式、收入水平、年龄三个因素可将女性服装市场划分为不同的细分市场，如图3-2所示。

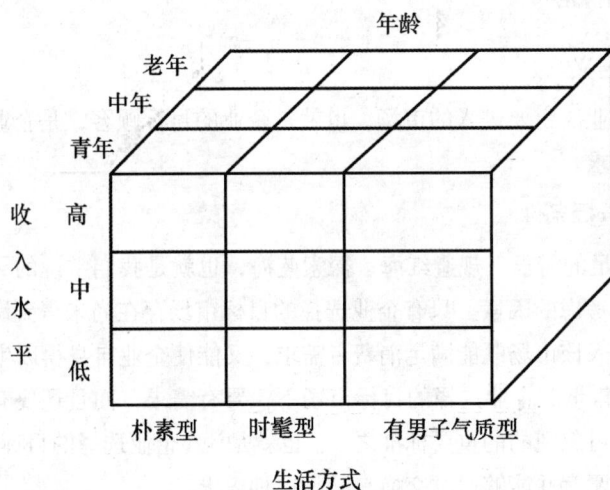

图3-2　综合因素细分法

4. 系列因素细分法

当细分市场所涉及的因素是多项的，并且各因素按一定的顺序逐步进行，可由粗到细、由浅入深，逐步进行细分，这种方法称为系列因素细分法。利用系列因素细分法目标市场将会变得越来越具体，例如，某地的皮鞋市场就可以用系列因素细分法做如下细分，如图3-3所示。

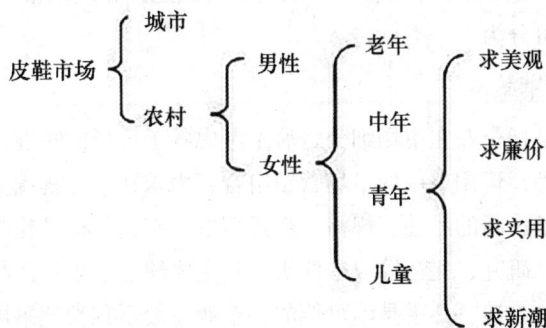

图3-3　系列因素细分法

任务二
目标市场的概述及策划

一、目标市场的概述

（一）目标市场概念

1.目标市场的含义

目标市场是指企业决定要进入的市场，也就是企业的目标顾客，是企业市场营销活动所要满足的那部分市场需求。

2.目标市场的选择条件

（1）存在尚未满足的需求。规避红海、探索蓝海，也就是我们常说的寻找市场空缺，这是选择目标市场时首先考虑的因素。只有企业选择的目标市场存在尚未得到满足的需求，才有其进入的价值。企业进入该市场既能满足消费者需求，又能使企业自身得以生存和快速发展。

（2）有足够的销售量。企业选择的目标市场不仅要有需求，而且还要有足够的销售量，这是选择目标市场时不可忽视的重要标准之一。也就是说，企业选择的目标市场不但存在需求，而且有足够的消费者愿意并能够通过交换来满足这种需求。

（3）未被竞争者完全控制，有进入的余地。企业选择的目标市场，应该是没有完全被竞争者控制的市场。

（4）企业具备进入目标市场的能力。企业选择目标市场既要考虑外部条件，即目标市场情况，又要考虑企业自身主观条件，即是否具备足以满足目标市场需求的企业经营资源、市场营销能力和企业外部资源组合能力等。

（二）目标市场营销策略类型

目标市场一旦确定，就需要根据目标市场的需求特点制订相应的市场营销策略。概括起来，目标市场营销策略大致可分为三个类型。

1.无差异性市场营销策略

无差异性市场营销是指企业在市场细分之后不考虑各子市场的特性，而只注重子市场的共性，决定只推出单一产品，运用单一的市场营销组合，力求在一定程度上满足尽可能多的顾客需求。这种策略的优点是产品的品种、规格、款式简单，有利于标准化与大规模生产，有利于降低生产、存储、运输、研究、促销等成本费用。其主要缺点是单一产品要以同样的方式广泛销售并受到所有购买者的欢迎，几乎是不可能的，企业一般不宜长期采用。典型的例子是黑色福特T型车大规模营销。

2.差异性市场营销策略

差异性市场营销是指在市场细分的基础上，企业选择两个以上乃至全部细分市场作为自己

項目三
STP策划
的目标市场，并为每个选定的细分市场制订不同的市场营销组合方案，多方位地开展有针对性的市场营销活动。

采用这种市场营销策略，其明显的优点在于：第一，针对不同的目标市场，制订不同的市场营销方案，这种针对性较强的市场营销活动，能够分别满足不同顾客群的需求，市场营销活动易于收到较好的效果；第二，选择两个以上目标市场，可以使企业取得连带优势，提高企业的知名度。当然，实行差异性市场营销策略，会使企业的生产成本、管理费用、销售费用等大幅度增加。因此，实施差异性市场营销策略要求所带来的收益超过所增加的成本、费用，并且要求企业具有较为雄厚的财力、物力和人力条件。

3. 集中性市场营销策略

集中性市场营销是指在市场细分的基础上，选择其中一个细分市场作为企业的目标市场，集中力量为该市场开发一种理想的产品，实行高度专业化的生产和销售。这种市场营销策略主要适用于资源力量有限的中小企业。中小企业无力与大企业抗衡，在一些大企业尚未或不愿顾及的小细分市场上全力以赴，往往易于取得成功。这一策略的不足之处是风险较大，采用这一策略的企业，要密切注意目标市场的动向，提高应变能力。

（三）选择目标市场营销策略的影响因素

一个企业究竟应当采用哪种目标市场营销策略，受到企业资源、产品、市场、竞争等多种因素的影响，所以在选择目标市场营销策略时必须考虑这些重要因素。

1. 企业资源

企业资源包括人力、物力、财力、技术水平、市场营销能力等。如果资源雄厚，就可以考虑实行差异性市场营销，否则，最好实行无差异性市场营销或集中性市场营销。

2. 产品特性

产品特性包括两个方面的问题：一是产品的同质与异质，如果是同质产品或需求上共性较大的产品，一般宜实行无差异性市场营销；反之，对于异质产品，则应实行差异性市场营销或集中性市场营销。二是产品生命周期处于不同阶段，其目标市场营销策略也应有所区别。处在导入期和成长期的新产品，市场营销的重点是启发和巩固消费者的偏好，最好实行无差异性市场营销或针对某一特定子市场实行集中性市场营销；当产品进入成熟期后，市场竞争激烈，消费者需求日益多样化，可改用差异性市场营销策略以开拓新市场，满足新需求，延长产品生命周期。

3. 市场特性

市场特性也应考虑两点：一是市场同质与否，如果市场上所有顾客在同一时期偏好相同，购买的数量相同，并且对市场营销刺激的反应相同，则可视为同质市场，宜实行无差异性市场营销；如果市场需求的差异较大，则为异质市场，宜采用差异性市场营销或集中性市场营销。二是市场供求趋势，如果一种产品在未来一段时期内供不应求，消费者的选择较弱，企业就可以实行无差异性市场营销策略；相反，则实行差异性或集中性市场营销策略。

4. 竞争状况

竞争状况也可以从两个方面来考虑：一是竞争者的强弱，二是竞争者采用何种目标市场营销策略。一般来说，企业应当根据竞争对手的实力及其市场营销策略，选择更有效的目标市场营销策略。例如，竞争对手力量较弱，企业可采用无差异性市场营销策略；竞争对手如果采用无差异性市场营销策略，企业就应当采用差异性市场营销策略；如果竞争对手也采用差异性市场营销策略，企业就应进一步细分市场，实行更有效的差异性或集中性市场营销策略。

（四）评估不同市场细分吸引力的原则

评估不同市场细分吸引力是防止目标市场选择失误的保证，吸引力较小的市场细分，企业盲目进入，容易陷入"鸡肋市场"，食之无味、弃之可惜，进退两难。评估市场细分吸引力的原则见表 3-2。

表 3-2　评估市场细分吸引力的原则

评估原则	原 则 说 明
足够大	细分市场必须足够大，以保证其有利可图
可识别	细分市场必须是可以运用人口变量因素进行识别
可达到	细分市场必须是媒体可以接触到的
差异性	不同的细分市场应该对营销组合有不同的反应
稳定性	就其大小而言，各细分市场应该是相对稳定的
增长性	好的细分市场应该具有增长的潜力
空白点	细分市场如果被竞争者牢固占领，其吸引力则会大大降低

二、目标市场的选择策划

在完成市场细分，又明确了建立目标市场应考虑的因素以后，应该考虑如何策划选定目标市场的问题。市场是用户的组合，也是各种需要的组合。一个企业不可能满足所有用户各式各样的需求，总是在一定的市场范围内，满足一部分用户的需求。这就需要在市场细分的基础上选择目标市场及其策略。在通常使用的三种形式（无差异性营销、差异性营销和集中性营销）中，各有不同的优缺点，企业必须掌握这些优缺点，对比自身条件来加以选择，见表 3-3。

表 3-3　不同目标市场策略的优缺点

种类	优 点	缺 点
无差异性营销	生产集中，品种单一，批量大，生产成本低。其所面对的市场选择能力不强，不需要大量广告宣传，所以营销费用相对较低	在同一细分市场都采取无差异性营销时，竞争必将日趋激烈，给企业带来较大的风险。同时不注意需求的差异性研究，会忽略较小细分市场的开发机会

种类	优　点	缺　点
差异性营销	符合消费者的不同需求，增加了销售机会，有利于市场的拓展。可以使企业在几个细分市场上同时占据优势地位，提高企业的声誉，树立良好的企业形象，从而有利于在竞争中夺取更大的市场占用率	同时经营几个细分市场会使企业资源过于分散，从而失去竞争优势。会导致生产成本和营销费用的增加，降低营销活动效益
集中性营销	由于集中经营，采取针对性较强的营销手段，使企业在这一细分市场中占据有利位置；集中经营中专业化程度的提高，可以相对降低产品生产成本和营销费用；可使企业对自己的产品的质量精益求精，提高产品品牌和企业的声誉	选择市场较为狭窄，风险较大。市场发生变化或有竞争者加入时，可能导致目标市场收益的滑坡。不符合鸡蛋不能放在一个篮子里的原则

三、目标市场的切入策划

在选定目标市场以后，还必须就以下几个方面进行策划。

（一）目标市场的切入方式

所谓的切入，词典的解释是为了达到一定目的而插入某个动作或段落中的镜头，或篮球比赛中攻方乘隙插入对方篮下。通俗理解就是找准机会突然快速地进入。

切入点切入的最佳位置或时机，也可理解为"突破口"，是解决某个问题应该最先着手的地方。

目标市场的切入方式是指企业进入选定的目标市场突破口，抓住机会时所采取的方法和样式。

1．切入新产业市场的方式

新产业市场往往具有经营风险大、市场潜力大、科技含量高及进入市场成本高等特点。

（1）以技术优势挺进市场。对于高技术产业，企业必须凭自身的技术优势切入市场。这些技术可以是企业的专利，也可以通过科研单位、高等学校联合开发获得，使企业一进入市场，就树立起技术力量雄厚的形象，确定企业的市场位置。例如，某些企业靠手中功能饮料的秘方切入市场、军工企业掌握某些专门技术用于民用产品开发、某些企业买断某专利技术切入市场等。

（2）借助企业原有的声誉切入。如果企业属于知名企业，长期经营中已形成了较高的声誉、广阔的营销网络、拥有驰名商标，便可以此为条件切入新产业市场。例如，海尔以冰箱质量过硬而闻名，随着市场变化，在电视、洗衣机、空调等电器市场适机切入后，很快得到消费者认可，不需要进行更多的新产品市场开发。消费者往往也会形成定式思维，海尔的产品值得信赖。

（3）填补空白、大胆全面切入。如果企业具有与众不同的能力，抓住消费者某种潜在需求，有能力足以填补某市场的空白，就可以大胆地全面切入市场。例如，VCD的出现、浴霸的出现，都属于这种切入方式。但是，采取这种方式的企业要注意自己的实力和竞争对手跟随能力。

VCD是万燕公司开发的，但由于核心技术元件把控在国外，自己不能控制。而其他电子厂家实力雄厚，对能力生产新产品VCD的其他部件并具备组装技术，很快占领市场的就不是万燕公司了。

2．切入非新产业市场的方式

切入非新产业市场的方式，是指企业在原有目标市场上拓展或进入非新产业，但属于企业新选定的目标市场的方式。

（1）收购现成的产品和企业，是进入目标市场最快捷的方式之一。一般在下列两种情况下采取这种方式：一是企业进入某个目标市场，但对这一行业的知识掌握还很不足；二是尽快进入该市场对企业有很大的利益，但靠内部发展的方式进入新市场将遇到种种阻碍。例如，在专利权、经营规模、原料及其他所需要物资供应方面受限制等。

（2）以内部发展的方式切入市场。企业依靠自身的科研、设计、制造及销售目标市场需要的产品进入市场。这种方式适用于下列情况：对于巩固该企业的市场地位有利，没有适当的企业可供收购或收购价格过高，收购现有产品或企业的障碍太多等。

（3）与其他企业合作进入市场。企业的合作可以是生产企业与生产企业合作，也可以是生产企业与销售企业合作。这种方式在企业界运用比较广泛，因为采用合作的方式将使风险因合作分担而降低，合作企业在技术上、资源上相互支持，优势互补，发挥出整体组合效应，形成新的经营能力。

（二）切入目标市场的具体方法

企业切入目标市场，在选择适合本企业切入方式的同时，还要选用一定的具体方法。

1．广告宣传法

企业通过精心策划推出广告，使目标市场上的顾客知晓企业、了解产品，激起购买欲望，促进购买行为。

2．产品试销法

企业通过产品小批量试产、试销，广泛征求用户和顾客的意见、建议，为改进产品及经营提供依据。这种方式可以减少企业经营的盲目性及由此带来的风险。

3．公共关系法

企业通过各种形式的公关活动，如专项活动、开业庆典、赞助公益事业、策划新闻等赢得目标市场上公众的信赖和支持。

4．感情联络法

人是有感情的，在做购买决策时，往往会受感情因素的影响。为此，企业切入目标市场就要注意感情投入，加强联络。

5．利益吸引法

在利益上给购买者以实惠是切入目标市场的有效方法，很多企业在切入目标市场时，都会采取各种优惠措施，争取第一时间引起经济型消费心理顾客的好感。

6．权威人士推介法

企业切入某个目标市场时，采取聘请名人做推介，可以巧妙地形成名人效应，扩大可信度，达到快速进入市场的目的。

除上述方法外，推介会、展销会等都是切入市场行之有效的方法，策划者要根据目标市场的特点、产品特征、市场态势及竞争情况、费用高低等加以选用。

（三）切入目标市场的时间选择

企业切入目标市场的时间安排也很重要，过早或过晚切入市场都对企业经营不利。确定切入目标市场的时间主要取决于两个方面。

1．正常准备时间

在切入目标市场之前，要计算在正常情况下做好一切准备工作需要花费的时间，这些准备工作包括产品设计、试销、批量生产、推销培训、建立销售渠道等。

2．适应市场形势变化的调整时间

市场形势发生变化时，可以比正常切入市场的时间提前或推迟。尤其是季节性强或具有特定消费对象的产品，视情况适时切入市场会收到事半功倍的效果。

任务三
市场定位策划

一、市场定位概述

（一）市场定位的概念

1．市场定位的含义

市场定位是指企业及产品确定在目标市场上所处的位置。市场定位是由美国营销学家艾·里斯（Al Ries）和杰克·特劳特（Jack Trout）在 1972 年提出的，其含义是指企业根据竞争者现有产品在市场上所处的位置，针对顾客对该类产品某些特征或属性的重视程度，为本企业产品塑造与众不同的，给人印象鲜明的形象，并将这种形象生动地传递给顾客，从而使该产品在市场上确定适当的位置。

市场定位包括企业的市场定位、店铺的市场定位、产品的市场定位、服务的市场定位等。一般所说的市场定位，是产品的市场定位，即根据消费者对产品或品牌心理知觉来确定产品或品牌在其心目中的地位并塑造良好形象。美国西北大学教授菲利普·科特勒（Philip Kotler）认为：定位就是对企业的产品进行设计，从而使其能在目标顾客心目中占有一个独特的、有价值的位置行动。

2. 市场定位的内容

企业通过市场定位，首先，确认现在所处的地位，即产品、品牌能在多大程度上对应市场需求。比较评价竞争者与本企业的产品和品牌在市场上的地位，发现潜在的重要市场位置。

其次，了解和掌握投放新产品的市场位置，以及现有产品重新定位或放弃的方向等。设法在自己的产品、品牌上找出比竞争者更具竞争优势的特性或创造与众不同的特色，从而使其产品、品牌在市场上占据有利地位，取得目标市场的竞争优势。例如，"沃尔沃"汽车——安全；"宝马"汽车——驾驭激情；"农夫山泉"——有点甜；日产汽车——技术领先、节油。

企业的市场定位常以企业的形象表现，就是通过公众和企业人员对企业的整体评价和印象来实现。

企业形象定位，一方面包括企业目前所处的位置及企业希望将自己提高到什么位置；另一方面，则是企业目前在公众中是什么样的形象，而企业又希望给公众一种什么样的形象。

外在企业形象是指一个企业在本企业人员以外的公众心目中，主要是在顾客、社区居民和政府公务人员心目中所留下的印象。

内在企业形象是指企业形象的评价尽管是由企业之外的社会公众来做的，但企业形象归根结底是企业内部的全体员工塑造的，是他们通过实实在在的工作创造出来的客观企业形象，在任何情况下都是评价的基础。所以，企业形象的塑造首先要从企业内部去塑造，尤其是要从员工的内在世界去塑造。

（二）影响市场定位的因素

影响市场定位的因素，一般来说，就是消费者认为能满足自己某种需求和欲望的利益因素。

1. 功能性因素

功能性因素是指产品本来要发挥的基本实用功能或产品属性，如高效性、易使用性、便利性、正确性、可靠性、安全性、耐久性等。功能性因素直接导致消费者对产品的认可程度，决定着产品在消费者心目中的形象。企业定位过程中，对功能性因素要认真考虑，这些因素是构成产品其他方面的基础，也会被消费者转化为企业本身的评价。

2. 感觉性因素

感觉性因素是指视觉，如好看、样子好、有魅力、轻便、崭新等；触觉，如轻、好拿、柔软、暖和等；听觉，如噪声小、听起来舒服等；嗅觉，如无臭、香味等；味觉，如好吃、甜、酸等；其他，如无毒副作用、低脂肪等。这些因素给消费者感官上的体验，往往决定着第一印象的产生。因为人对外界信息的吸收70%来自眼睛，14%来自耳朵，说明人的感官带来的影响作用是十分明显的。

3. 心理性因素

心理性因素是指人们提高内心的实现感和充实感，追求精神上的满足感；保持良好的心理状态，如自尊心、威望、地位的满足，快感，安心感，轻松感等。当人们从感觉性因素开始，通过功能性因素对企业和产品有了基本评价后，就不可忽视有些群体注重心理上的满足和追求了。如果企业和产品需要在这类群体中定位，就不能不对心理性因素引起重视。

4. 场所性因素

场所性因素是指从空间上即经营地点所具有的方便性、快适性、接近性等对企业和产品经营所起到影响作用的因素。经营地点对消费者的吸引、认同，销售量都有直接的影响，闹市区比穷乡僻壤利于经营是人所共知的道理，即使是同一条街甚至同一个店里的位置，都决定着企业和产品的定位效果。

5. 时间性因素

时间性因素包括经营过程的速度、时间的选择与节约、及时性、定时性等方面，是决定企业和产品能否抓住时机的重要因素。"时间就是金钱"已经家喻户晓，时间也同样决定企业和产品在消费者心目中的地位形成。

6. 经济性因素

经济性因素是指企业和产品能在消费者心目中形成省力、省能，或提高费用效率比，便宜和降价感等印象。人们无论追求什么，最实惠的是追求经济利益，经济性因素对大众消费者的影响更为显著。

7. 社会性因素

社会性因素是指企业和产品对社会生活的发展和革新的贡献程度及社会的接受程度，如无公害或减轻公害，提高消费者的福利水平，增大社会利益，提高健康水平等。任何企业都是社会的一分子，若企业的利益追求脱离了社会贡献，则最终会迎来失败的命运。对社会贡献大的企业，容易被消费者称赞，自然而然容易赢得认同和喜爱。

8. 文化因素

文化因素是指消费者随着社会的发展进步，追求会从物质层次提升到文化层次，文化因素开始影响企业和产品在市场上的地位。企业根据对应价值观的多样化，灵活地适应不同文化的规范，如风俗习惯、法律等，组织自己的经济活动，满足更多的、层次较高的消费需求。

（三）市场定位策划的原则

进行市场定位策划需要遵循现实性、可进入性、价值性三个基本原则，这三个原则体现的是"存在—可行—值得"。客观存在是首位考虑的因素，只有存在真实市场才需要进行市场定位策划。客观存在的市场不等于是自己企业的目标市场，进入不了的市场，其市场定位策划将是无效劳动。即使是理论上完美的策划，说的也是"正确的废话"。能进入的客观存在的市场，不等于值得去开发的市场。任何市场定位策划都是此市场能给企业带来丰厚的回报。

1. 现实性原则

现实性是指市场定位面对的细分市场必须是现实的市场，即当前客观存在的真实市场。也是可以操作的，不是理论上分析存在的某种市场。现实性原则强调：一丝一毫的假设因素都不能存在，也不能把其他地区可行事实拿来借用。

2. 可进入性原则

营销策划中的目标市场必须是可进入的市场，只有可进入性作为前提，才能进行市场定位。否则，市场定位就成了无本之木，纸上谈兵。

3．价值性原则

价值性原则是指市场定位的目标市场必须有可开发的价值，不能是得不偿失的策划。要回答三个问题：一是作为市场定位，企业能否从中获取利润；二是作为定位市场，企业应该具有相对稳定性，使它占领目标市场之后能在相当长一段时间内不需要改变目标；三是定位市场必须适应企业扩大发展的要求，即价值性原则涵盖发展性，市场定位策划不能是短期行为，不能是一锤子买卖。

二、市场定位方式

市场定位是设计公司产品和形象的行为，以使公司明确在目标市场中相对于竞争对手自己的位置。公司在进行市场定位时，应慎之又慎，要通过反复比较和调查研究，找出最合理的突破口。避免出现定位混乱、定位过度、定位过宽或定位过窄的情况。而一旦确立了理想的定位，公司必须通过一致的表现与沟通来维持此定位，并应经常监测以随时适应目标顾客和竞争者策略的改变。

（一）四大定位策略

1．避强定位

避强定位是指企业力图避免与实力最强或较强的其他企业直接发生竞争，而将自己的产品定位于另一市场区域内，使自己的产品在某些特征或属性方面与最强或较强的对手有比较显著的区别。

优点：能避开与强大竞争对手的直接冲突，并在消费者心目中迅速树立起自己的形象。由于这种定位方式风险相对较小，成功率较高，常常为很多企业所采用。例如，华为刚起步里以二三线城市为主要市场，有力地避开了思科等世界巨头。

缺点：避强往往意味着企业必须放弃某个最佳的市场位置，很可能使企业处于较差的市场位置。

2．迎头定位

迎头定位是指企业根据自身的实力，为占据较佳的市场位置，不惜与市场上占支配地位的、实力最强或较强的竞争对手发生正面竞争，而使自己的产品进入与对手相同的市场位置。这种方式风险较大，但一旦成功就会取得巨大的市场优势。因此对某些实力较强的企业有较大的吸引力。实行迎头定位，一方面要求知己知彼，尤其要清醒地估计自己的实力；另一方面要求市场有较大的容量。

优点：竞争过程往往相当惹人注目，甚至产生所谓的轰动效应，企业及其产品可以较快地为消费者或用户所了解，易于达到树立市场形象的目的。

缺点：具有较大的风险性。

3．重新定位

公司在选定了市场定位目标后，如定位不准确或虽然开始定位得当，但市场情况发生变化则需重新定位。

重新定位是指企业变动产品特色，改变目标顾客对其原有的印象，使目标顾客对其产品新形象有一个重新的认识过程。市场重新定位对于企业适应市场环境、调整市场营销战略是必不可少的。企业产品在市场上的定位即使很恰当，但出现下列情况时也需考虑重新定位：一是竞争者推出的产品市场定位于本企业产品的附近，侵占了本企业品牌的部分市场，使本企业品牌的市场占有率有所下降；二是消费者偏好发生变化，从喜爱本企业某品牌转移到喜爱竞争对手的某品牌。重新定位是以退为进的策略，目的是更有效地定位。

4. 创新定位

创新是以新思维、新发明和新描述为特征的一种概念化过程，市场定位的创新是指运用已知的信息，不断突破常规，寻找新的尚未被占领但有潜在市场需求的位置，填补市场上的空缺，生产市场上没有的、具备某种特色的产品。如当年索尼公司的随身听等新产品正是填补了市场上迷你电子产品的空缺，使得索尼公司迅速地发展壮大。

采用这种定位方式时，公司应明确创新定位所需的产品在技术上、经济上是否可行，有无足够的市场容量，能否为公司带来合理而持续的盈利。

创新定位可以从不同方面来完成，如通过产品实体、服务和信息传递等。见表3-4。

表3-4 创新定位

	方法说明	举例
通过产品实体创新	产品在功能、质量、构造、包装等方面与其他企业生产的同类产品保持差异，通过不同的创新形式赢得购买者的偏好	改善产品的使用功能；改进特性——大小、重量、材料或附加物改变；扩大适用性；改变款式和包装增加美感都可以吸引消费者的注意
通过服务创新	企业除向消费者提供产品外，还可向买方提供信息、服务、维修乃至提供信用资助等，在服务上形成产品差异化	利用帮助安装培训、调试、使用指导、分期付款、良好的维修服务和质量承诺等服务手段，使购买者产生对本企业产品的好感
通过信息传递创新	企业通过文字、图像、声音等媒体，利用各种传播手段，将有关的特征等信息传递给目标市场，让顾客心目中树立该产品与众不同的形象	通过广告、宣传册、视频等，将企业的标志、独特的设计和针对性广告宣传传递给目标顾客，引发消费者的购买欲望

创新定位还包括概念创新定位，在消费者满满的心智空间里，已找不到一个空子可钻，而产品质量和价格及服务又没有什么优胜之处，不能树立领域第一的形象。此时，可以利用别出心裁的概念优势，或改变人们的观念，或排挤一些太软弱的概念取而代之。一是可以采取激发感性消费。感性消费时代，人们购买感性商品采用的是心理上的感性标准，其购买行为建立在感觉逻辑之上。感性消费表现在消费者对产品的要求已不仅停留在实惠、多功能、结实耐用上，更讲究消费的档次和品位，要求产品能集实用、装饰、艺术、情感于一体，能给人以美感和遐想。二是不卖产品卖概念。以消费者的立场来探讨产品定位的概念诉求，构思设计符合本身个性的生活模式。把功能性（品质）、情绪性（个性）、社会性（身份地位）三个要素加以组合，把提升生活品味的条件设计在商品定位并以品质层面的三个要求和服务的过程来表达完整的想法，这就是概念优势定位。

消费者理性购买动机和感性购买动机的区别，见表3-5。

表3-5　理性购买动机和感性购买动机

	理性购买动机	感性购买动机
1	合理性	不想输给别人
2	便利性	自尊心
3	品质优良、品牌声誉良好	追求流行
4	价格低廉	追求快乐
5	形式新颖	追求变化
6	令人满意的服务态度、信赖感	与众不同
7	购物所需要时间和经费的节省	幻想心

（二）三大定位策划

1. 产品定位

产品定位是在营销策划时确定产品各种属性的位置、档次。具体包括特色定位、利益定位、使用者定位、质量和价格定位、竞争定位等，见表3-6。

表3-6　产品定位

名　称	内　容
特色定位	让企业的产品与市场上的其他竞争者有所区别，这是产品定位策划的根本出发点，可通过产品差异化来完成
利益定位	根据产品具有的满足顾客某种需求的功能来对产品进行定位，从而消除消费者对企业的产品、品牌的印象疑惑，掌握产品的特殊之处
使用者定位	企业通过明确指出其产品适用者并借助使用者代表进行劝说，达到吸引目标消费者从而实现定位的方法。例如，一家网络化妆品专卖店，可以将目标市场集中在某一女性群体，并明确她们的年龄、职业、兴趣爱好、社会地位、地理区域等
质量和价格定位	在研发、生产产品时，根据市场需求的实际状况确定产品的质量水平，与竞争者比较选择产品、服务的价格定在一个什么样的水平
竞争定位	突出本企业产品与竞争者同档产品的不同特点，通过评估选择，确定对本企业最有利的竞争优势并加以开发。在消费者脑海中，为某个品牌建立有别于竞争者的形象

2. 市场定位

市场定位是指确定产品进入的目标市场，只有确定了目标市场，才能考虑推出与其相适应的产品。市场定位从总体上看主要有地域定位、气候定位、阶层定位、职业定位、个性定位、年龄定位、性别定位、文化定位等。见表3-7。

表3-7 市场定位

名 称	内 容
地域定位	确定是进入国际市场、全国市场，还是在某市场、某地等
气候定位	是北方还是南方，是干燥地区还是多雨湿润地区
阶层定位	社会不同的阶层有不同的消费特点和消费需求，企业的产品究竟面向什么阶层，根据不同的标准，如按知识分，有高知阶层、中知阶层和低知阶层。进行阶层定位，就是要牢牢把握住某一阶层的需求特点，从营销的各个层面满足他们的需求
职业定位	企业在制订营销策略时要考虑将产品或劳务销售给什么职业的人。例如，将饲料销售给农民及养殖户，将文具销售给学生等，要考虑这些非常明显的区分，还要考虑那些不明显的、不易被察觉的职业区分定位。可以在定位领域内获得巨大的收获
个性定位	考虑选择一部分具有相同个性的人作为自己的定位目标，针对他们的爱好实施营销策略，可以达到最佳的营销效果
年龄定位	不同年龄段的人，有自己不同的需求特点，只有充分考虑到这些特点，满足不同消费者要求，才能赢得消费者。如对于婴儿用品，营销策略应针对母亲而制订，因为婴儿用品多是由母亲来实施购买的
性别定位	有些市场男性与女性之间，消费需求不同，购买习惯、行为差别很大。也有些市场可以男女兼用，准确定位十分必要
文化定位	不同地区、国家、民族都有其不同的文化，市场定位必须考虑不同文化的市场需求特点

3. 企业定位

企业定位是对产品定位、市场定位的强化，是企业基于顾客需求，通过在市场上树立良好的形象，将其独特的个性、文化，塑造于消费者心目中，并占据一定位置形成企业的魅力，并产生马太效应，来推动营销活动的。企业定位一般要运用独特的产品、独特的企业文化、杰出的企业人物、良好的企业环境和公共关系手段进行。

企业定位对于绝大多数的生产型企业，还是一个模糊的概念，没有充分利用起来。从产品定位、市场定位、企业定位三者的关系层次上来看，一般企业定位要经历的过程是：从产品、市场、企业定位三者一体化到三者分离，后者相对于前者越来越概括和抽象，越来越多地用于表现理念。

市场定位与产品定位、企业定位分别是三个不同层次。产品定位是基础，是前提；企业定位是完成整个企业营销定位的最后阶段，是承前启后的阶段。市场定位与产品定位、企业定位存在着相互重叠、相互影响、相互依赖的内在联系，企业营销定位策划需要各个方面的通力合作和相互照应，最终实现共同的目标。

（三）产品定位五步法

1. 目标市场定位

目标市场定位是一个市场细分与目标市场选择的过程，即明白为谁服务。在市场分化的今天，任何一家公司或任何一种产品的目标顾客都不可能是所有的人，对于选择目标顾客的过程，需要确定细分市场的标准对整体市场进行细分，对细分后的市场进行评估，最终确定所选择的目标市场。

2. 产品需求定位

产品需求定位是了解需求的过程，即满足谁的什么需要。产品定位过程是细分目标市场并进行子市场选择的过程。这里的细分目标市场是对选择后的目标市场进行细分，选择一个或几个目标子市场的过程。对目标市场的需求确定，不是根据产品的类别进行，也不是根据消费者的表面特性来进行的，而是根据顾客的需求价值来确定的。顾客在购买产品时，总是为了获取某种产品的价值。产品价值组合是由产品功能组合实现的，不同的顾客对产品有着不同的价值诉求，这就要求提供与诉求点相同的产品。在这一环节，需要调研需求，这些需求的获得可以指导新产品开发或产品改进。

3. 产品测试定位

企业产品测试定位是对企业进行产品创意或产品测试，即确定企业提供何种产品或提供的产品是否满足需求，该环节主要是进行企业自身产品的设计或改进。通过使用符号或实体形式来展示产品（未开发和已开发）的特性，考察消费者对产品概念的理解、偏好、接受。这一环节需要从心理层面到行为层面来深入探究，以获得消费者对某一产品概念的整体接受情况。其步骤内容见表3-8。

表3-8　产品测试定位

步　骤	内　容
产品概念认知	进行产品概念与顾客认知、接受的对应分析，针对某一给定产品或概念，主要考察其可解释性与可传播性。很多成功的企业家并不一定是新产品的研发者，而是新概念的定义和推广者
同类产品市场开发度	包括产品渗透水平和渗透深度、主要竞争品牌的市场已开发度、消费者可开发度、市场竞争空隙机会，用来衡量产品概念的可推广度与偏爱度
产品属性定位	分析实际意义上的产品价格和功能等产品属性定位与消费者需求的关联。产品概念的接受和理解程度再高，如果没有对产品的需求、产品的功能不能满足消费者某方面的需求，或者消费者的这种需求已有很多产品给予了很好的满足，这一产品概念就很难有好的市场前景。通过对影响产品定位和市场需求的因素关联分析，对产品的设计、开发和商业化进程作出调整
购买意向分析	探究消费者是否可能将心理的接受与需求转化为行为上的购买与使用，即对消费者的选择购买意向进行分析，以进行企业自身产品定位的最终效果测定

4. 差异化价值点定位

差异化价值点定位，即需要解决目标需要、企业提供产品及竞争各方特点的结合问题，同时，要考虑提炼的这些独特点如何与其他营销属性综合。在上述研究的基础上，结合基于消费者的竞争研究，进行营销属性的定位，一般的产品独特销售价值定位方法包括从产品独特价值特色定位、从产品解决问题特色定位、从产品使用场合时机定位、从消费者类型定位、从竞争品牌对比定位、从产品类别的游离定位、综合定位等。在此基础上，需要进行相应的差异化品牌形象定位与推广。

5. 营销组合定位

营销组合定位，即如何满足需要，它是进行营销组合定位的过程。在确定满足目标顾客的需求与企业提供的产品之后，需要设计一个营销组合方案并实施这个方案，使定位准确。这不仅是品牌推广的过程，也是产品价格、渠道策略和沟通策略有机组合的过程。正如菲利普·科特勒所言，解决定位问题，能帮助企业解决营销组合问题。营销组合——产品、价格、渠道、促销，是定位战略战术运用的结果。在一些情况下，定位过程也是一个再定位的过程。因为当产品差异化很难实现时，必须通过营销差异化来定位。今天，你推出任何一种新产品畅销不过一个月，就马上会有模仿品出现在市场上，而营销差异化要比产品模仿难得多。因此，仅有产品定位远远不够，企业还必须从产品定位扩展至整个营销的定位。

（四）市场定位易出现的问题

1. 定位近视

定位近视是指企业并没有采用科学、合理、高效的传播手段将企业的定位信息导向消费者的心中，从而使消费者对企业的产品、品牌的印象疑惑或不觉得其有任何特殊之处。

2. 定位不足

企业从自身角度出发，而不是从消费者的角度出发，沿用传统的"产品观念"进行市场定位，这是对现代市场营销理论及市场定位基本原则——顾客导向、顾客满意的直接违背。

3. 定位过度

定位过度是指企业在进行市场定位时，过分强调自己与对手的区别，认为自己的企业或产品有很多特色，最终失去了其主要特色，使本来适用范围较广的产品成为只能满足其中部分顾客需要的产品。

4. 定位混乱

如果企业过分频繁变换对其产品、品牌的定位，最终导致消费者产生混乱不清的印象，这是对市场定位动态调整原则的误用。

本章小结

1. STP是市场细分（segmentating）、目标市场选择（Targeting）和市场定位（Positioning）的英文首字母缩写。STP策划是企业通过对整个市场的调查研究分析，根据消费者对产品及其组合的需要，将企业自己的顾客群细分为若干"小群体"，选择其中一部分作为目标顾客，进而确定目标市场，使企业在顾客群中形成一个良好的印象，在目标市场上保持一定的优势。STP策划基础是：对企业自身各种资源条件全面了解，对市场状况准确地分析，对未来的市场走势有科学的预测。STP的应用包括：帮助企业认知选择目标市场，帮助企业认知是否需要一个不同的组织提供服务，帮助企业认知是否需要准备对目标市场投资，帮助企业认知不同的细分市场是否需要不同的服务，帮助企业认知细分市场能否承受不同的服务价格。

市场细分是指企业根据消费者需求的特点，购买心理、购买行为的差异性，将一个产品整体市场分为若干"子市场"的活动过程。市场细分的基本原理是顾客需求的差异性，顾客需求的相似性，企业资源的有限性。市场细分的作用包括：有利于选择目标市场和制订营销组合策略；有利于挖掘市场机会，开拓新市场；有利于集中人力物力投入到新市场；有利于提高经济效益。市场细分的原则：可衡量性原则，可盈利性原则，可进入性原则，差异性原则，社会性原则。市场细分的依据是：人口变量细分、地理细分、心理个性细分、行为细分。市场细分的程序步骤：细分市场的确定，细分市场的选择，初评细分市场的规模。

2. 目标市场的含义简单理解是企业决定要进入的市场。目标市场的选择条件包括四个方面：存在着未满足的需求，市场上有足够的销售量，市场有进入的余地，企业有能力进入目标市场。目标市场策略的类型有三种：无差异目标市场策略，差异性目标市场策略和集中性目标市场策略。这三种类型各有优缺点，掌握了这些才能进行正确的选择。进入目标市场的策略影响因素包括企业资源、产品特性、市场特性、竞争状况。目标市场的切入点是解决问题的目标市场策划的突破口，切入策划包括切入方式（新产业市场的切入和非新产业市场的切入）、切入的具体方法（广告宣传法、产品试销法、公共关系法、感情联络法、利益吸引法、权威推介法等）、切入的时间（正常的准备时间、适应情况变化的调整时间）。

3. 市场定位的含义是指企业产品在目标市场上所处的位置，为的是在消费者心目中塑造出本企业与众不同的形象，在消费者心里形成好感。产品定位的内容包括：确认企业现在的地位，了解掌握投放新产品的市场位置，完成企业的形象定位（企业的外在形象——那些标示性的事物，企业的内在形象——企业文化一类的无形事物）。影响企业市场定位的影响因素有功能性因素、感觉性因素、心理性因素、场所性因素、时间性因素、经济性因素、社会性因素、文化因素。市场定位策划的原则：现实性原则、可进入性原则、价值性原则。企业市场定位方式包括：四大策略——避强定位、迎头定位、重新定位和创新定位；三大定位策划——产品定位（产品的特色定位策划、企业利益定位策划、使用者定位策划，质量和价格定位和竞争者定位策划）、市场定位（地域定位、气候定位、阶层定位、职业定位、个性定位、年龄定位、性别定位、文化定位）、企业定位（企业的形象，独特个性、企业文化定位）；企业定位策划的五步法包括：目标市场定位——明白为谁服务，产品需求定位，满足谁的什么需要；企业产品测试定位——确定企业提供何种产品或提供的产品是否满足需求，考察消费者对产品概念的理解、偏好、接受；差异化价值点定位——需要解决目标需要、企业提供产品及竞争各方的特点的结合问题；营销组合定位——如何满足需要，它是进行营销组合定位的过程。市场定位易出现的问题：定位近视——企业并没有采用科学、合理、高效的传播手段将企业的定位信息导向消费者的心中；定位不足——企业沿用传统的"产品观念"进行市场定位；定位过度——企业在进行市场定位时，过分强调自己与对手的区别，认为自己的企业或产品有很多特色，最终失去了其主要特色；定位混乱——企业过分频繁变换对其产品、品牌的定位，最终导致消费者产生混乱不清的印象。

实训项目

一、知识选择训练

1. STP策划分为以下哪些步骤（　　　）。
   A. 科学地进行市场细分　　　　　　　　B. 正确地选择目标市场
   C. 准确地进行市场定位　　　　　　　　D. 认真地做好产品促销工作

2. 进行STP策划，要求营销策划者必须做到（　　　）。
   A. 对企业情况有全面的了解　　　　　　B. 对当前市场形势有准确的分析
   C. 对未来市场走势有科学准确的预测　　D. 什么都精通

3. 市场细分的基本原理包括（　　　）。
   A. 顾客需求的特殊性　　　　　　　　　B. 顾客需求的差异性
   C. 顾客需求的相似性　　　　　　　　　D. 企业资源的有限性

4. （　　　）内容属于市场细分的原则。
   A. 可衡量性　　　　B. 可盈利性　　　　C. 可发展性　　　　D. 可进入性
   E. 社会性

5. 市场细分的依据是（　　　）。
   A. 人口细分　　　　B. 地理细分　　　　C. 心理个性细分　　　　D. 地位细分
   E. 行为细分

6. 目标市场选择的条件是（　　　）。
   A. 市场存在着未满足的需求　　　　　　B. 市场有足够的销售量
   C. 消费者非常欢迎　　　　　　　　　　D. 企业能够进入
   E. 企业有能力进入

7. 目标市场所使用的策略是（　　　）。
   A. 无差异策略　　　　B. 差异化策略　　　　C. 集中化策略　　　　D. 分散化策略

8. 影响目标市场选择的因素包括（　　　）。
   A. 消费者人数　　　　B. 企业资源　　　　C. 市场特性　　　　D. 产品特性
   E. 竞争状况

9. 目标市场切入策划方法包括（　　　）。
   A. 广告宣传　　　　B. 产品试销　　　　C. 权威推介　　　　D. 利益吸引
   E. 感情联络

10. 切入新产业市场的方式有（　　　）。
    A. 以技术优势挺进市场　　　　　　　　B. 收购现成的产品和企业
    C. 借助企业原有的声誉切入　　　　　　D. 填补空白进入

11. 切入非新产业市场的方式有（　　　）。
    A. 以技术优势挺进市场　　　　　　　　B. 收购现成的产品和企业
    C. 与其他企业合作进入市场　　　　　　D. 以内部发展的方式切入市场

12. 新产业市场往往具有（　　　）的特点。
    A. 经营风险大　　　　B. 市场潜力大　　　　C. 科技含量高　　　　D. 进入成本低

    E. 进入成本高

13. 市场定位的影响因素有(　　)。

    A. 功能性因素　　　B. 企业资源因素　　C. 心理因素　　　D. 经济性因素

    E. 社会性因素　　　F. 时间因素

14. (　　)是市场定位策划必须遵守的原则。

    A. 现实性原则　　　B. 持久性原则　　　C. 可入性原则　　D. 价值性原则

15. 定位的四大策略有(　　)。

    A. 迎头定位　　　　B. 重新定位　　　　C. 创意定位　　　D. 避强定位

    E. 创新定位

16. 产品定位包括(　　)。

    A. 特色定位　　　　B. 区域定位　　　　C. 质量定位　　　D. 年龄定位

    E. 利益定位　　　　F. 职业定位

17. 市场定位包括(　　)。

    A. 特色定位　　　　B. 区域定位　　　　C. 阶层定位　　　D. 年龄定位

    E. 利益定位　　　　F. 职业定位

18. 市场定位容易出现问题有(　　)。

    A. 定位过宽　　　　B. 定位近视　　　　C. 定位混乱　　　D. 定位不足

    E. 定位过度　　　　F. 定位过窄

19. 按照顺序将企业定位五步描写出来(　　)。

    A. 产品需求定位　　　　　　　　B. 差异化价值点定位

    C. 目标市场定位　　　　　　　　D. 企业产品测试定位

    E. 营销组合定位

20. 产品测试定位包括(　　)。

    A. 产品概念认知　　　　　　　　B. 产品需求定位

    C. 购买意向分析　　　　　　　　D. 同类产品市场开发度

    E. 营销组合定位　　　　　　　　F. 产品属性定位

二、案例分析训练

(一)银行业市场定位策划分析

在金融业兴旺发达的香港,"银行业多过米铺"。在这弹丸之地,各银行使出浑身解数,走出了一条细分市场、利用市场定位、突出各自优势的道路,使香港的金融业呈现一派百家争鸣、百花齐放的繁荣景象。

1. 汇丰银行

汇丰银行定位于分行最多、实力最强、全港最大的银行。这是以自我为中心、实力展示式的诉求。20 世纪 90 年代以来,为拉近与顾客的情感距离,它重新定位,立足于"患难与共、伴同成长",旨在与顾客建立同舟共济、共谋发展的亲密朋友关系。

2. 恒生银行

恒生银行定位于充满人情味、服务态度最佳的银行,通过走感情路线赢得顾客。突出服务卖点,使自己有别于其他银行。

3. 渣打银行

渣打银行定位于历史悠久、安全可靠的英资银行。这一定位树立了渣打银行可信赖的"老大哥"形象，传达了让顾客放心的信息。

4. 中国银行

中国银行定位于有强大后盾的中资银行。这一定位直接针对有民族情结、信赖中资的目标顾客群，同时暗示中国银行可提供更多更新的服务。

5. 廖创兴银行

廖创兴银行定位于助你创业兴家的银行，以中小工商业者为目标顾客，为他们排忧解难，赢得事业的成功。香港中小工商业者一个很有潜力的市场，廖创兴敏锐地洞察到这一点，并摸准他们的心理——想出人头地、大展宏图。据此，廖创兴将自身定位在专门为这一目标顾客群服务，给予他们在其他银行和专业银行不能得到的支持和帮助，从而牢牢地占有这一市场。

问题：

（1）讨论各个银行的定位特点。

（2）为什么廖创兴银行定位在帮助中小工商业者创业兴家？

分析提示：网上查找了解廖创兴银行的具体情况，同时，在竞争激烈的香港金融业市场上，领先者和主要参与者都有形成独特印象和拥有了稳定的客户群，直接挑战式参与竞争是不是明智之举？应该寻求空缺还是跟随？哪个更合理？

（二）汽车业市场定位策划分析

1. 奇瑞QQ ——年轻人的第一辆车

奇瑞QQ出现在市场上的时候，契合多数年轻白领的消费能力，将目标市场锁定为有知识、有品味的年轻人和部分有一定事业基础、心态年轻、追求时尚的中年人，市场定位为"青年人的第一辆车"，以极高的性价比满足年轻人通过驾车所实现的工作、娱乐、休闲和社交的需求。而时尚前卫的品牌文化则与消费群体产生了强烈的情感共鸣，牢牢地抓住了消费群体。

2. 别克凯越——以实干求超越的中坚者之车

上海通用别克凯越是一款具有动感外观、人性化空间、先进的配备的中级轿车。上海通用将其定位为以实干求超越的中坚者之车，其目标用户为中层经理人、小型私营企业主。广告宣传中，除了强调实用、可靠、时尚外，着力渲染该款轿车能够体现用户务实进取，严谨踏实，对事业全力以赴，对生活全情投入，追求不断超越自我的生活态度。

3. 一汽红旗——全面满足消费者对"美好生活、美妙出行"的追求

一汽红旗一直是中国汽车工业的代表品牌，从诞生起就一直见证着中国汽车工业的成长。自从新红旗品牌战略发布以来，红旗也一直向着"中国第一、世界著名"这个伟大的目标不断努力。对于普通消费者来说，新红旗品牌除了依旧保持着"国车"这样具有使命感的形象标签外，还更多了一份"国民车"的亲近感。这种转变也真实地体现在了红旗品牌的销量上。未来，新红旗品牌将会在品牌向上及品牌年轻化的方向上不断努力，肩负着引领中国汽车工业发展的崇高责任，为消费者带来更多、更好的全新产品。

4. 宝马——社会高层中的现代者

宝马的定位结合了两种消费者的分类方式。首先，根据受教育程度、收入、公众认知程度来确定其社会地位的高低。其次，将消费者的价值观分为传统和现代两类，传统价值观的核心

要素包括家庭、责任意识、社会阶层观念、财产所有权等，现代价值观的核心要素包括西方化、教育、多元化等。在此基础上，以社会分层和价值观变化为纵横轴建立坐标系，豪华轿车的消费者都处在社会的高层，但其价值观可能传统，也可能现代，宝马的用户的价值观是现代的。传统价值观和现代价值观的消费者在选择汽车时的要求也不尽相同。前者更看中的是空间宽敞、后座舒服、安全、耐久，后者更看中的是空间宽敞、外观设计、个性化和科技含量。

问题：

（1）随着社会经济形势的发展，是不是上述所有汽车的定位都是不变的？以奇瑞车为典型进行分析。通过资料查找，认知奇瑞QQ有哪些独到之处。

（2）宝马和奔驰的用户都是社会高层，但奔驰主要面对传统企业家阶层，代表连续性和社会等级；而宝马主要面对新兴的、现代的企业家、新职业精英、具有能量和活力的年轻人。为什么会有这样的定位？

（3）如何理解一汽红旗——全面满足消费者对"美好生活、美妙出行"的追求？

项目四
产品策划

◎ **学习目标**

1. 学习掌握产品整体概念、产品生命周期理论。
2. 理解掌握品牌策划概念、基本原理和包装的方法。
3. 掌握新产品策划的程序和方法等。

▤ **能力目标**

1. 掌握产品及产品组合策划的方法。
2. 初步具备新产品开发推广的能力。
3. 熟练掌握品牌策划的谋略。

⚙ **实训目标**

引导学生参加产品组合策划、品牌管理、包装策划、新产品开发的讨论，培养相关的职业能力。

💬 **案例导入**

德国"奔驰"汽车在国内外的买主中一直享有良好的声誉，奔驰是世界许多国家元首和知名人士的重要交通工具及接待用的专车。即使在经济危机的年代，奔驰车也能"吉星高照"，在激烈的国际竞争中求得生存和发展，成为世界汽车工业中的佼佼者。在大量日本车冲击西欧市场的情况下，奔驰车不仅顶住了日本车的压力，而且还增加了对日本的出口。尽管一辆奔驰车的价钱可以买两辆车，但奔驰车却始终能在日本市场保住一块地盘。

奔驰公司之所以能取得这样的成就，重要的一点在于它充分认识到公司提供给顾客的产品，不仅是一个交通工具，还应包括汽车的质量、造型、维修服务等，要以自己的产品整体来满足顾客的全面要求。

于是，公司千方百计地使产品质量首屈一指，并以此作为取胜的首要目标，为此建立了一支技术熟练的员工队伍及对产品和部件进行严格的质量检查制度，使产品的构想、设计、研制、试验、生产直至维修都突出质量标准。

奔驰汽车公司还能大胆而科学地创新。车型不断变换，新的工艺技术不断应用到生产上。现在该公司的车辆从一般小轿车到大型载重汽车共160种，计3 700个型号，"以创新求发展"已成为公司的一句流行口号。

奔驰汽车还有一个完整而方便的服务网。这个服务网包括两个系统，一是推销服务网，分布在全国各大中城市。在推销处，人们可以看到各种车辆的图样，了解到汽车的性能特点。在订购时，顾客还可以提出自己的要求，如车辆颜色、空调设备、音响设备，乃至保险式车门钥匙等。二是维修站。奔驰公司非常重视这方面的服务工作。这个公司在德国有1 244个维修站，工作人员5.6万人。在公路上平均不到25千米就可以找到一家奔驰车维修站。在国外171个国家和地区奔驰公司设有3 800个服务站。维修人员技术熟练、态度热情、车辆检修速度快！

奔驰车一般每行驶7 500千米需换机油一次，每行驶1.5万千米需检修一次。这些服务项目都能在当天办妥。在换机油时，如发现某个零件有损耗，维修站还会主动打电话通知车主征求是否更换的意见。如果车子意外地在途中发生故障，开车人只要向就近的维修站打个电话，维修站就会派人来修理或把车拉回去修理。

虽然质量、创新、服务等并不是什么秘密，但在生产经营的产品与质量、创新、服务等的有机结合上，各企业却有所差异。奔驰公司正是杰出地树立贯彻整体的观念，才使自己成了世界汽车工业中的一颗明星。

任务一
产品与产品组合策划

一、产品概述

（一）产品的含义及整体概念

1. 产品的含义

产品是指企业能够提供给市场进行交换，供人们取得使用或消费，并能够满足人们某种欲望或需要的任何东西。将产品理解为企业生产出的、具有某种特定物质形状和用途的物品，是看得见、摸得着的东西，这是狭义的概念；产品的广义概念是指可以满足人们某种欲望和需求的提供给市场的一切载体，可以是有形载体，也可以是无形载体。

社会需要是不断变化的。因此，产品的品种、规格、款式也会相应地改变。新产品的不断出现，产品质量的不断提高，产品数量的不断增加，是现代社会经济发展的显著特点。无论怎样变化，从本质上讲，消费者购买的不是产品的实体，而是依附于实体里面的产品的核心利益（向消费者提供的基本效用和利益）。如手机是一个实体，人们需要选择的是所喜欢的、所需要的内部功能属性。

2．产品的整体概念

产品的整体概念是指将产品按照有形和无形不同层次，从满足顾客不同需要，对产品进行完整的、系统的描述，以求更深刻、更准确地表述产品的含义。

20世纪90年代以来，菲利普·科特勒等学者倾向于使用五个层次来表述产品整体概念，五个基本层次如图4-1所示。

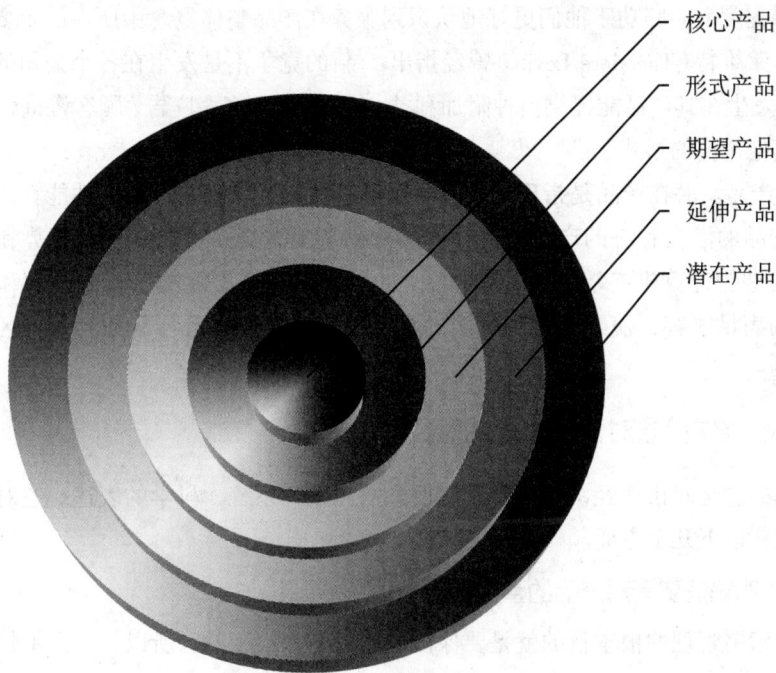

核心产品
形式产品
期望产品
延伸产品
潜在产品

图4-1　产品整体概念层次图

（1）核心产品。核心产品也称实质产品，是指向顾客提供的产品的基本效用或利益，是顾客真正要买的东西。从根本上说，每一种产品实质上都是为解决问题而提供的服务，都必须具有反映顾客核心需求的基本效用或利益。如消费者购买钻头不是为了获取钻头，而是为了使用钻头钻孔。因此，企业在进行产品策划时，必须先明确消费者所追求的核心利益，提升产品的吸引力。

（2）形式产品。形式产品是指核心产品借以实现的形式的"实品体"，即向市场提供的实物和服务形式，是实现核心功能的具体载体，即产品的核心功能必须通过某些具体形式才得以实现。其由五个特征构成，即品质、式样、特征、商标及包装。即使是纯粹的服务，也具有相类似的形式上的特点。如自行车不仅具有骑行功能，还要有完美的形式，以满足消费者的需要。产品策划首先着眼于顾客所追求的核心利益，从这一点出发再去寻求利益得以实现的形式，进行产品设计。

（3）期望产品。期望产品是指购买者在购买产品时期望得到的与产品密切相关的一整套属性和条件。如品牌的美誉度、内心期待的满足、以往消费经验形成的期待等。如对于旅店的客人，期望的是干净的床、香皂、毛巾、热水、电话和相对安静的环境等。顾客所得到的，是购买产品所应该得到的，也是企业在提供产品时应该提供给顾客的。对于顾客来说，在得到这些产品基本属性时，并没有太多的兴奋和形成偏好，但是如果顾客没有得到这些，就会非常不满意，因为顾客没有得到他应该得到的东西，即顾客所期望的一整套产品属性和条件。

（4）延伸产品。延伸产品是指顾客购买形式产品和期望产品时附带获得的各种利益的总和，包括提供贷款条件、产品说明书、保障、安装、维修、送货、技术培训等。国内外很多企业的成功，在一定程度上应归功于他们更好地认识到服务在产品整体概念中所占的重要地位。美国学者西奥多·莱维特（Theodore Levitt）曾经指出："新的竞争不是发生在各个公司的工厂生产什么产品，而是发生在其产品能提供何种附加利益（如包装、服务、广告、顾客咨询、融资、送货、仓储及具有其他价值的形式）。"

（5）潜在产品。潜在产品是指现有产品包括所有附加产品和新增加的功能在内，可能发展成未来最终产品的潜在状态的产品。潜在产品指出了现有产品可能的演变趋势和前景，如彩色电视机可发展为计算机终端机等；也指出了此种产品最终可能的所有的增加和改变，是企业努力寻求的满足顾客，使顾客得到更多的意外惊喜，并使自己与其他竞争者区别开来的新方法。

（二）产品整体概念对营销策划的意义

产品整体概念是对市场经济条件下产品概念的完整、系统、科学的表述。它对市场营销策划的意义表现在以下几个方面。

1. 有助于明确消费者对产品的整体要求

企业市场营销管理的根本目的就是要保证消费者的基本利益，所以，产品策划必须以消费者基本利益为核心。消费者购买电视机是希望业余时间充实和快乐，消费者购买计算机是为了提高生产和管理效率，消费者购买服装是要满足舒适、风度和美感的要求等。概括起来，消费者追求的基本利益大致包括对功能和非功能两方面的要求。消费者对前者的要求是出于实际使用的需要，而对后者的要求则往往是出于社会心理动机。而这两方面的需要又往往交织在一起，并且后者所占的比重越来越大。产品整体概念，正是明确地向产品的生产经营者指出，要竭尽全力地通过有形产品和附加产品去满足核心产品所包含的一切功能和非功能的要求，充分满足消费者的需求。

2. 有助于产品策划的整体把握

企业只有通过产品五层次的最佳组合，才能确立产品的市场地位。企业要把对消费者提供的各种服务看作产品实体的统一体。由于科学技术在今天的社会中能以更快的速度扩散，也由于消费者对切身利益关切度的提高，使营销者的产品以独特形式出现越来越困难，消费者也就越来越以营销者产品的整体效果来确认哪个厂家、哪种品牌的产品是自己喜爱和满意的。尤其是，国内消费者在购买家电产品时，往往对有两层包装纸盒的产品（"双包装产品"）更为相信，对于不少缺乏电器专业知识的消费者来说，判别家电产品的质量可靠性，往往是以包装好坏作为决策的依据。对于营销者来说，产品越能以一种消费者易觉察的形式来体现消费者购物选择时所关心的因素，越能获得好的产品形象，进而确立有利的市场地位。

3. 有助于企业在竞争中取胜

产品差异构成企业特色的主体，企业要在激烈的市场竞争中取胜，就必须致力于创造自身产品的特色。不同产品项目之间的差异是非常明显的。这种差异或表现在功能上，如鸣笛水壶与一般水壶之别；或表现在设计风格、品牌、包装上；或表现在与之相联系的文化因素上，如各种服装的差异；甚至表现在产品的附加利益上，如各种不同的服务，可使产品各具特色。总之，在产品整体概念的几个层次上，企业都可以形成自己的特色，而与竞争产品区别开来。而随着现代市场经济的发展和市场竞争的加剧，企业所提供的附加利益在市场竞争中也显得越来越重要。国内外许多企业的成功，在很大程度上归功于他们更好地认识了服务等附加产品在产品整体概念中的重要地位。

（三）服务

1. 服务的含义

所谓服务，是指一方能够向另一方提供的基本上无形的任何活动或利益，并且不导致任何所有权的产生。它的产生可能与某种有形产品密切联系在一起，也可能毫无联系。

产品整体概念描述的产品是广义的概念，是指可以满足人们某种欲望和需求的提供给市场的一切载体。服务不以实物形式而以提供劳动的形式满足他人某种特殊需要，有的服务与产品相融而存在，有些服务以活动形式独立存在，其都是提高企业声誉、产品价值的不可或缺的组成部分。总之，服务是一个企业实行差异化战略的重要手段，通过服务的差异化，企业可以创建自己的长期竞争优势。

2. 服务的特点

服务具有四个基本特征。

（1）无形性。同有形产品不同，服务在很大程度上是无形的和抽象的，即服务在售出之前是无形的，看不到、摸不着。

（2）差异性。差异性是指服务不像有形产品那样有固定的质量标准，具有较大的差异性。

（3）不可分离性。不可分离性是指服务的生产过程与消费过程同时进行，即服务不能与服务的提供者分离，无论提供者是人员还是机器，顾客只有加入服务的生产过程才能最终消费到服务。

（4）易消失性。由于服务的无形性和不可分离性，使服务不可能像有形产品一样单独贮存起来，即服务的生产过程（同时也就是消费过程）易消失。

3.服务组合的分类

服务与产品往往处于四种状态，即不同程度的融离状态，如图4-2所示。

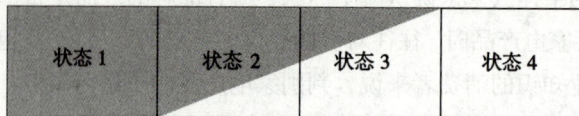

| 状态1 | 状态2 | 状态3 | 状态4 |

图4-2　服务与产品关系图

状态1是指纯商品状态，此类产品策划不需要考虑服务内容，消费者选择、购买时，也不追求服务内容。如牙膏、盐等一些重复性购买的产品，消费者根据自己需要随时购买。

状态2是指产品为主项附有服务的状态，此类产品策划以产品实体为主，相伴随着服务内容。如计算机一类的产品，其硬件和软件是消费者选择时考虑的主要内容，但是，离不开必要的服务。

状态3是指附有少部分产品以服务为主项的状态，此类的产品策划要以服务作为重点。如航空旅行、旅游客车，借助飞机、客车的运行功能，给消费者带来需要的满足，更多的是借助服务项目的全面、高质来实现消费者的欲望。

状态4是指无须与有形物品相伴随的纯粹服务的状态，此类策划不考虑产品，如心理咨询、家政服务等，消费者根据纯服务的质量满足自己的需要。

二、产品生命周期与策划思路

（一）产品生命周期

1.产品生命周期的含义

产品生命周期（Product Life Cycle），又称产品循环理论，是指产品在完成研制以后，从投入市场到被市场淘汰，最终退出市场所经历的时间过程。

正确理解产品的生命周期应该注意以下两个问题。

（1）要区分产品的生命周期与产品的使用寿命。产品的使用寿命是指产品从投入使用到损坏或消失所经历的时间，与产品的自然属性和使用强度有关。产品的生命周期和产品的使用寿命不能混为一谈。例如，肥皂其使用寿命很短，但市场生命周期很长；而计算机，其使用寿命很长，但市场生命周期很短。

（2）市场营销中研究的产品生命周期，严格来讲，是指产品形式的生命周期。产品种类、产品形式、产品品牌的生命周期各不相同。一般来讲，产品种类的生命周期是最长的，产品形式的生命周期次之，产品品牌的生命周期最短。例如，电视机这种产品，生命周期较长，而某些形式（如黑白电视机），某些品牌的电视机随时都有可能被市场淘汰。

2.产品生命周期的划分

典型的产品生命周期按照产品的市场占有率、销售额和利润额的变化为标志分为四个阶段：导入期、成长期、成熟期、衰退期，如图4-3所示。

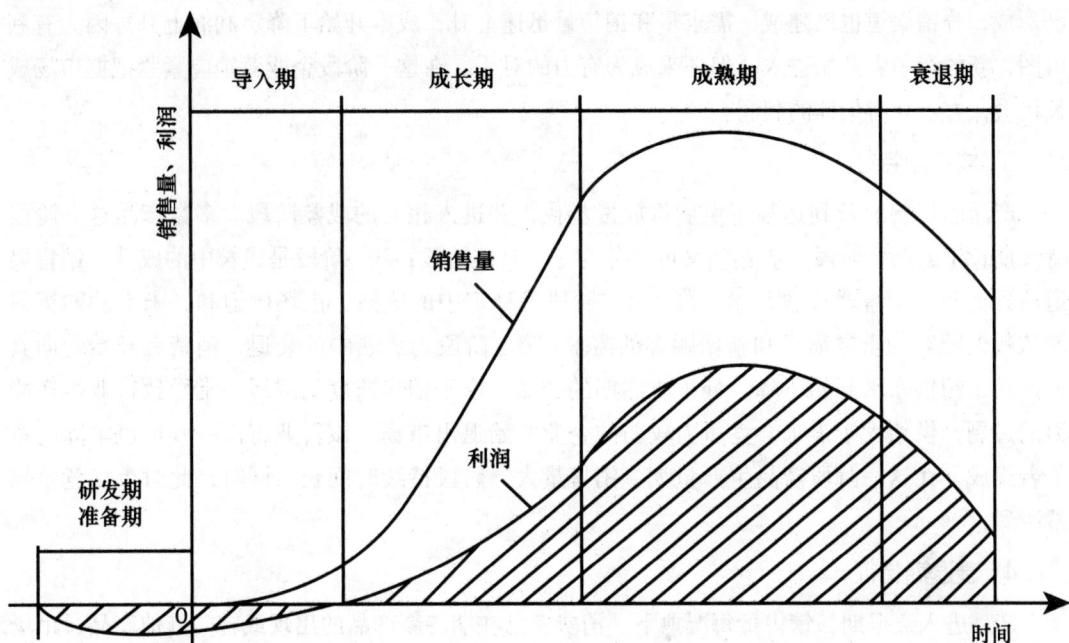

图 4-3　产品生命周期

（二）产品生命周期各阶段特征

产品生命周期各阶段的特征，见表 4-1。

表 4-1　产品生命周期各阶段的特征

类别	导入期	成长期	成熟期		衰退期
			前期	后期	
销售量	低	快速增大	继续增大	有减低趋势	下降
利润	微小或负	大	高峰	逐渐下降	低或负
购买者	爱好新奇者	较多	大众	大众	后者
竞争	甚微	兴起	增加	甚多	减少

由于产品生命周期各阶段的特点不同，因此企业在各阶段的经营决策内容也不一样。企业应针对产品生命周期不同阶段的特征制定相应的产品策划。

1. 导入期特征

这一阶段新产品刚投入市场，由于品种少且销售量低，而销售费用高，企业为了扩大销路，要想尽办法对产品进行宣传推广。顾客对产品不了解，除少数追求新奇的顾客外，几乎无人实际购买该产品，企业不得不投入大量的促销费用。此阶段生产技术有限，成本高，销售量有限，企业通常不能获利甚至可能亏损。

2. 成长期特征

成长期的主要标志是销售量迅速增长。越来越多的消费者喜欢这种产品，大批量生产能力已形成，分销渠道也已建成，需求量和销售量迅速上升，成本开始下降、利润上升。因为有利可图，新的竞争者开始进入，但还未成为有力的对手。在这一阶段企业营销应紧紧把握市场成长机会，力争获得最佳的利润。

3. 成熟期特征

产品的销售成长到达某一点后将放慢步伐，并进入相对的成熟阶段。多数产品这一阶段持续期长于前两个阶段。成熟期又可以分为三个具体阶段：第一阶段是成长中的成熟，销售渠道达到饱和，销售增长率开始下降；第二阶段是稳定中的成熟，市场已饱和，未来的购买只能依赖老顾客的重复需求和新增顾客的需求；第三阶段为成熟中的衰退，消费者开始转向其他产品，销售水平开始下降。处于成熟期的产品，由于销售速度的减缓，常导致行业生产能力的过剩，供给大于需求，竞争力较弱的企业开始退出市场。该行业将由一些地位牢固的竞争者组成。在这一阶段产品生产量大，销售量大，阶段持续时间长。同时，此时市场竞争异常激烈。

4. 衰退期特征

产品进入衰退期，销售量每况愈下，消费者已在期待新产品的出现或转向其他产品，市场上会出现性能更好、价格更低的新产品；有些竞争者退出市场，留下来的企业可能会减少产品的附带服务；企业经常调低价格，处理存货。行业利润整体下降。

（三）产品生命周期各阶段的策划思路

对于处在不同生命周期阶段的产品，其策划的基本思路有所不同。

1. 投入期

投入期要体现出一个"快"字，一般采取：

（1）快速撇脂策略。快速撇脂策略，即以"高价格—高促销水平"策略推出新产品。企业采用高价格是为了在每单位销售中尽可能获取更多的毛利，同时，花费巨额促销费用，也向市场说明，虽然该产品定价高，但物有所值。高水平的促销活动，可迅速扩大销售量，加速对市场的渗透，以图在竞争者还没有反应过来时，先声夺人，把投资尽快收回来。

采用这一策略的市场条件：产品知名度低；顾客了解该产品后愿意高价支付；产品十分新颖，具有老产品所不具备的特色；企业面临着潜在竞争。

（2）快速渗透策略。快速渗透策略，即以"低价格—高促销费用"策略推出新产品。花费大量的广告费，以低价格争取更多消费者的认可，获取最大的市场份额。

采取这一策略的市场条件：市场规模大；消费者对该产品知晓甚少；大多数购买者对价格敏感；竞争对手多，且市场竞争激烈；企业的单位制造成本会随着其生产规模的扩大与制造经验的积累而降低。

（3）缓慢撇脂策略。缓慢撇脂策略，即以"高价格—低促销费用"策略推出新产品。高价可以迅速收回成本赚取最大利润，低促销费用又可减少营销成本。高档进口化妆品大多采取这样的策略。

采用这一策略的市场条件：市场规模有限，消费者大多已知晓这种产品，购买者愿意高价支付，市场竞争者威胁不大。

（4）缓慢渗透策略。缓慢渗透策略，即以"低价格—低促销费用"策略推出新产品。低价格将促进市场迅速接受该产品。同时，企业能降低营销成本，并有效地阻止竞争对手介入。

采取这一策略的市场条件：市场容量大，市场上该产品的知名度较高，市场对该产品价格相对敏感，有相当的竞争对手。

2．成长期

进入成长期要体现出一个"好"字，一般采取如下策略。

（1）建立品牌形象。随着产品市场逐步被打开，该类产品已被市场接受，同类产品的各种品牌也都开始营销。企业广告的侧重点要从介绍产品转到建立产品形象上来，树立产品品牌，着力维系老顾客，吸引新顾客，使产品形象深入人心。

（2）开辟新的细分市场。通过市场细分寻找新的目标市场，以扩大销售额。

（3）进入新的分销渠道。着力建立新的分销网络，扩大销售网点。

（4）改进产品质量和增加产品的特色、款式等。在产品成长期，企业要对产品的质量、性能、式样、包装等加以改进，以对抗竞争产品。

3．成熟期

进入成熟期要体现出一个"变"字，一般采取如下策略。

（1）市场改进策略。

①扩大顾客队伍。包括维持老顾客和吸引新顾客。能否维持老顾客是一个企业成熟与否的标志。同时企业还要努力将非使用者或潜在使用者转变为使用者。

②进入新的细分市场。通过调整或开发新的功能，进入新的细分市场。

③争取竞争对手的消费者。例如，可口可乐争夺百事可乐消费者。

④增加消费者的使用次数。例如，牙膏的生产厂倡导消费者注意口腔卫生，一天至少刷两次牙。

⑤增加消费者的使用量。

⑥开发新的和更多种类的用途。

（2）营销组合改进策略。

通过改变营销组织中各要素的先后次序和轻重缓急，来延长产品成熟期。如改进产品包装，调整产品的价格，优化销售渠道，促销应从宣传产品用途、宣传企业品牌转变为塑造企业形象、宣传企业的理念、努力提升企业的形象和声誉等。

（3）产品改进策略。

①质量改进。增加产品的耐用性、可靠性、速度、口味等。

②特点改进。增加产品的新特点，扩大产品的多功能性、安全性和便利性。通过改进现行产品的特性，以吸引新用户或增加新用户使用量。如吉列剃须刀从"安全剃须刀""不锈钢剃须刀"到"双层剃须刀""三层剃须刀"，不断改进产品，使其生命周期得以不断延长。

③式样改进。增加对产品的美学诉求，改变产品的外观和款式，迎合消费的求新心理。如现在手机款式更新快，外观在线条、颜色、大小等方面不断变化和创新，不断吸引消费者更换原来手机。

④服务改进。如技术咨询、免费维修等。

4. 衰退期

进入衰退期主要体现一个"退"字，应采取以下营销策略。

（1）收缩策略，即把企业的资源集中使用在最有利的细分市场、最有效的销售渠道和易销售的品种上，力争在最有利的局部市场赢得尽可能多的利润。大幅降低促销水平，尽量降低促销费用，尽可能减少成本，以增加利润。

（2）持续策略，即产品衰退阶段竞争者相继退出市场，而市场上对此产品还有一定需求。成本降低的企业可继续保持细分市场，沿用过去营销组合策略，将销售量维持在一定水平上，待到时机合适，再退出市场。

（3）集中策略。由于市场容量衰退，一些目标市场的营销效率下降，企业放弃低效益的目标市场，在一定时期内集中力量经营少数效益较好的目标市场，从中获取更多的利润。

（4）放弃策略。对于衰退比较迅速的产品，当机立断，放弃经营。可以采取完全放弃的形式，如把产品完全转移出去或立即停止生产；也可采取逐步自弃的方式，使其所占用的资源逐步转向其他产品。

概括总结，产品在不同生命周期的策划思路，见表4-2。

表4-2　产品不同在生命周期的策划思路

生命周期	基本思路	具体策划	策划目的
导入期	快	快速撇脂（高价高促）	树立品牌、赢得高消费群体青睐
		快速渗透（低价高促）	应对竞争者，扩大市场规模
		缓慢撇脂（高价低促）	市场、竞争不大时赢得高消费群体
		缓慢渗透（低价低促）	价格敏感，市场较大时扩大市场规模
成长期	好	建立品牌形象	树立顾客心中品牌忠诚度
		开辟新市场	细分和扩大市场份额
		密集分销	扩大市场规模，降低生产成本
		改进产品	提高产品质量，增加产品品种
成熟期	变	改进市场	扩大市场规模，提高销量
		改进营销组合	保持市场占有率
		改进产品	吸引新顾客
衰退期	退	收缩	保留部分市场较好的市场
		持续	竞争者退出的市场，维持一定销售
		集中	力争局部市场赢得尽可能多的利润
		放弃	当机立断将资源转移

三、产品组合策划概述

(一)产品组合概念

1.产品组合含义

产品组合也称"产品的各色品种集合"(product assortment),是指一个企业在一定时期内生产经营的各种不同产品的全部产品线和产品项目的组合。产品组合是企业制造或经营的全部有机构成方式,是企业生产和经销的全部商品的结构。

世界上几乎所有的公司都要研究产品组合,如某光学公司生产的产品超过3万种,某通用电气公司经营的产品多达25万种。当然,并不是经营的产品越多越好,一个企业应该生产和经营哪些产品才是有利的?这些产品之间应该有些什么配合关系?这就是产品组合问题。

2.产品线和产品项目

产品线是指同一类产品中具有密切相关的一组系列产品。它们以类似的方式起作用,或通过相同的销售网点销售,或满足消费者相同的需要。

产品项目是指企业生产和销售的各产品类别中的某一特定产品,也就是通常所说的某一产品的具体品名和型号(如品牌、规格、式样、价格等)。

例如,海尔公司的产品组合(部分)见表4-3。

表4-3 海尔公司的产品组合

产品线	产品项目
冰箱	王子、金王子、太空王、果菜王、金统帅、大统帅、小统帅、太空王子、快乐王子
空调	超人、大超人、金超人、健康超人、太空金元帅、金状元
洗衣机	太空钻、太阳钻、水晶钻、玫瑰钻、银河钻、小神童、小小神童、多变神童
热水器	大海象、金海象、海象王、小小海象
电视	宝德龙、美高美、影丽、小雷达、青蛙王子
手机	西多星、彩智星、天彩星、地文星、奔风

3.产品组合的意义

当代社会的发展,一方面企业要以大批量生产获得较大的经济效益;另一方面由于市场、消费需求的变化,要发展多品种的产品以适应消费需求的多样化。所以,研究产品组合意义在于:

(1)企业为了更好地满足目标市场的需要,因为消费者的需要不仅多样化,而且欲望也在不断变化,显然,单一化生产不适应现代市场客观需要。

(2)企业进行产品组合,也可以分散经营风险。企业资源条件的有限性,决定了不能盲目地扩张,又要充分利用现有条件,决定经营哪些产品能最大限度地发挥自身条件的优势,并确定各产品之间的配合关系。

所以,产品组合对企业的兴衰有重要的影响,企业需要对产品组合进行研究和选择。

（二）产品组合四要素

产品组合包括四个因素：产品的宽度、长度、深度和关联性。这四个因素的不同，构成了不同的产品组合。

1. 产品宽度

产品宽度是指企业的产品线总数。产品线也称产品大类、产品系列，是指一组密切相关的产品项目。这里的密切相关可以是使用相同的生产技术，产品有类似的功能，同类的顾客群，或同属于一个价格幅度。对于一个家电生产企业来说，可以有电视机生产线、电冰箱生产线。产品组合的宽度说明了企业的经营范围大小、跨行业经营，甚至实行多角化经营。增加产品组合的宽度，可以充分发挥企业的特长，使企业的资源得到充分利用，提高经营效益。此外，多角化经营还可以降低风险。

如宝洁公司的宽度为7，分别为清洁剂、牙膏、条状肥皂、纸尿布、纸巾、漱口剂和卫生纸产品线。

2. 产品的长度

产品的长度是指一个企业的产品项目总数。产品项目指列入企业产品线中具有不同规格、型号、式样或价格的最基本产品单位。通常，每条产品线中包括多个产品项目，每条产品线内的产品品目数称为该产品线的长度，如果一个公司具有多条产品线，公司可以将所有产品线的长度加起来，得到公司产品组合的总长度，即企业各产品线的产品项目总数就是企业产品组合长度。

3. 产品的深度

产品的深度是指产品线中每种产品有多少个品种。如M牙膏产品线下的产品项目有三种，a牙膏是其中一种，而a牙膏有三种规格和两种配方，则a牙膏的深度是6。产品组合的长度和深度反映了企业满足各个不同细分子市场的程度。增加产品项目，增加产品的规格、型号、式样、花色，可以迎合不同细分市场消费者的不同需要和爱好，吸引更多的顾客。

4. 产品的关联性

产品的关联性是指一个企业的各产品线在最终用途、生产条件、分销渠道等方面的相关联程度。较高的产品的关联性能带来企业的规模效益和企业的范围效益，提高企业在某一地区、行业的声誉。

产品组合的四要素，为企业确定产品策划提供了依据。公司可以采用四种方法发展其经营业务。

公司可以增加新的产品线，以扩大产品组合的宽度；可以伸长它现有的产品线，成为有更完全产品线的公司；也可以更多地增加每一产品的品种，以增加产品组合的深度；还可以使产品线具有或多或少的相关度，开拓新领域或收缩领域。

（三）产品组合策划

产品组合策划是指企业根据其目标和市场竞争环境，对产品组合的宽度、长度、深度和密度进行抉择，使之形成最佳的产品组合。

1. 扩展策略

扩展策略包括扩展产品组合的宽度和长度。前者是在原产品组合中增加一条或几条产品线，扩大企业的经营范围；后者是在原有产品线内增加新的产品项目，发展系列产品。一般当企业预测现有产品线的销售额和盈利率在未来几年要下降时，往往就会考虑这一策略。这一策略可以充分利用企业的人力等各项资源，深挖潜力，分散风险，增强竞争能力。当然，扩展策略也往往会分散经营者的精力，增加管理困难，有时会使边际成本加大，甚至由于新产品的质量、功能等问题，影响到企业原有产品的信誉。

2. 缩减策略

缩减策略是企业从产品组合中剔除那些获利小的产品线或产品项目，集中经营那些获利最多的产品线和产品项目。缩减策略可使企业集中精力对少数产品改进品质，降低成本，删除得不偿失的产品，提高经济效益。当然，企业失去了部分市场，也会增加企业的风险。

3. 产品延伸策略

产品延伸策略是指全部或部分地改变公司原有产品的市场定位。具体做法有向下延伸策略、向上延伸策略和双向延伸策略。

（1）向下延伸策略。向下延伸策略是企业原来生产高档产品，以后增加低档产品。采取向下延伸策略主要是因为高档产品在市场上受到竞争者的威胁，本企业产品在该市场的销售增长速度趋于缓慢，需向下延伸寻找新的经济增长点。同时，某些企业为填补产品线空缺或阻止新的竞争者进入，也常采取此策略。

向下延伸策略的优势是显而易见的，既可以节约新品牌的推广费用，又可以使新产品搭乘原品牌的声誉便车，迅速得到消费者承认。同时，企业又可以充分利用各项资源。

但向下延伸策略也存在一定的风险，如渠道冲突、对手反击等，甚至损害原高档产品品牌的高品质形象。

（2）向上延伸策略。向上延伸策略是企业原来生产低档产品，后来决定增加高档产品。企业采取这一策略的原因是市场对高档产品需求增加，高档产品销路广、利润高；企业希望自己生产经营产品的档次更全、占领更多市场；提高产品的市场形象。

向上延伸也有可能带来风险：一是可能引起原来生产高档产品的竞争者采取向下延伸策略，从而增加自己的竞争压力；二是市场可能对该企业生产高档产品的能力缺乏信任；三是原来的生产、销售等环节没有足够的技能和经验。

（3）双向延伸策略。双向延伸策略是企业原来生产中档产品，现在同时向高档产品和低档产品延伸，一方面，增加高档产品；另一方面，增加低档产品，扩大市场阵地。

例如，五粮液的双向延伸策略：五粮液是我国著名的白酒品牌，以品质优良、口味独特蜚声国内外。五粮液集团十分注意品牌延伸工作，当"五粮液"牌在高档白酒市场站稳脚跟后，便采取"纵横延伸"策略。纵向延伸是生产"五粮春""五粮醇""尖庄"等品牌，分别进入中偏高白酒市场，中档白酒市场和低档白酒市场。"横向延伸"策略是五粮液集团先后和几十家地方酒厂联合开发具有地方特色的系列白酒，在这些产品中均注明"五粮液集团荣誉产品"。五粮液集团借这些延伸策略，有效地实施了低成本扩张，使其市场份额不断扩大。

（四）产品组合策划的步骤

产品组合策划是企业营销策划的一项重要的内容。产品组合体现了一个企业经营涉足的领域和范围，体现了企业捕捉市场信息的能力，也同时体现了企业产品开发的能力。产品组合策划要求策划人员在对企业内外营销环境进行细致的调查、分析，并在有效利用企业各种资源的基础上，提出在一段时间内企业的产品组合方案，依此来实施企业的产品组合策略。整个产品组合策划可以通过以下步骤进行。

1. 资料收集和分析

通过对市场环境的分析和竞争形势变化的了解，企业可以对自己的产品组合进行系统的评价，适时调整产品组合，来实现企业产品组合的动态平衡。为此产品组合策划的第一步就是要收集有关市场环境、行业环境、竞争对手和企业自身状况的资料，为分析提供客观、详尽的材料。对收集来的资料进行分类、整理和分析。在产品组合策划中，对市场环境的分析是极其重要的，市场环境分析是产品组合方案设计的前提与依据。没有市场环境分析，就不可能设计合理的产品组合方案。

2. 产品组合方案的设计

企业可以根据市场产品需求的特点、竞争者的产品组合策略、针对具体目标顾客的具体需求进行产品组合设计。在设计产品组合方案时，应围绕产品组合策略的三个层次进行：一是产品项目的增加、修改或剔除；二是产品线的扩展、填充或删除；三是产品组合的增设、加强、简化或淘汰。在讨论方案时，应该集思广益，大胆构思，不断交流。有新的创意或新的设想迅速记录下来，不断修改，最终形成较为完整的产品组合方案。

3. 方案论证与评价

方案的讨论结果要进行适当论证与评价。要将其讨论的预方案征求多方意见，进行评定。根据评定意见，再讨论方案，重新进行修改，最终保证所设计的方案既符合实际情况，又体现个性、特色，具有创意，能够在消费者中引起轰动。整个产品组合定位准确，广告宣传、营业推广设计与之相适应，形成较完整的产品组合策划内容。

任务二

品牌策划

一、品牌概述

（一）品牌概念

1. 品牌含义

品牌按照中文可以简单理解为"品名""招牌""标牌"等，品牌是外来词，即英文单词

"brand"，烙印的意思。

品牌是制造或经销商加在商品上的标志，具体来说，是一种名称、术语、标记、符号或图案，或是它们的组合，用于识别企业提供给消费者的产品或服务，并使之与竞争对手的产品或服务相区别。

现代营销学之父科特勒在《市场营销学》中对品牌的定义是，品牌是销售者向购买者长期提供的一组特定的特点、利益和服务。

2. 品牌的本质

品牌，简单来讲，就是消费者对产品及产品系列、售后服务、文化价值的认知程度，是消费者对企业的一种信任和认可，是一种商品综合品质的体现和代表，当人们想到某一品牌的同时总会和时尚、文化、价值、企业联想到一起。

广义的"品牌"是具有经济价值的无形资产，用抽象化的、特有的、能识别的心智概念来表现其差异性，从而在人们的意识当中占据一定位置的综合反映。

3. 品牌传达的信息

品牌是一个名称、术语、标记、符号、图案，或者是这些因素的组合，用来识别产品的制造商和销售商。它包括品牌名称和品牌标识。品牌传达品牌属性、品牌利益、品牌价值、品牌文化、品牌个性、品牌使用者六层含义，即品牌首先给人带来产品的特定属性，这些属性能转化为给消费者带来的功能、利益，也能体现出生产者的某些价值观，体现企业在经营中逐步形成的文化沉淀，为了差异化企业会凸显出一定的产品个性，产品是针对目标消费群体（给什么人使用）的。

成功的品牌是企业的重要资产，是企业形象的重要特征，在与消费者互动中发挥着关键的作用。为了维护企业自身利益，保护自己的品牌，需要采取法律措施，即注册成商标。商标是向有关部门登记注册，经过法律程序取得专用权的品牌或部分品牌。

（二）品牌的分类

1. 根据品牌知名度的辐射区域划分，分为地区品牌、国内品牌和国际品牌

地区品牌是指具有区域特征和整体形象，在一个较小的区域之内生产销售的品牌，例如，地区性生产销售的特色产品。这些产品一般在一定范围内生产、销售，产品辐射范围不大，主要是受产品特性、地理条件及某些文化特性影响。

国内品牌是指国内公认的、市场上畅销并有重要影响的，具有中国特色的产品品牌。

国际品牌是指在国际市场上知名度，美誉度较高，产品辐射全球的品牌。一般有以下特征：品牌历史悠久，有的在本国有着几十年甚至上百年的历史；经常能引领业界的发展方向；有支撑该品牌的文化背景。

2. 根据产品生产经营的不同环节划分，可分为制造商品牌和经销商品牌

制造商品牌是指由制造商推出，并且用自己的品牌标定产品，进行销售。制造商是该品牌的所有者。例如，可口可乐、柯达、IBM等都是制造商品牌。

经销商品牌是指经销商根据自身的需求，对市场的了解，结合企业发展需要创立的品牌。

经销商品牌，如西尔斯、"王府井"、国美电器等。

3. 根据品牌来源划分，分为自有品牌、外来品牌和嫁接品牌

自有品牌是指商品以企业名称或企业自己确定的名称作为品牌。有些自有品牌是专门在本企业销售，而不是使用制造商品牌在全国销售。

外来品牌是指企业通过特许经营、兼并、收购或其他形式而取得的品牌。例如，联合利华收购的北京"京华"牌。

嫁接品牌是指提高合资、合作方式，形成带有双方品牌的新产品。合作双方的品牌吸引力和营销活动会给双方带来了更多的商机。

4. 根据品牌的行业划分，各种行业都有其品牌

各种行业的品牌，如家电业品牌、食品饮料业品牌、商业品牌、服务业品牌、网络信息业品牌等几大类。

5. 根据品牌的原创性与延伸性划分，可分为主品牌和副品牌

主品牌是产品的大类品牌，如海尔冰箱、海尔空调、海尔洗衣机等。副品牌，如洗衣机中的小神童、海尔节能王等。

（三）品牌的命名原则

从传播学和营销学的角度，名称要简、特、新、亮、巧、合、法。

1. 简

越单纯、明快的名称，越易于和消费者进行交流。根据调查，企业名称越短越利于传播，4个字的名称平均认知度为11.3%，8个字的名称认知度则只有2.88%。名字是打造品牌最不可忽视的要素。"旺旺"仅凭这个名字每年赚得盆满钵满。就空调产品来说，格力不仅中文名字比对手的名字好听，其英文名"GREE"也有高人一等的意思，简短、有力。

2. 特

名称应具备独特的个性，力戒雷同，避免与其他品牌名称混淆。

3. 新

名称要有新鲜感，赶上时代潮流，创造新概念。

4. 亮

发音响亮、朗朗上口的名称，比那些难发音或音韵不好的名称容易传诵。

YOUNGOR（雅戈尔）参考了"青春"的英文发音，"雅戈尔"既有着"青春"厂的历史延续，又寄托着对未来的期待，且无论是英文还是中文，均书写流畅，音节朗朗上口，是一个近乎完美的创意。

5. 巧

名称要有一定的寓意。让消费者能从中得到愉快的、吉利的、优美的、高雅的多方面的提示和联想。"孔府家酒"让人联想到悠久的历史、中国的儒文化和高品味。

6.合

名称要适合市场上消费者的文化价值观念，不仅要适应目前目标市场的文化价值观念，而且要适应潜在市场的文化价值观念。在这里，文化价值指风俗习惯、宗教信仰、阶级观念、民族文化、语言习惯、民间禁忌等。熊猫在我国乃至多数国家和地区均颇受欢迎，是和平和友谊的象征，但在伊斯兰地区却忌讳熊猫，因为它形似猪。

7.法

品牌经营者应注意，名称一定要能够注册，受到法律的保护。为此，一要注意该品牌名称是否有侵权行为，是否已有相同或相近的品牌被注册；二要了解该品牌名称是否在允许注册的范围之内。

（四）品牌管理

品牌管理主要包括几个方面，即建立品牌知名度、维持品牌忠诚度、建立品质认知度、建立品牌联想等，让品牌成为向消费者和企业提供价值的手段。

1.建立品牌知名度

品牌知名度的真正内涵是认知度及回忆度。

（1）创建独特且易于记忆的品牌。给产品或服务取个好记的名字。这也是广而告之所遵循的基本原则。

（2）不断露出品牌标识。除声音外，品牌名、品牌标识，标准色也具有很强的"沟通能力"。目标物重复暴露出现，可以提高人们对目标物的正面感觉，使消费者无论走到哪里始终看到一样的品牌标识或标准色。如可口可乐的红色、百事可乐的蓝色。

（3）运用公关的手段。运用公关的传播技术，塑造出一些话题，通过报纸、杂志来引起目标消费者注意，这样常常可以达到事半功倍的效果。

（4）运用品牌延伸的手段。运用产品线的延伸，用更多的产品去强化品牌认知度，即所谓的统一式识别。

2.维持品牌忠诚度

品牌忠诚度就是消费者对产品的满意并形成忠诚的程度。对于一个企业来说，开发新市场、发掘新的顾客群体固然重要，但维持现有顾客品牌忠诚度同样意义重大，因为培养一个新顾客的成本是维持一个老顾客成本的5倍。维持品牌忠诚度的通常做法有：

（1）给顾客一个不转换品牌的理由。推出新产品，适时更新广告来强化偏好度，举办促销等都是创造理由，让消费者不产生品牌转换的想法。

（2）努力接近消费者，了解市场需求。不断深入了解目标对象的需求是非常重要的，通过定期的调查与分析，了解消费者的需求动向。

（3）提高消费者的转移成本。一种产品拥有差异性的附加价值越多，消费者的转移成本就越高。因此，应该有意识地制造一些转移成本，以提高消费者的忠诚度。

3.建立品质认知度

品质的认知度是消费者对某一品牌在品质上的整体印象。消费者对品质的认知度完全来自产品使用或服务享受之后，产品的品质并不完全是指产品或服务本身，同时包含了生产品质和营销品质。建立品质认知度可从以下几个方面着手。

（1）注重对品质的承诺。企业对品质的追求应该是长期的、细致的和无所不在的，决策层必须认清其必要性并动员全体员工参与其中。

（2）创造一种对品质追求的文化。因为品质的要求不是单纯的，每个环节都很重要，所以最好的办法是创造出一种对品质追求的文化，让文化渗透到每个环节中。

（3）增加培育消费者信心的投入。经常关注、观察、收集消费者对不同品牌的反应是不可或缺的做法，强化对消费者需求变化的敏感性。

（4）注重创新。创新是唯一能够变被动为主动进而引导消费者进行消费的做法。

4.建立品牌联想

联想集团有一句很有创意的广告词："人类失去联想、世界将会怎样。"同样，建立品牌联想对品牌资产管理非常重要。品牌联想是指消费者想到某个品牌时所能联想到的内容，然后根据内容分析出买或不买的理由，这些联想大致可以分为几类：产品特性、消费者利益、相对价格、使用方式、使用对象、生活方式与个性、产品类别、比较性差异等。对于企业而言，所要掌握的就是消费者脑海中的联想，能有一个具体而有说服力的购买理由，这个理由是任何一个品牌得以存活延续所必须具备的。

二、品牌策略与品牌老化的避免

（一）品牌策略

1.品牌化策略

品牌化策略是指企业决定是否给产品起名字、设计标志的活动。历史上，许多产品不用品牌。生产者和中间商把产品直接从桶、箱子和容器内取出来销售，无须供应商的任何辨认凭证。后来一些手工业者把标记写在产品上，以保护他们自己的权益并使消费者不受劣质产品的损害。这就是最早的品牌标记的诞生。今天，品牌化迅猛发展，已经很少有产品不使用品牌了。像大豆、水果、蔬菜、大米和肉制品等过去从不使用品牌的商品，也被放在有特色的包装袋内，冠以品牌出售，这样做的目的自然是获得品牌化的好处。

使用品牌对企业有如下好处：有利于保护产品的某些独特特征不被竞争者模仿，为吸引忠诚顾客提供机会，有助于树立产品和企业形象。

尽管品牌化是商品市场发展的大趋向，但对于单个企业而言，是否要使用品牌还必须考虑产品的实际情况，因为在获得品牌带来的上述好处的同时，建立、维持、保护品牌也要付出巨大成本，如包装费、广告费、标签费和法律保护费等。所以在欧美的一些超市中又出现了一种无品牌的现象，如细条面、卫生纸等一些包装简单、价格低廉的基本生活用品，这使企业可以取得价格优势。

2.合作品牌策略

合作品牌（也称双重品牌）是两个或更多的品牌在一个产品上联合起来。每个品牌都期望另一个品牌能强化整体的形象或购买意愿。

合作品牌的形式有多种。一种是中间产品合作品牌，如富豪汽车公司的广告说，它使用米其林轮胎。另一种是同一企业合作品牌，如摩托罗拉公司的一款手机使用的是"摩托罗拉掌中宝"，掌中宝也是公司注册的一个商标。还有一种是合资合作品牌，如日立的一种灯泡使用"日立"和"GE"联合品牌。

3. 品牌使用者策略

品牌使用者策略又称品牌归属策略，是指厂商在决定给其产品规定品牌之后，下一步需要决定如何使用该品牌。它是决定用本企业（制造商本身）的牌号，还是用经销商的牌号，或者是一部分产品用本企业的牌号，另一部分产品用经销商的牌号，即决定使用制造商的，或是销售商的，或是部分使用经销商，其余使用制造商的品牌。一般来说，品牌在消费者心中代表一种信用，只有在企业方面它才是涉及工业产权、品牌设置费用等的符号；对于企业来说，选择什么品牌完全取决于市场中消费者的倾向，根据消费者倾向进行选择以达到最有利的促销目的。

4. 品牌延伸策略

品牌延伸是指一个现有的品牌名称使用到一个新类别的产品上。品牌延伸并非只借用表面上的品牌名称，而是对整个品牌资产的策略性使用。随着全球经济一体化进程的加速，市场竞争愈加激烈，厂商之间的同类产品在性能、质量、价格等方面强调差异化变得越来越困难。厂商的有形营销威力大大减弱，品牌资源的独占性使得品牌成为厂商之间竞争力较量的一个重要筹码。于是，使用新品牌或延伸旧品牌成了企业推出新产品时必须面对的品牌决策。品牌延伸是实现品牌无形资产转移、发展的有效途径。品牌也受生命周期的约束，存在导入期、成长期、成熟期和衰退期。品牌延伸一方面在新产品上实现了品牌资产的转移，另一方面以新产品形象延续了品牌寿命，因而成为企业的现实选择。

品牌延伸策略的好处：可以加快新产品的定位，保证新产品投资决策的快捷准确；有助于减少新产品的市场风险；有助于强化品牌效应，增加品牌这一无形资产的经济价值。其坏处：有可能损害原有品牌形象；有悖消费心理，影响原有强势品牌在消费者心目中的特定心理定位。

5. 个别品牌策略

个别品牌是指企业的不同产品分别采用不同的品牌。这种多品牌策略主要在以下两种情况下使用：一是企业同时经营高、中、低档产品时，为避免企业某种商品声誉不佳而影响整个企业声誉；二是企业的原有产品在社会上有负面影响，为避免消费者的反感，企业在发展新产品时特意采取多品牌命名，而不是沿用原有的品牌，并且故意不让消费者在企业的传统品牌与新品牌之间产生联想，甚至隐去企业的名称，以免传统品牌及企业名称对新产品的销售产生不良影响。

6. 多重品牌策略

多重品牌策略由宝洁公司首创。宝洁认为，单一品牌并非万全之策。因为一种品牌树立之后，容易在消费者中形成固定印象，不利于产品的延伸，尤其是像宝洁这样横跨多种行业、拥有多种产品的企业。因而宝洁公司不断推出新品牌。该公司在中国推出的美容护肤品牌就有近10个，占全国美容品主要品牌的三分之一。中国消费者熟悉的"潘婷""飘柔""海飞丝"三大洗发护发品牌都是宝洁的产品，这三个品牌分别吸引三类不同需求的消费者，从而使得它在中国的洗发液市场占有率上升为第一名，达50%以上。这显然是宝洁公司成功运用多重品牌策略的成果。

多重品牌策略之所以对企业有如此大的吸引力，主要是由于：第一，零售商的商品陈列位置有限，企业的多种不同品牌只要被零售商店所接受，就可占用较多的货架面积，而竞争者占用的货架面积当然会相应减少；第二，许多消费者属于品牌转换者，具有求奇求新心理，喜欢试用新产品，要抓住这类消费者，提高产品市场占有率的最佳途径就是推出多个品牌；第三，发展多种不同的品牌有助于在企业内部各个部门之间、产品经理之间开展竞争，提高效率；第四，不同品牌定位于不同细分市场，其广告诉求点、利益点不同，可使企业深入各个不同的细分市场，占领更大市场。

7．公司名称加个别品牌策略

企业在考虑到产品之间既有相对同一性又有各自独立性的情况下，典型的做法是在企业的名称后再加上个别品牌的名称。

在每个品牌之前均冠以公司名称，以公司名称表明产品出处，以品牌表明产品特点。这种策略主要的好处：在各种不同新产品的品牌名称前冠以企业名称，可以使新产品享受企业的信誉，而各种不同产品分别使用不同的品牌名称，又可以使各种不同的产品保持自己的特色，具有相对独立性。

8．品牌重新定位策略

品牌重新定位策略是指由于市场情况发生变化，需要为新产品设计新品牌的策略。当企业在新产品类别中推出一个产品时，它可能发现原有的品牌名不适合它，或是对于新产品来说有更好、更合适的品牌名称，企业需要设计新品牌，赋予品牌新的内涵。例如，春兰集团以生产空调著名，当它决定开发摩托车时，采用春兰这个女性化的名称就不太合适了，于是采用新的品牌"春兰豹"。又如，原来生产保健品的养生堂开发饮用水时，使用了更好的品牌名称"农夫山泉"。

（二）品牌老化的避免

1．品牌老化的概念

由于内部或外部的原因，品牌在市场竞争中出现的知名度和美誉度下降、销量萎缩、市场占有率降低等品牌衰落现象，均称为品牌老化。品牌老化最突出的表征之一是高知名度和低认知度。处于这个境地的品牌，往往有这样一个特点：提起这个牌子人人都知道，即知名度已经相当高，但在买东西时就不记得了，或者是记得了，但无购买冲动。

品牌老化的表现：

（1）未老先衰。进入市场选择失准或没有建立起产品特色及品牌形象。

（2）虚张声势。企业采用密集广告策略，声势很大，市场认知度很低。

（3）盛极而衰。品牌增长速度很快，销售额短期内迅速增加，但由于缺乏高质量产品和品牌核心竞争力的支撑，品牌迅速衰落。

（4）一蹶不振。老品牌机能老化，遇到激烈竞争或经营挫折，就在消费者心目中失去良好印象。

2. 品牌老化原因

（1）消费者喜新厌旧。按照马斯洛需要层次论观点，当低层次需要满足后，其激励作用下降，新的需要取而代之。消费者对品牌的需求也是如此，品味在变化，追求在提高。品牌要是不能与时俱进及时注入时代脉搏，就会使消费者逐渐失去兴趣，进而被淡忘。

（2）科技发展日新月异。随着知识经济的发展，科技的创新加快了产品更新换代的速度，更好更新的产品如雨后春笋般地出现，企业如同逆水行舟，面对消费者越来越大的选择余地和日益挑剔的目光，一个品牌在研发上稍有守旧，缺乏创新主动性，就会被市场所冷待。

（3）品牌管理乏力。很多企业开始创建品牌时轰轰烈烈，接着就松懈，一举成名就想坐享其成，忽略了对品牌的维护、管理和革新，造成品牌老化，出现销售疲软、消费者审美疲劳等问题。忽视品牌传播、宣传推广的作用，很少做推广，或者推广方式没有新意；广告千篇一律，钻不出功能诉求的樊笼；不能有效利用现有资源进行整合营销，渠道老化，厂商沟通不畅；经销商坐等客户，很少主动做活动、做推广。

3. 避免品牌老化的途径

（1）体制创新。建立起现代运营机制，为品牌创新打好基础。体制创新可以成为企业增强灵活适应环境变化的能力，带来生产效率的提高，为品牌创新带来巨大的活力。

（2）技术创新。技术创新能带来产品的创新，新技术的不断使用，会迎合消费者不断变化提高的消费欲望，为企业在保证品牌活力方面创造了条件。

（3）产品创新。产品创新包括产品线的横向延伸，功能、档次多方面延伸，其结果是产品越来越丰富多彩，对于不断追求新欲望的顾客，是福音，随之而来的就是对企业品牌的偏爱。

（4）企业形象创新。企业形象创新是指企业要适应消费者心理变化，创新自己的形象，巩固在消费者心目中的企业魅力，赢得消费者的喜爱，使消费者不至于在购买产品时将企业忘却。企业在消费者心目中保持新颖、时尚、进步等印象，消费者会联想到产品也会与之相适应，产品自然而然就会在消费者心目中保持良好的印象。

（5）促销活动创新。促销活动是保持消费者好感的有效措施，促销活动创新就是促进消费者心目中这种好感的"倍增器"，使消费者不断地保持对企业产品的记忆，逐步牢记心中。

（6）品牌策略的运用。为了保持品牌的青春魅力长久，品牌策略的灵活应用十分必要。必要时可采取多品牌策略，防止单一品牌一旦失落导致企业的措手不及；利用副品牌给予消费者新意。

三、品牌策划的制订步骤

在品牌战略环境和企业品牌资源条件分析的基础上，可以具体制订品牌战略规划。一般来说，品牌战略规划包括以下四个步骤。

（一）确定品牌战略目标

品牌战略目标也称企业品牌的愿景。企业的品牌战略目标应与企业总体战略目标一致。例如，当企业把争取国内市场最大份额作为发展目标时，品牌战略也相应地把争取国内市场顾客的忠诚度作为目标；而当企业把扩大国外市场销售额作为发展目标时，品牌战略也相应地把争取国际市场的知名度、美誉度、认知度作为目标。

品牌战略目标一般包括：

（1）品牌的竞争能力。主要通过品牌的知名度、美誉度、认知度和顾客的忠诚度来表现。

（2）品牌的延伸能力。主要通过品牌的联想度和延伸空间来表现。

（3）品牌资产的增值能力。主要通过品牌推进的企业销售收入和利润来表现。

（二）品牌战略类型的选择

企业要根据上述对于战略环境和资源条件的分析，确定选择何种类型的品牌战略。品牌战略类型的选择既要实事求是，又要高瞻远瞩，为品牌的延伸和品牌资产扩张留下足够的空间。

品牌战略类型的选择实质上是决定品牌的结构，是选择单一产品品牌战略还是多元化的产品线品牌战略，是双重品牌战略还是延伸品牌战略，要综合企业内外多种因素来考虑。品牌战略类型虽无好与坏之分，但有一定的行业适用性与时效性。如日本丰田汽车在进入美国的高档轿车市场时，没有继续使用"TOYOTA"，而是另立一个完全崭新的独立品牌"凌志"，这样做的目的是避免"TOYOTA"会给"凌志"带来低档次印象，妨碍"凌志"成为可以与"宝马""奔驰"相媲美的高档轿车品牌。

一般来说，企业对于品牌战略类型的选择要考虑下述问题。

（1）现有品牌是否有助于新事业，取决于现有品牌是否使产品更吸引顾客、现有品牌的积极联想物是否转移到新的产品环境里等。如果有帮助，则可以考虑单品牌架构；反之，则考虑多品牌架构。

（2）现有品牌能否得到加强，如果新产品能够加强现有品牌，则可以考虑单品牌架构；反之，则考虑多品牌架构。

（3）使用新品牌对于原有品牌的影响，如果对原有品牌产生负面影响，则要放弃使用新品牌。

（4）市场对于新品牌是否有支持的持续性，如果业务太少或持续时间短，无法支持必要的品牌创建，那么不管其他理由如何，引进新品牌即采取多品牌架构是不可行的。

（三）设计品牌战略的空间结构与安排时间结构

品牌战略的空间结构是指对于实施品牌战略的各职能部门的分解，这种分解可以将品牌战略转化成具体的战略任务，便于落实到每个职能部门和每位职工。

品牌战略的时间结构是指对于品牌战略的实施划分不同的阶段，并把各阶段有机地联系起来，形成一种分阶段实施的时间结构。

品牌战略空间组织与时间组织的结合，见表4-4。

表4-4　品牌战略空间组织与时间组织的结合

任务阶段	品牌战略规划	品牌战略实施	品牌战略控制
第一阶段	战略选择和分解	计划	控制标准
第二阶段	制订品牌战略方针	组织实施	问题诊断
第三阶段	战略调整	强化	控制评价

企业品牌战略的空间分解，如图4-4所示。

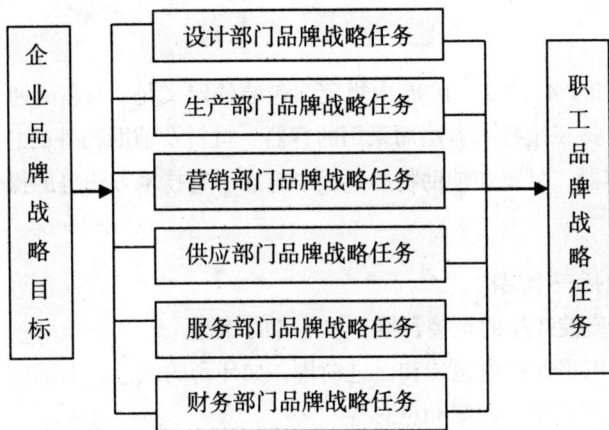

图4-4　企业品牌战略的空间分解

（四）制订企业品牌战略方针

企业品牌战略方针是企业实施品牌战略时所要遵守的基本原则。这些原则是不能违反的，违反了就会影响品牌战略的实施，阻碍品牌战略目标的实现。品牌战略方针可以通过制订相应的规章制度加以贯彻。

企业品牌战略方针主要有三条。

1．围绕品牌战略任务整合资源

企业要在明确品牌战略任务的基础上把有限的人、财、物力资源进行有效整合，企业的全部经营管理活动要聚焦到品牌战略目标上，切不可把有限的资源分散使用。

2．长期坚持品牌的核心价值

对于品牌的核心价值要长期坚持，不断强化核心价值在消费者心目中的印象，不能随便转移。很多知名品牌的价值是长期积累的结果。例如，舒肤佳香皂从1992年进入中国以来就开始诉求"杀菌"，直到现在从来没有改变过，虽然广告换了无数个，但品牌核心依然是"杀菌"。但是，有些品牌如"娃哈哈"作为儿童饮品的核心价值，近年来由于品牌延伸的原因，原品牌逐渐被淡化和转移。

3．用品牌价值的增减变化衡量企业绩效

企业各部门经营活动的绩效要用对品牌的贡献来衡量。凡是有利于品牌价值增加的行为应给予表彰和鼓励，凡是使品牌价值下降的行为要及时给予批评和纠正。

任务三
包装策划

一、包装概述

（一）包装的定义和功能

1. 包装的定义

中国国家标准GB/T 4122.1—1996中规定，包装的定义是"为在流通过程中保护产品、方便贮运、促进销售，按一定技术方法而采用的容器、材料及辅助物等的总体名称。也指为了达到上述目的而采用容器、材料和辅助物的过程中施加一定技术方法等的操作活动"。

2. 包装的功能

产品包装一般包括三个层次。

（1）内包装，即盛装产品的直接容器，如牙膏的软管。

（2）中层包装，用来保护内包装和促进销售，如牙膏的纸盒，上面印有产品的商标、使用说明、生产厂家、生产日期、图案和色彩等。

（3）外包装（运输包装），其作用是便于储存、搬运和辨认商品。运输包装必须标明各种标识，如识别标识、指示标识、警示标识。

根据上述分析，说明了包装具有以下几种功能。

（1）保护商品。这是包装最基本的作用，即保护商品的"安全"和"清洁"，使之在存储、运输、销售等流通过程中免受损伤和污染，并适当延长产品的保质期。

（2）便于识别商品。专门设计的包装可作为产品的特定标志，以便同竞争产品相区别。

（3）便于经营和消费。良好的包装可为产品的买卖、陈列、储运提供种种便利。同时，也可为消费者的选购和使用提供方便，更好地满足消费者的需要。

（4）促进销售。好的包装，就是一个"无声的推销员"，不但使产品看上去美观、有吸引力，而且能够树立品牌形象，激发顾客购买的欲望。美国杜邦公司研究发现，63%的消费者会根据商品包装做出购买决定。

（5）增加附加利益。优良的包装能够使产品增值，例如，人参是名贵的稀有药材，价格昂贵。但是在改革开放以前，我国在出口人参时，像捆萝卜干似的将人参捆扎起来，用麻袋或木箱包装。可想而知，这种"稻草包珍珠"的包装方式，不仅让人对其商品的真实性表示怀疑，同时也极大地降低了人参的身价。在这种情况下，尽管价格很低，但销路仍然不好。后来，有关单位终于明智地采用了小包装，配上了绸缎锦盒，或使用木盒。这样的包装雅致大方，把人参的稀有名贵充分体现出来了，结果不仅销路打开，而且每吨的售价比过去增加了几万元。

（二）包装原则

产品包装的设计应以包装的基本功能和作用为转移，要突出特定产品包装的主要功能。不同产品包装的功能重点不同，对包装设计有不同的要求。有些包装以促销功能为主，有些以保护功能为主，各有不同。

1．独具特色

包装应力求造型新颖别致、美观大方，色彩协调有创意和特色，不搞模仿、雷同。尽量采用新材料、新图案、新风格，使人耳目一新，给人以美的享受，有较强的艺术感染力。

2．便利消费

包装应方便消费者选购、携带、使用、保存，适应不同消费者的需要，应有不同的规格。注重便携式包装、喷雾式包装、易开式包装、定量式包装的科学设计，尽可能方便消费者。

3．安全卫生，绿色环保

包装要注意消费者安全和卫生，符合产品的物理、化学、生物性能，坚决避免用有害材料做包装，保证产品不损坏、不丢失、不变质、不变形、不渗透。尽量减少包装材料的浪费，节约社会资源，严格控制废弃包装物对环境的污染。

4．与质量或价值水平相适应

包装应按照高、中、低不同档次来进行。包装具有促销作用，并能增加产品的价值。但不可能也不应该成为产品价值的主要部分。一般产品包装应与产品的价值和质量水平相匹配，包装费用不宜超过产品价值的 13%~15%。如果包装在产品价值中所占的比例过高，则会使顾客产生名不副实之感，而难以接受；相反，高档优质的产品，如果包装的质量低劣，则会自贬身价。

5．尊重风俗习惯和宗教禁忌

包装的造型、图案、色彩和文字要符合当地的风俗习惯和宗教信仰。图案、颜色的含义对不同国家和地区的顾客可能是截然不同，甚至完全相反的。

6．符合法律规定，兼顾社会利益

首先，要严格依法行事，例如，包装设计应该按照法律规定在包装上标明企业名称及地址；对食品、化妆品等与健康相关的产品，应标明生产日期、保质期等。其次，要兼顾社会利益，实行绿色包装，有利于精神文明建设。

二、包装策划的概念及包装策略

（一）包装策划概念

1．包装策划的含义

包装策划，就是在某企业的产品包装或某项包装开发与改进之前，根据企业的产品特色与生产条件，结合市场与人们的消费需求，对产品的市场目标、包装方式与档次进行整体方向性规划定位的决策活动。

包装策划主要是基于成本和生产的考虑，包装的主要功能是包容和保护产品。近年来，随着自助服务销售方式的增加，产品的包装必须执行许多销售任务，包装已经成为一种重要的营销工具。它必须吸引顾客注意，描述产品的功能特色，给顾客以信心，使产品在顾客心目中有一个很好的印象。

2. 包装策划包含的要素

（1）正当的包装和标签。社会大众关心产品的包装或标签是否真实、是否会引起误解。不实或引起误解的标签或包装，属于不公平竞争。消费者往往会因为那些令人混淆不清的包装形状及大小而难以在价格上加以比较。

（2）图形和色彩。图形在视觉传达过程中具有迅速、直观、易懂、表现力丰富、感染力强等显著特点，在包装策划中被广泛采用。色彩是表现商品整体形象中最鲜明、最敏感的视觉要素。色彩具有象征性，能使人产生联想。一种是具体事物的联想，另一种是抽象概念的联想。

（3）文字。商品包装可以没有图形，但不能没有文字。商品的信息内容，唯有通过文字才能准确传达，例如，商品名称、容量、批号、使用方法、生产日期等。文字在包装上起到两个作用：一是对商品内容的说明作用，二是文字字体对商品形象的表现作用。文字分为主体文字，多为说明品牌名称和商品名称，字数较少，在视觉传达中处于重要位置。还有说明文字，内容和字数较多，一般采取规范的印刷标准字体。要注意主体文字和其他形象要素之间的主次与秩序，减少视觉干扰，避免喧宾夺主或杂乱无章，达到整体统一的效果。

（4）成本。许多人批评某些产品由于包装过度，致使售价上扬。特别是那些买来后就丢弃的次级包装，对消费者根本没有什么价值，有些包装的成本甚至比产品本身还高。

（5）资源。纸张、铝及其他原料的短缺正逐渐引起关注，因此人们建议企业应该努力减少产品的包装。

（6）污染。绿色环保观念正逐渐形成潮流，营销人员在设计产品包装时应设法使其符合生态环境的要求。

（二）包装策略

1. 类似包装策略

类似包装策略，即企业生产经营的各种产品，均采用相同或相近的图案、色彩、造型等共同的特征以使消费者容易辨认。这样，可以加强企业形象，有利于推出新产品和节省促销等费用。它适用于质量水平接近的产品。

2. 等级包装策略

对于同一种产品，按照其价值、品质，分成若干等级，不同的等级采用不同的包装，包装与产品的价值相称。俗话说"一分钱，一分货"，通过等级包装策略，反映出商品质量越高，价值越大，包装越精美，把商品内在质量的差别体现在商品的包装上。例如，优质包装与普通包装，豪华包装与简易包装等，有利于消费者辨别产品档次的差别和品质的优劣，可以适应和满足不同层次消费者的购买力和购买心理。缺点是增加包装设计成本。

3. 配套包装策略

配套包装策略，即把几种相关的产品放在同一包装内销售的做法。例如，过年时的大礼包，将各种糖果糕点装在一起出售。这种策略不仅有利于充分利用包装容器的空间，而且有利于同时满足消费者的多种需要，扩大销售。但要防止引起顾客反感的硬性搭配。

4．附赠品包装策略

附赠品包装策略，即在包装里面附有赠品或奖券，以吸引消费者，扩大销售量。例如，买儿童用品送玩具、买牛奶送杯子等。这种包装策略对少年儿童和低收入者非常有吸引力。附赠品包装还可以作为在国际市场介绍新产品和进行市场调查的手段。

5．再使用包装策略

再使用包装策略，即在原包装的产品使用完后，其包装物还可以作其他用途。例如，装果汁的瓶子可以做茶杯。这样可以利用消费者一物多用的心理，使他们得到额外的使用价值。同时，包装物在使用过程中，也可以起到广告宣传的作用，诱发消费者购买或引起重复购买。

6．性别包装策略

性别包装策略，即根据性别的不同而设计不同的包装。女性用品包装体现温馨、秀丽、典雅等风格，男性用品包装追求刚正、潇洒等风格，目的在于满足不同性别消费者的需求。

7．习惯使用量包装

习惯使用量包装，即根据消费者的使用习惯来设计不同分量的包装。如茶叶，为了适应家庭消费习惯，采用大包装；为了适应外出旅游、出差的需要，采用小包装等。

任务四
新产品开发

一、新产品开发概述

（一）新产品开发概念

1．新产品的含义

新产品是指采用新技术原理、新设计构思，研制、生产的全新产品，或在结构、材质、工艺等某一方面比原有产品有明显改进，从而显著提高产品性能或扩大使用功能的产品。

2．新产品的剖析

对新产品定义的剖析，可以从企业、市场和技术三个角度进行。对于企业而言，第一次生产销售的产品都叫新产品；对于市场来说则不然，只有第一次出现的产品才叫新产品；从技术方面看，在产品的原理、结构、功能和形式上发生改变的产品叫新产品。

产品策划角度研究新产品包括了前面三者的成分，但更注重消费者的感受与认同，它是从产品整体性概念的角度来定义的。凡是产品整体性概念中任何一部分的创新、改进，能给消费者带来某种新的感受和满足的、相对新的或绝对新的产品，都叫新产品。

3．新产品开发的含义

新产品开发是指从研究选择适应市场需要的产品开始到产品设计、工艺制造设计，直到投入正常生产的一系列决策过程。广义上，新产品开发既包括新产品的研制，也包括原有的老产品改进与换代。

4．新产品开发的必要性

（1）产品生命周期理论要求企业不断开发新产品。企业如果不开发新产品，则当产品走向衰落时，也同样走到了生命周期的终点。相反，企业如能不断开发新产品，就可以在原有产品退出市场舞台时利用新产品占领市场。

（2）消费需求的变化需要不断开发新产品。消费结构的变化加快，消费者选择更加多样的产品，产品生命周期日益缩短。

（3）科学技术的发展推动着企业不断开发新产品。科学技术的迅速发展导致许多高科技新型产品的出现，并加快了产品更新换代的速度。

（4）市场竞争的加剧迫使企业不断开发新产品。只有不断创新，开发新产品，才能在商场上占据领先地位，增强企业的活力。

（二）新产品的分类

新产品可分为以下五类。

1．全新产品

全新产品是指应用新的技术、新的材科研制出的具有全新功能的产品。如电话、汽车在刚投入市场时都属于全新产品。这类产品开发难度最大，费用高、成功率低。据调查，新产品中全新产品只占 10％。

2．换代产品

换代产品是指在原有产品的基础上采用或部分采用新技术、新材料、新工艺研制出来的新产品。如普通自行车—电动自行车、模拟电视—数字电视。

3．改进产品

改进产品是指对老产品的性能、结构、功能加以改进，使其成为与老产品有较显著的区别的新产品。如普通牙膏—药物牙膏。

4．仿制产品

仿制产品是指对国际或国内市场上已经出现的产品进行引进或模仿研制生产出的产品。如市场上出现的新牌号的电视机、手机等大多是模仿已有产品生产的。

5．重新定位产品

重新定位产品是指对现有产品开发新用途，或者为现有产品重新寻找消费群，使其重新畅销起来。如 20 世纪 40 年代，麦氏速溶咖啡的定位由上市时的"快捷方便"改变为后来的"美味、芳香、质地醇厚"，同时改变了包装，使其很快从滞销产品变为深受消费者喜爱的畅销产品。

二、新产品开发策划

（一）新产品开发方向选择

企业开发新产品，把有限的人、财、物，有效地分配在急需开发的项目上，使新产品开发取得最佳效果，关键在于准确地确定新产品开发方向。企业在选择新产品开发方向时应考虑以下几点。

1．考虑产品性质和用途

在进行新产品开发前，应充分考察同类产品和相应的替代产品的技术含量和性能用途，确保所开发产品的先进性或独创性，避免"新"产品自诞生之日起就被市场淘汰。

2．考虑价格和销售量

系列化产品成本低，可以降价出售增加销售量，但是系列化产品单调，也可能影响销售量。因此，系列化、多样化产品与价格、销售之间的关系，要经过调查研究再加以确定。

3．充分考虑消费者需求变化速度和变化方向

随着人们物质生活水平的提高，消费者的需求呈多样化趋势，并且变化速度很快。而开发一样新产品需要一定的时间，这个时间只有比消费者需求变动的时间短，才能有市场，才能获得经济效益。

4．企业产品创新满足市场需求的能力

曾经代表中国民族通信旗帜的巨龙、大唐、中兴、华为四家企业，面对的市场机会差不多，起步差不多，但经过三四年时间，华为、中兴已远走在了前面，巨龙则几乎退出了通信市场。而决定四家企业差距的最关键因素就是各自推向市场的产品所包含的产品和技术创新的能力。

（二）新产品开发方式

企业开发新产品，选择合适的方式很重要。选择得当，适合企业实际，就能少承担风险，易获成功。一般有独创方式、引进方式、改进方式和结合方式四种。

1．独创方式

从长远考虑，企业开发新产品最根本的途径是自行设计、自行研制，即所谓独创方式。采用这种方式开发新产品，有利于产品更新换代及形成企业的技术优势，也有利于产品竞争。自行研制、开发产品需要企业建立一支实力雄厚的研发队伍、一个先进的技术平台和一个科学、高效率的产品开发流程。

2．引进方式

技术引进是开发新产品的一种常用方式。企业采用这种方式可以很快地掌握新产品制造技术，减少研制经费和投入的力量，从而赢得时间，缩短与其他企业的差距。但引进技术不利于形成企业的技术优势和企业产品的更新换代。

3．改进方式

这种方式是以企业的现有产品为基础，根据用户的需要，采取改变性能、变换形式或扩大

用途等措施来开发新产品。采用这种方式可以依靠企业现有设备和技术力量,开发费用低、成功把握大。但是,长期采用改进方式开发新产品,会影响企业的发展速度。

4. 结合方式

结合方式是独创与引进相结合方式。

(三)新产品开发策略

新产品的开发是企业产品策略的重要组成部分。新产品开发的主要策略有:

1. 领先策略

领先策略就是在激烈的产品竞争中采用新原理、新技术、新结构优先开发出全新产品,从而先入为主。这类产品的开发多属于发明创造范围,采用这种策略,投资数额大、科学研究工作量大、新产品实验时间长。

2. 超越自我策略

超越自我策略的着眼点不在于眼前利益而在于长远利益。这种暂时放弃一部分眼前利益、最终以更新更优的产品去获取更大利润的经营策略,要求企业有长远的"利润观"理念,要注意培育潜在市场,培养超越自我的气魄和勇气,不仅如此,更需要有强大的技术做后盾。

3. 紧跟策略

采用紧跟策略的企业往往针对市场上已有的产品进行仿造或进行局部的改进和创新,但基本原理和结构是与已有产品相似的。这种企业跟随既定技术的先驱者,以求用较少的投资得到成熟的定型技术,然后利用其特有的市场或价格方面的优势,在竞争中对早期开发者的商业地位进行侵蚀。

4. 补缺策略

每个企业都不可能完全满足市场的任何需求,所以在市场上总存在着未被满足的需求,这就为企业留下了一定的发展空间。这就要求企业详细地分析市场上现有产品及消费者的需求,从中发现尚未被占领的市场。

(四)新产品开发程序

对于不同的新产品的开发,其过程主要经历八个阶段,即寻求创意、甄别创意、产品概念的发展与试验、制订市场营销战略、进行行业分析、进行产品开发、进行市场试验、商业化。

1. 寻求创意

所谓创意,就是开发新产品的设想。产生一个好的构思或创意是新产品成功的关键。

新产品创意的主要来源有顾客、科学家、竞争对手、企业的推销人员和经销商、企业高层管理人员、市场研究公司、广告代理商等。按照市场营销的概念,顾客需求和欲望是寻找新产品创意的起点。据美国专家调查,新产品有 60%~80% 来自顾客的建议,企业不仅要收集顾客合理的要求,也要注意一些听起来不甚合理的要求。

1996 年,一位四川农民投诉海尔洗衣机排水管老是被堵。服务人员上门维修时发现,这位农民居然用洗衣机洗地瓜,泥土多当然容易堵塞。但服务人员并没有推卸责任,依然帮顾客加粗了排水管。农民感激之余，说：如果能有洗地瓜的洗衣机就好了。

技术人员一开始是把此事当笑话讲出来的，但是，海尔集团董事局主席兼首席执行官张瑞敏听了之后却不这样认为，张瑞敏对科研人员说：满足用户需求，是产品开发的出发点和目的。技术人员对开发能洗地瓜的洗衣机想不通，因为按常理论，客户这一要求太离谱乃至荒诞。但张瑞敏说：开发创造出一个全新的市场。终于，"洗地瓜洗衣机"在海尔诞生了，它不仅具有一般洗衣机的全部功能，还可以洗地瓜、水果。

2.甄别创意

甄别创意是采用适当的评价系统及科学的评价方法对各种创意进行比较分析。依据市场需求量、产品质量，性能、成本、价格、分销渠道，产品发展趋向、顾客反应、资金、技术水平、设备能力、营销能力、管理水平等因素，开展可行性研究，选出最佳创意的过程。在甄别创意阶段，企业要避免两种过失。

（1）"误弃"，即公司未认识到该创意的发展潜力而将其误弃。

（2）"误用"，即公司将一个没有发展前途的创意付诸开发并投放市场。

3.产品概念的发展与试验

应当明确产品创意、产品概念和产品形象之间的区别。所谓产品创意，是指企业从自身角度考虑它能够向市场提供的可能的产品构想。所谓产品概念，是指企业从消费者的角度对这种创意所作的详尽的描述。而产品形象则是消费者对某种现有产品或潜在产品所形成的特定形象。

确定最佳产品概念。进行产品和品牌的市场定位后，就应当对产品概念进行试验。所谓产品概念试验，就是用文字、图画描述或用实物将产品概念展示于一群目标顾客面前，观察他们的反应。

4.制订市场营销战略

（1）描述目标市场的规模大小、结构形式、购买行为。新产品在目标市场上的定位，头几年的销售额、市场占有率、利润目标等。

（2）略述新产品的计划价格，分销战略及第一年的市场营销预算。

（3）阐述计划长期销售额和目标利润及不同时间的市场营销组合。

5.进行行业分析

在这一阶段，企业市场营销管理者要进行新产品将来的销售额、成本和利润的估计，看看它们是否符合企业的目标。如果符合，就可以进行新产品的开发。

6.进行产品开发

完成以上程序，新产品仍然还是纸上谈兵，只有进入试制阶段，构思才开始成为实实在在的产品。经过产品开发、试制出来的产品如果符合以下要求，就可以认为是成功的。

（1）在消费者看来，产品具备了产品概念中所列举的各项主要指标。

（2）在一般用途和正常条件下，可以安全地发挥功能。

（3）能在已定的生产成本预算范围内生产成品。

7.进行市场试验

由于新产品在销售过程中，会有许多意想不到的事情发生，所以首先要进行试销。试销的目的就在于了解经销商和消费者经营、使用和再购买该产品的情况，市场反应和市场的大小。通过试销，企业可以获得不少有价值的信息。市场试验的规模取决于两个方面：一是投资费用和风险大小。对于投资费用大和风险大的新产品，规模应大一些；二是市场试验费用和时间。市场试验费用大和时间长的新产品，规模应小一些。

8.商业化

新产品进行市场试验成功且通过技术鉴定后，就可正式批量生产，全面推向市场。而企业在此阶段应做好以下决策。

（1）何时推出新产品。何时推出新产品指企业高层管理者要决定在什么时候将新产品投放市场最适宜。如推出新产品是替代老产品的，就应该尽快将老产品卖掉，然后再将新产品推出，以免影响老产品销售，造成损失。如果新产品的需求有一定的季节性，就应该在销售旺季刚开始时将新产品推出。

（2）何地推出新产品。何地推出新产品指企业高层管理者要决定在什么地方（某一地区、某些地区、全国市场或国际市场）推出新产品最适宜。应该在市场购买力强，有潜力，企业在该地区的声誉好、投放成本较低、容易进入市场的地区投放，然后再逐渐扩展到其他地区。如康师傅方便面，就是把城市作为首选市场；在城市打响之后，再迅速深入各地农村，并成为我国目前最具价值的方便面名牌。

（3）向谁推出新产品。向谁推出新产品指企业高层管理者要把它的分销和促销目标面向最优秀的顾客群。应当以早期使用者、能够较多使用的消费者、在社会上影响力较大的消费者为投放的最佳对象，利用他们带动其他消费者。

（4）如何推出新产品。企业管理部门要制订开始投放市场的市场营销战略。

本章小结

1.产品是可以使用的企业销售的有形实物，广义上理解，产品是能够满足人们的某种欲望、需求的一切载体，既可以是有形的也可以是无形的。产品整体概念是指产品可以分为五个层次加以理解：核心产品（消费者追求的利益）、形式产品（现状、质量、式样、包装）、期望产品（服务、安装、保证、维修等）、延伸产品和潜在产品。产品整体概念对营销策划的意义包括有助于明确企业经营战略整体要求；有助于产品策划的整体把握；有助于企业在竞争中取胜。服务是一方提供给另一方的无形的活动和利益，其特点包括：无形性、差异性、不可分离性、易消失性。服务与产品往往融合在一起，形成四种状态：纯产品无服务状态、产品为主服务为辅状态、产品为辅服务为主状态、无产品纯服务状态。产品是有生命周期的，根据时间和销售量之间的变化关系，可分为导入期、成长期、成熟期和衰退期，每个时期有各自的特征，要求采取不同的策略。不同时期的策划思路也有所不同：导入期强调的是"快"，成长期强调的是"好"，成熟期强调的是"变"，衰退期强调的是"退"。虽然简单的一个字，却蕴藏着丰富的内容和有效作用。企业的产品往往形成组合状态，也就是说有一些生产线和产品项目之间的组合。产品线是产品大类数量，产品项目是具体的产品规格、式样、价格的分类。产品组合四要素：产品宽度、产品长度、产品深度和产品的关联性。产品组合有不同的策划：扩展策略的策划、缩减策略的策划、产品延伸策略的策划（向上延伸策略、向下延伸策略、双向延伸策略等）。产品组合的步骤是：资料的收集和分析、产品组合方案设计、方案论证与评价。

2. 品牌简单理解是商品品名、标牌，实质是制造商和经销商的标志，是消费者对企业的一种信任、认可，是企业的无形资产，是良好形象的特征。品牌作为企业特有的标识，能传达六层含义：品牌属性、品牌利益，品牌价值，品牌文化、品牌个性、品牌使用者。品牌可分为地区品牌、国内品牌和国际品牌；可分为制造商品牌和经销商品牌，也可以分为自有品牌、外来品牌和嫁接品牌；还可分为行业品牌、主品牌和副品牌等。品牌命名不能随心所欲，一般的原则是简、特、新、亮、巧、合、法。品牌需要管理，其目的是建立企业品牌的知名度，维持消费者对品牌的忠诚度，建立品质的认知度和建立品牌的联想度。品牌的策划包括：品牌化策略、合作品牌策略、品牌使用者策略、品牌延伸策略、个别品牌策略、多重品牌策略、公司名称加个别品牌策略、品牌重新定位策略等。品牌也会老化，其原因是消费者喜新厌旧、科学技术发展日新月异、品牌管理乏力等。避免品牌老化的途径有体制创新、技术创新、产品创新、企业形象创新，促销创新和品牌策略的运用。建立品牌的步骤：确定企业品牌战略目标，品牌战略的类型选择，设计品牌战略的空间结构和时间结构，制订企业品牌的战略方针。

3. 产品包装是为保护产品、方便储运、促进销售，按照一定的技术方法而采用的容器、材料及辅助物等的总体名称。其原则为：独具特色，便利消费，安全卫生环保，与质量、价值水平相适应，尊重风俗习惯和宗教规则，符合法律规定兼顾社会利益。包装的策划有类似包装、等级包装、配套包装、附赠品包装、再使用包装、性别包装、习惯使用量包装。

4. 新产品开发也是产品策划的内容，新产品是运用新技术、新设计生产的全新产品或结构、材质、工艺有改进、性能有提高的产品。新产品的开发是指从研究适应市场需要的产品出发，从设计、研制、生产、实验到投放市场一系列的决策过程，包括新产品研制和老产品的改进。新产品的分类：全新产品、换代产品、改进产品、改制产品和重新定位产品。新产品开发方向的选择：性质和用途、价格和销量、需求变化速度和方向、企业创新能力。新产品开发的方式有独创方式、引进方式、改进方式和结合方式。开发策略包括领先策略、超越自我策略、紧跟策略和补缺策略。新产品开发的程序有寻求创意、甄别创意、产品概念的发展与试验、制订市场营销战略、进行行业分析、进行产品开发、进行市场试验、商业化（何时推出新产品、何地推出新产品、向谁推出新产品和如何推出新产品）。

实训项目

一、知识选择训练

1. 产品整体概念将产品分为（　　）。

    A. 核心产品　　　　B. 潜在产品　　　　C. 期望产品　　　　D. 形式产品

    E. 真实产品　　　　F. 延伸产品

2. (　　) 项目属于服务特点。

    A. 有形性　　　　　B. 无形性　　　　　C. 不可分离性　　　　D. 持久性

    E. 易消失性　　　　F. 差异性

3. 产品生命周期包括(　　)。

    A. 导入期　　　　　B. 衰退期　　　　　C. 不饱和期　　　　D. 退出期

    E. 成熟期　　　　　F. 成长期

4. 产品不同时期策划思路不同，投入期(　　)、成长期(　　)、成熟期(　　)、衰退期
(　　)。

    A. 退　　　　　　　B. 快　　　　　　　C. 稳　　　　　　　D. 好

    E. 变　　　　　　　F. 多

5. 产品组合四要素是(　　)。

    A. 产品宽度　　　　B. 产品速度　　　　C. 产品深度　　　　D. 产品广度

    E. 产品关联性　　　F. 产品独立性

6. 产品组合策划所采取的策略有(　　)。

    A. 向下延伸策略　　B. 扩展策略　　　　C. 缩减策略　　　　D. 延伸策略

    E. 向前延伸策略　　F. 单一产品策略

7. (　　) 属于品牌的本质。

    A. 企业的无形资产　　　　　　　　　B. 企业的有形资产

    C. 消费者对企业的信任　　　　　　　D. 消费者对企业的一种期待

    E. 企业形象特征　　　　　　　　　　F. 提供给消费者的利益

8. 按照辐射区域划分，品牌可分为(　　)。

    A. 制造商品牌　　　B. 地区品牌　　　　C. 国家品牌　　　　D. 经销商品牌

    E. 国际品牌　　　　F. 自有品牌　　　　G. 外来品牌

9. 按照经营不同环节划分，品牌可分为(　　)。

    A. 制造商品牌　　　B. 地区品牌　　　　C. 国家品牌　　　　D. 经销商品牌

    E. 国际品牌　　　　F. 自有品牌　　　　G. 外来品牌

10. 按照品牌来源划分，品牌可分为(　　)。

    A. 嫁接品牌　　　　B. 地区品牌　　　　C. 主品牌　　　　　D. 经销商品牌

    E. 国际品牌　　　　F. 自有品牌　　　　G. 外来品牌

11. 品牌要按照(　　)来完成管理。

    A. 建立品牌知名度　　　　　　　　　B. 维护品牌忠诚度

    C. 提高与对手的竞争度　　　　　　　D. 坚持品牌的变化度

    E. 建立品质认知度　　　　　　　　　F. 建立顾客的喜爱度

12. 品牌策略种类包括(　　)。

    A. 合作品牌策略　　　　　　　　　　B. 品牌延伸策略

    C. 单一品牌策略　　　　　　　　　　D. 多重品牌策略

    E. 品牌变化策略　　　　　　　　　　F. 个别品牌策略

    G. 公司名称加个别品牌策略

13. 品牌老化的原因是(　　　)。

　　A. 企业固执己见　　　　　　　　　B. 消费者喜新厌旧

　　C. 科学技术日新月异　　　　　　　D. 竞争者破坏

　　E. 品牌管理乏力　　　　　　　　　F. 促销活动太少

14. 包装是为了(　　　)按照一定的技术方法所使用的物资总体名称。

　　A. 提高档次　　　　B. 保护商品　　　　C. 促进销售　　　　D. 方便储运

　　E. 容易购买

15. 包装原则是(　　　)。

　　A. 独具特色　　　　B. 便利消费　　　　C. 安全环保　　　　D. 维持价位

　　E. 尊重风俗　　　　F. 突出企业文化　　G 符合法律

16. (　　　)符合新产品的定义。

　　A. 运用新技术新设计　　　　　　　B. 必须是全新设计

　　C. 必须是自己研制　　　　　　　　D. 工艺有改进

　　E. 从未见过的产品　　　　　　　　F. 性能有提高

17. 新产品开发方式有(　　　)。

　　A. 独创开发　　　　B. 委托开发　　　　C. 改进开发　　　　D. 引进开发

　　E. 结合开发

18. 新产品开发商品化包括(　　　)。

　　A. 如何推出新产品　　　　　　　　B. 何时推出新产品

　　C. 谁来推出新产品　　　　　　　　D. 何地推出新产品

　　E. 向谁推出新产品　　　　　　　　F. 什么价格推出新产品

19. 新产品开发策略包括(　　　)。

　　A. 领先策略　　　　B. 超越自我策略　　C. 挑战策略　　　　D. 补缺策略

　　E. 紧跟策略　　　　F. 独有策略

二、案例分析训练

(一)产品包装策划分析

如果你曾经关注酒类的广告,"天之蓝"这个品牌你肯定听说过,作为江苏的优质酒类品牌,他们在本省就一直有一定的市场占有率及知名度,而在业内也一直有着不俗的口碑及销量。

除了他们的广告给人的印象深刻外,这个产品的包装设计也是独特的。整个产品以蓝色为主要的设计基调,线条光滑流畅的瓶身加上深浅不一的蓝色设计,使得整个产品的外观都给人一种十分的精致典雅的感觉。而在一些细节的补充方面,如在设计上选择偏向于金色的细节纹路,为整个产品的外观增添了几分精致高贵的气质。

作为中档酒代表酒类天之蓝有着相当不错的销量。作为洋河集团的两个当家花旦中的一个,天之蓝必定是有着自己十分独特的优势特征。每次天之蓝的迭代,设计思维都紧跟品牌变化,甚至引领品牌变化。真正好的设计语言一定是基于品牌基因,回归产品本身,未来的商业设计必须拒绝与品牌无关的内容。因此,第一代洋河蓝色经典继承了洋河大曲的独特美学基因,即美人瓶和蝴蝶标。

天之蓝在迭代过程中，逐渐实现产品品牌化，设计者意识到，商业设计必须紧跟品牌战略，必须建立产品或品牌的超级视觉符号。而在其中，极简与质感成为现代美学两大核心要义，简洁将更接近事物的本质。视觉赋能意味着解决消费审美疲劳问题，降低产品包装生产成本，解决市场销售防伪问题，并持续提升产品商业美学；内容赋能则是指价值内容的生长赋能，持续提升产品价值优势，丰富产品的销售语言，营造更新鲜的消费体验。产品的迭代，伴随的是消费趋势和消费需求的迭代，而包装设计就是在每次迭代中抓住变化的触手。设计升级，其实是对产品升级的赋能。

当下，消费趋势进入了变化更快、更复杂的时代，包装设计趋势也是如此。未来的酒类包装设计将有以下五个整体趋势。

其一，可扩展性。原创内容在生产时就必须以社交分享为导向，创造出来的内容除了必须是有价值的外，也必须是易于分享和传播的。互联网具有天然的连接属性，而现在人人都是或都可以是自媒体。如何让消费者自发分享，是创造内容时要攻克的难点。

其二，可连接性。在垂直方向上连接某一类人，原创的内容必须是基于垂直化的特定人群的圈层化表达。广而全的传统主流媒体内容已经不合时宜，精准分发内容才是未来发展的方向。

其三，可转化性，即用跨界元素结构生成新内容。超级IP必须适度跨界，生成层次感更丰富、更具传播能力的内容。

其四，可识别性。设计美学是具备稀缺性、不可代替性的智力成果。内容必须对用户形成高度聚合的可辨识性和稀缺性。内容与IP品牌形成强关系，在消费者心中形成观念，由内容可以联想到品牌，由品牌能映射出内容。

其五，及时性。抓住先机，搭上时令顺风车，占领消费者心智，每个热点和话题皆流量，每季风景都有美好的时候。让品牌顺应时令变化玩出花样，从而令消费者时刻都沉浸在产品体验当中。

问题：

1. 天之蓝作为酒类中的爆款，如何体现的包装原则？体现了什么策略？

2. 从天之蓝设计瓶型的创意中，体现了什么思路？

(二)品牌战略

长城 2025 战略中的"品类创新"

2021 年长城又发布了全新的 2025 战略。其中，长城汽车董事长魏建军提到了"基于品类创新，以品类建品牌，形成长城皮卡、哈弗、WEY、欧拉、坦克、沙龙智行六大品牌矩阵，打造全球潮牌、潮品"。提及这个"品类创新"，就要讲到长城的多品类战略。它跟多品牌战略非常像，但不管是多品类战略还是多品牌战略，应该说都是自主品牌高端化进程中必然出现的现象。

因品类而设品牌。这次发布会魏建军的发言所讲到的品类和六大品牌，表明长城汽车正在长成一棵"品类大树"。这也表明，在双方长达十多年的战略合作后，2020 年 1 月 8 日长城汽车跟里斯战略定位咨询签订 2020—2030 年"战略护航"协议，再次续约认可了里斯公司的作用。

这次"基于品类创新，以品类建品牌"，形成长城皮卡、哈弗、WEY、欧拉、坦克、沙龙智行六大品牌，从定位和品类来说，长城汽车将来会：

长城皮卡定位"皮卡领导者"，目标是打造全球前三的皮卡品牌。

哈弗品牌定位"中国SUV全球领导者"，持续稳固经济型SUV市场。

WEY品牌定位"新一代智能汽车"，致力于为用户提供智能化的用车体验。

欧拉品牌定位"全球最爱女人的汽车品牌"，将更加关注城市精品出行。

坦克品牌定位"潮玩越野SUV"，致力于打造全球第一越野品牌。

沙龙品牌定位"豪华智能BEV品牌"，将以"极致豪华、极致科技、极致舒适"的理念，打造极致驾乘体验。

当然，长城要完成2025年400万辆的年度销售目标，光靠中国市场肯定是不够的，所以包括中国在内的俄罗斯、东盟、欧盟、南美等十大区域市场必然都需要做大。

长城在"品类必然分化"的道路上飞奔。当然，就汽车企业本身来说，技术实力是支撑品类的基础，否则是不可能让一家车企从1 000亿元做到6 000亿元规模的。就技术体系来说，长城汽车连续三天声势浩大的"第八届科技节"及论坛，也亮出了很多压箱底的实力和干货。长城这棵"品类大树"的根是不是足够粗壮，似乎不用太担心。

我们回顾长城的"定位"之路，能清晰地看出其多品类的发展脉络。现在，长城汽车更是开始"基于品类创新，以品类建品牌"，当然，因为里斯的保密和企业保护机制，里斯在整车企业中只选择了一家长城汽车长期合作，也不会选择第二家整车企业。所以，这个"品类创新"战略的实施效果，长城汽车"冷暖自知"，外界无从知晓。

我们能看到的是，企业在进化的过程中，是为了品牌而品牌，还是根据品类来设立品牌，精神内核完全不同。多品类和多品牌看起来很像，而且以多品牌来说，不仅长城有，吉利、奇瑞等车企也早就再次开启了多品牌之路。不过，因为内核不一样，展现出的外在也不一样，需要我们仔细分辨。

最后，业内不同的声音也表明，多品类战略（包括多品牌战略）始终存在争议。毕竟，在中国市场执行一个品牌战略的企业也不少，比如丰田、本田和大众等。孰优孰劣，我们还是需要更多的探索、思考和论证。还是会有人问，我们是不是会再次经历一个多品牌的轮回，"梦回2012"？

问题：

1. 既然长城汽车是誉满天下的品牌，为什么还要进行品牌策划呢？

2. 市场背景分析在品牌策划中起到什么作用？是否必须先进行？

3. 谈一谈"品类创新"和品牌创新的关系。

（三）产品开发策划分析

某公司开始开发猪皮鞋，以替代价格较高的牛皮鞋，研制成功后推向市场。最初，公司策划重点：一是价格、二是促销，以较低的价格挤进市场，促销过程推出11种不同的颜色，外观尽可能与牛皮鞋相似。其间市场慢慢地扩大，收益不多。

随着消费者逐渐接受产品，销路扩大，利润迅速增长，开始出现竞争现象。公司进行了新的策划，即开辟新的销售渠道，鼓励经销商适当返点，提高质量，增加产品种类，款式多样化，开展广告宣传。

接着出现产品销量继续增长，市场继续扩大，但幅度下降，竞争越来越激烈。公司有针对性地进行宣传，增加与目标顾客交流，赢得了消费者的偏爱，销售量在同行名列前茅，但利润下降。

问题：

1. 按照产品生命周期理论，上述案例各阶段体现哪些时期的特征？

2. 公司下一步可能会面临什么情况？应该进行哪些策划？

项目五
定价策划

学习目标

1. 学习掌握定价目标的概念，影响定价的环境因素。
2. 把握定价分析的主要依据，定价程序。
3. 掌握定价策划的内容。

能力目标

1. 掌握不同情况下的定价方法。
2. 初步学会对定价目标与环境的分析能力。
3. 熟练运用相应的定价技巧。

实训目标

引导学生学习定价目标、定价分析的讨论，组织具体定价的策划活动，培养相关的职业能力。

案例导入

双十一最大的感慨莫过于"太复杂了"，什么定金、优惠券、满减、膨胀、尾款、跨店、抵扣……这些词"呼"地扑面而来，把人一下搞懵了！这还不算完，从"购物津贴""火炬红包""定金膨胀""跨店满减""叠加优惠"到定时抢红包、分享激活红包、打游戏换红包、花钱买红包、组团购物分红包……

这些套路在经济学原理中叫作"价格歧视"（price discrimination）。价格歧视又称价格差别，通常指商品或服务的提供者在向不同的接受者提供相同等级、相同质量的商品或服务时，在接受者之间实行不同的销售价格或收费标准。用大白话来说，就是不同人不同价。

双十一即将来临，不少人认为淘宝有意提高价格，随后在双十一降价，营造出大幅降价的假象。

天猫发布了双十一价格保护机制，确保双十一期间的商品到手价为最近 3 个月最低。同时上线价格雷达系统，虚抬价格的商家将被立刻清出活动会场。

据悉，凡是报名参加天猫双十一的商品，其销售价格必须是双十一活动期间的最低成交价。天猫招商系统会自动计算出双十一商品的最高限价，超过限价的商品不能报名参加。

成功参加天猫双十一的商品，在天猫双十一活动结束后，会存在一段商品价格保护期，其间产品销售价格不得低于双十一正式活动价格或预售价格。

此外，天猫上线了"价格雷达"监测系统，实时校验天猫双十一商品价格。对虚假降价的商品，天猫会立即将该商品清除出购物节活动会场。对那些被消费者举报虚抬价格的商家，天猫平台在查实后，也将严厉处罚。

任务一

定价策划的知识储备

一、定价概述

（一）定价的概念

1. 价格的含义

价格是产品和服务价值的货币表现，在定价策划中，科学合理的策划，会给企业带来经济效益。

定价是企业市场营销最重要的组成部分之一，主要研究商品和服务的价格制定和变更的策略，以求得最佳的营销效果和收益。

2. 定价策划

所谓定价策划，就是企业为了实现既定的营销目标，协调处理各种价格关系的活动。定价策划不仅指价格的制定，更重要的是，在一定环境条件下为了配合特定的营销目标和营销组合而在实施过程中不断修正价格战略和策略的全过程。

在企业日常经营活动中，产品价格的确定往往比较偏重于产品的生产成本，而忽略了市场供求状况、需求强度、顾客认知与心理感受等市场接受因素。而且，在市场状况有所变化时，也未能及时调整价格。在一些企业里，价格的确定往往独立于其他市场营销组合之外（仅凭价格制定者的主观判断），而不是整体营销运作的一部分，未能综合其他营销变数进行整体考虑，使得价格与其他营销变数脱节，甚至产生矛盾。定价策划作为企业营销策划的一部分，是站在整体、全局立场上看问题，是对企业市场营销的整体谋划。

（二）定价策划的重要性

1. 价格直接影响需求

价格是价值的货币表现，价格总是围绕价值上下波动。价格本质上是由需求决定的，需求上升导致供应不足，价格就会自然上升。但是，价格的变化，反过来会影响需求的变化。如当牛肉价格上升，人们会选择其他觉得合适肉食品。价格与需求的相互作用关系，决定了定价策划有其重要性，可以利用主观能动性，影响消费者需求的调整。

2. 价格定得过高或过低都会给产品生命造成不良影响

价格定得过高或过低，都是价格偏离价值幅度过大的现象。价格定得过高，人们的购买欲望、购买行为会发生变化；价格定得过低，无论是出于恶性竞争还是定价策划失误，消费者都会产生疑问，倾销并不一定会换来人们的抢购，反而会将产品生命周期打乱，将消费者购买行为导向紊乱，最终使企业受损。

3. 价格会直接影响产品或品牌的市场定位

市场定位是让消费者对本企业产生认可—青睐—偏爱，物美价廉是一个相对概念，如果人们追求"物越来越美，价越来越廉"，最终任何企业都会承受不起。价格只有在一个合适的位置上，才能先唤起消费者对产品的认可，如果一味地降价，消费者都知道任何商人不会是慈善家，则可能会产生"价低货劣"的怀疑。或有些喜欢你的廉价，认为你的档次不高，对企业定位有直接的影响。

4. 价格影响销量，左右收益

市场的现象之一是"降价吸引注意，引起销量增加"，但降价引起"增量不等于引起增益"，经济型的消费者如果引起从众行为，会一时间发生销量增加，但也偶有涨价引起销量增加现象，即"买涨不买跌"，因为消费者类型不同，欲望制约因素繁多。所以，定价策划的使命之一，是要保证收益。短期亏损可以作为策略手段，但是长期必须考虑收益。

5. 价格必须和其他市场营销组合因素整合，并达到作为成本支持这些因素的水准

价格与产品、促销、分销各因素进行整合，不是孤立的操作，才能达到作为成本因素，因为其定价的合理性，才能对产品策划、促销活动、分销网络产生积极的作用。反之，低价策略失去了其他营销组合因素的配合，也会黯然失色。如制订了价格，促销活动跟不上，人们对定价策划理解不到位，也不会收到预期效果。

（三）价格的决定因素

价格的决定是一个很复杂的工作，要受到多种因素的影响。下面就内部和外部的一些主要影响因素进行分析，如图 5-1 所示。

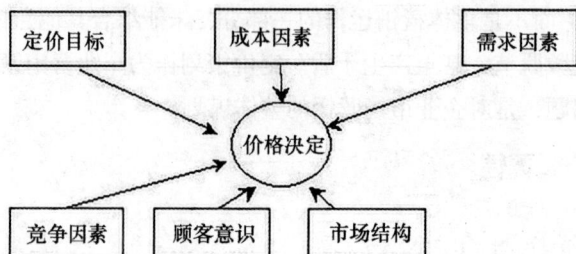

图 5-1 价格的决定因素

1. 定价目标

定价目标，是指企业试图通过适当定价来达到的企业的总体目标。定价将会影响制造、财务等几乎企业所有领域的决策，所以定价必须与企业目标相一致。美国八家著名大公司定价目标比较见表 5-1。

表 5-1 美国八家著名大公司定价目标比较

公司名称	定价主要目标	定价附属目标
通用汽车公司 （General Motor）	20% 投资收益率（缴税后）	保持市场占有率
固特异公司 （Good Year）	对付竞争者	保持市场地位和价格稳定
美国罐头公司 （American Can）	维持市场占有率	应付市场竞争
通用电器公司 （General Electric）	20% 投资收益率（缴税后） 增加 7% 销售额	推销新产品 保持价格稳定
西尔斯·罗巴克公司 （Sears Rocbuck）	增加市场占有率 （8%~10% 为满意市场占有率）	10%~15% 投资收益率 一般地方促进销售
标准石油公司 （Standard Oil）	保持市场占有率	保持价格稳定 一般投资收益率
国际收割机公司 （International Harvester）	10% 投资收益率	保持市场第二位的位置
国民钢铁公司 （National Steel）	适应市场竞争	增加市场占有率

2. 成本因素

产品的最低价格取决于该产品的成本费用。从长远看，任何产品的销售价格都必须高于成本费用，只有这样，才能以销售收入来抵偿生产成本和经营费用；否则，就无法经营。因此，企业制定价格时必须估算成本。

3. 需求因素

产品的最高价格取决于该产品的市场需求，而市场需求又受价格和收入变动的影响。价格和收入等因素引起的需求相应的变动率叫需求弹性。需求弹性分为需求的收入弹性、价格弹性和交叉弹性。

4．竞争因素

产品的最高价格取决于该产品的市场需求，最低价格取决于产品的成本费用。

在这种最高价格和最低价格的幅度内，企业能把产品价格定多高，则取决于竞争者同种产品的价格水平。企业必须采取适当方式，了解竞争者所提供的产品质量和价格。企业获得这方面的信息后，就可以与竞争产品比质比价，更准确地制定本企业产品价格。如果二者质量大体一致，其价格也应大体一样，否则本企业产品可能卖不出去；如果本企业产品质量较高，则产品价格可以定得高些；如果本企业产品质量较低，则产品价格应定得低些。还应看到，竞争者也可能随机应变，针对本企业的产品价格而调整其价格；也可能不调整价格，而调整市场营销组合的其他变量，与企业争夺顾客。当然，对竞争者价格的变动，企业也要及时掌握有关信息，并做出明智的反应。

5．顾客意识

企业决定价格时，必须考虑目标顾客对价格的反应。价格的数字表示非常明了，然而，顾客对其会有各种各样的理解。另外，顾客对价格的反应也会因产品的种类而异。例如，对很难看到品质差别的汽油，消费者的价格反应较敏感，相反，消费者对于品质和款式差异较大的服装，首先重视的是其产品是否符合自己的兴趣爱好，而不是价格。即使同样种类的产品，其评价往往也会因品牌而异，常以一流产品和三流产品、知名品牌和非知名品牌等来加以评价。评价的差异会表现为价格的差异。大致说来，一流产品和三流产品在价格上有30%以上的差异。要是企业的产品市场定位为一流产品的话，其定价就可以高于三流产品的30%。

市场营销管理者有必要在制订价格时充分了解和掌握消费者对自己的产品所知觉的价格和能接受的价格。

6．市场结构

市场结构决定定价的客观环境，影响企业定价的自由程度。市场结构按竞争程度可以分为四种：完全竞争、垄断竞争、寡头竞争、完全垄断。企业或产品处于不同市场结构中，定价策略也会相应地不同。

（四）定价策划的分析因素

对于一个企业来说，进行价格竞争会涉及诸多方面，定价策划活动需要分析的因素很多。归纳起来，主要包括下述几个方面。

1．企业的营销战略分析

营销战略是一个企业用于达到营销目标的基本方法，具体包括目标市场的选择、市场的定位和市场营销组合的确定等主要决策。市场营销战略的制订实质是确定企业竞争优势的过程。定价策划需要和整体营销战略相一致，以保证企业竞争优势的实现，避免价格竞争的盲目性。

2．市场环境分析

市场环境分析主要包括微观环境中对竞争对手、潜在顾客、供应商、中间商等的分析，以及宏观环境中对经济环境、政治环境、社会文化、自然环境等的分析。但这些仅是基本面的分析，对于进行价格竞争的企业来说，还要针对市场的情况研究市场集中率。一般以行业居前四位或八位的厂商占行业总产量或销售额的百分比作为集中率，如果集中率超过50%，则该行业为高度集中的行业。在高度集中的行业中，若有一家企业发动价格竞争，势必会遭到其他企业的猛烈进攻。在这种情况下，任何一个企业在进行价格调整之前，都必须审慎分析市场环境。

3. 时机分析

价格竞争需要周密的策划工作，时机的选择往往是决定策划成功与否的关键。通常产品销售有淡季与旺季之分，在淡季企业为保持正常的资金流，需及时以低价抛售存货变现，所以比较容易发生价格竞争。当然有许多企业为了扩大市场份额，在市场中引起公众的注意，在产品销售旺季也会率先发动价格竞争，这同样需要对时机有准确的分析。

4. 市场营销组合分析

产品、价格、分销和促销构成了市场营销组合策略。由于在市场中竞争者相互模仿，各种营销组合策略同质化程度很高。因此，定价策略就成为许多企业常用的竞争手段。但市场营销组合是4P的动态组合，通过对营销组合的综合分析，结合其他三项策略同时进行，将会促进定价策划的成功。

5. 市场供求分析

当一个产品在市场中供求达到平衡时，促销手段就成为比较常用的竞争方式，如企业大量做广告的目的是扩大企业产品的销售量。但是当出现供需不平衡，尤其是供过于求时，促销手段的激烈竞争将使销售量迅速下降，此时采用价格竞争就能够比较迅速地增大市场份额，提高市场占有率。

6. 成本分析

企业的产品销售成本主要包括原材料成本、生产成本、储运成本、营销成本、财务成本等。低成本的企业在竞争中可以获得竞争优势。美国学者迈克尔·波特（Michael E. Porter）认为，十种主要的成本驱动因素决定了价值活动的成本行为，它们是规模经济、学习、生产能力利用模式、联系、相互关系、整合、时机选择、自主决策、地理位置和机构因素。当企业能够将这些因素置于控制之下，企业将会获得成本优势。成本是决定企业产品销售价格的重要因素，一个具备成本优势的企业在竞争中将会占有主动地位。

二、企业定价方法

成本、需求、竞争是影响企业定价的最基本因素。因此，与之相对应，就形成了以成本、需求、竞争为导向的三大类基本定价方法。

（一）成本导向定价法

成本导向定价法，又叫成本加成定价法，是以成本为基础的定价方法。主要包括以下几种。

1. 成本加成定价法

成本加成定价法（Cost-Plus Pricing），即按产品单位成本加上一定比例的毛利定出销售价。

商品不同，加成比例也不同。美国一般百货商场零售价的加成比例：烟草类约20%，照相机约28%，服装约41%，女帽约50%。

其计算公式为：

$$P = C \times (1+r)$$

式中，P——商品的单价，元；

C——商品的单位总成本，元；

r——商品的加成率，%。

例如，某生产机械设备的企业，单位产品总成本是30万元，其价格由成本加成25%来确定。

$$单位产品价格 = 30(1+25\%) = 37.5(万元)$$

这种计算方法很简便，其中确定合理的成本利润率是一个关键问题。这种方法忽略了竞争与需求的反弹影响。

当利润不变时如果企业个别成本高于社会平均成本，则商品价格就会高于市场平均价格，势必影响其销售；如果企业个别成本低于社会平均成本，则商品价格低于市场平均价格，又无形中抛弃了部分可以实现的利润。

2. 边际成本导向定价法

边际成本导向定价法（Marginal Cost Oriented Pricing），又叫边际贡献导向定价法，是抛开固定成本，仅计算变动成本，并以预期的边际贡献补偿固定成本以获得收益的定价方式。边际贡献是指企业增加一个产品的销售，所获得的收入减去边际成本后的数值。如果边际贡献不足以补偿固定成本，则出现亏损。基本公式是：

$$P = (C_V + M)/Q$$

式中，P——单位产品价格，元；

C_V——总的变动成本，元；

Q——预计销售量；

M——边际贡献（$M = S - C_V$）；

S——预计销售收入，元。

如果边际贡献等于或超过固定成本，企业就可以保本或盈利。这种方法适用于产品供过于求、卖方竞争激烈的情况。在这种情况下，与其维持高价，导致产品滞销积压，丧失市场，不如以低价保持市场，不计固定成本，尽量维持生产。如果企业已经安排好产品生产计划，在价格确定的情况下，如果有额外新订单，生产能力有剩余，也可以不计固定成本，只要价格大于单位变动成本，就可以接单，用边际贡献来弥补固定成本。

边际成本导向定价法适用于竞争十分激烈、市场形势严重恶化等情况，目的是减少企业损失。

3. 目标成本导向定价法

目标成本（Target Cost）是指企业依据自身条件，在考察市场营销环境、分析并测算有关因素对成本的影响程度的基础上，为实现目标利润而规划的未来某一时间的成本。

$$价格 = 目标成本/(1-目标利润率-税率)$$

如一台手机想要控制的目标成本是 1 200 元，企业的各项费用是产品销售价格的 5%，企业的合理利润是销售价格的 10%，那个销售价格 $P = 1\ 200/（1-10\%-5\%）\approx 1\ 411.76$。通常也有人称为价格逆推法。

目标成本是可预测的，在具体实施过程中，若对影响成本的目标因素预测不准，极易导致定价工作失败。

（二）需求导向定价法

需求导向定价法又称顾客导向定价法，是指企业根据市场需求状况和消费者的不同反应分别确定产品价格的一种定价方式。其特点是平均成本相同的同一产品价格随需求变化而变化。

1. 感知价值定价法

顾客感知价值（Customer Perceived Value，CPV）是指顾客所能感知到的利益与其在获取产品或服务时所付出的成本进行权衡后，对产品或服务效用的总体评价。顾客感知价值体现的是顾客对企业提供的产品或服务所具有价值的主观认知，而区别于产品和服务的客观价值。

感知价值定价法是以企业消费者对商品价值的理解度为定价依据的方法。感知价值定价法的关键点在于，获得消费者对有关商品理解的准确资料，否则就会发生定价过高或过低的失误。

2. 需求差别定价法

需求差异定价法（Demand–Differential Pricing），又称差别定价法，是指根据销售的对象、时间、地点的不同而产生的需求差异，对相同的产品采用不同价格的定价方法。这种产品价格之间的差异，反映了产品需求弹性的差异，但不反映成本上的差异。需求差异定价法通常有以下几种形式。

（1）以顾客为基础的差别定价。如酒店对长期客户的收费低于普通短期客户。

（2）以地点为基础的差别定价。如音乐厅位置不同票价有差异，海景房比阴面房间价位高。

（3）以时间为基础的差别定价。如飞机票在淡季要打折，电影院夜场和白天价格不同等。

（4）以产品为基础的差别定价。如不同外观、花色、型号、用途的不同，可能成本略有不同，但是差价并不完全反映成本之间的差异。

（5）以流转环节为基础的差别定价。如企业出售给批发商、零售商和用户的价格往往不同。

（6）以交易条件为基础的差别定价。如交易量大小、交易方式、购买频率、支付手段等不同，企业对产品制定不同的价格。

（三）竞争导向定价法

竞争导向定价法是企业根据市场竞争状况确定商品价格的一种定价方式。其特点是价格与成本和需求不发生直接关系。

竞争导向定价法的具体做法是企业在制定价格时，主要以竞争对手的价格为基础，与竞争品价格保持一定的比例，即竞争品价格未变，即使产品成本或市场需求变动了，也应维持原价；竞争品价格变动，即使产品成本和市场需求未变，也要相应调整价格。

1. 随行就市定价法

随行就市定价法（Going–Rate Pricing），是指企业按照行业的现行价格水平来定价。在以下情况下往往采取这种定价方法。

（1）难以估算成本。

（2）企业打算与同行和平共处。

（3）如果另行定价，则很难了解购买者和竞争者对本企业的价格的反应。市场结构无论是完全竞争的市场，还是寡头竞争的市场，随行就市定价都是同质产品市场的惯用定价方法。

2. 密封投标定价法

密封投标定价法（Sealed-Bid Pricing），也称投标竞争定价法，是指在招标竞标的情况下，企业在对其竞争对手了解的基础上定价。这种价格是企业根据对其竞争对手报价的估计确定的，其目的在于签订合同，所以它的报价应低于竞争对手的报价。

通常采用的办法是采购机构（买方）在报刊上登广告或发出函件，说明拟采购商品的品种、规格、数量等具体要求，邀请供应商（卖方）在规定的期限内投标。政府采购机构在规定的日期内开标，选择报价最低的、最有利的供应商成交，签订采购合同。某供货企业如果想做这笔生意，就要在规定的期限内填写标单，上面填明可供应商品的名称、品种、规格、价格、数量、交货日期等，密封送给招标人（政府采购机构），这叫作投标。这种价格是供货企业根据对竞争者的报价的估计制定的，而不是按照供货企业自己的成本费用或市场需求来制定的。供货企业的目的在于赢得合同，所以它的报价应低于竞争对于（其他投标人）的报价。这种定价方法叫作密封投标定价法。

任务二
不同产品的定价策划

一、定价策划的程序

企业在进行定价策划时要经过一个反复调研、评价、取舍、优选的过程，这个过程包括了以下几个步骤。

（一）定价策划的市场环境调研

企业的环境就是指作用于企业生产经营活动的一切内部、外部因素和力量的总和。企业就是在这些因素和力量的作用下进行定价策划的。

1. 社会经济环境

社会经济环境主要包括市场体系的培育、社会经济发展的近远期目标、经济发展的指导方针、经济发展速度、产业结构、区域经济布局等。

2. 市场环境

市场环境主要是指市场供求状况及竞争者的状况。进行定价策划，必须以市场为背景，注意对其进行分析研究。

3. 企业营销环境

企业营销环境是指制约定价策划的微观经济条件，主要包括企业所处的地理位置、交通状况、供应渠道、销售形式和消费对象等。

（二）定价策划目标的确定

定价策划的目标主要包括维持生存目标、当期利润最大化目标、市场占有率最大化目标、提高企业产品形象目标、适应竞争和规避竞争等目标。在某些特殊时期，企业也需要制定临时性定价目标。例如，当市场行情急转直下时，企业就要以保本销售或尽快脱手变现为定价目标；为了应对竞争者的挑战，企业也可能以牺牲局部利益来遏制竞争对手为定价目标。但是一旦出现转机，过渡性目标就应让位于其他长远定价目标。那么，定价策划目标又如何确定呢？企业在确定定价策划目标时，必须综合考虑以下几个方面的因素。

1. 价格目标受经营目标制约

企业经营目标有市场地位、企业规模、资产增值、公共责任等，企业定价策划必须与之配合，以期实现企业经营目标。企业定价策划目标是隶属企业经营目标系统的。

2. 以必达目标为主，兼顾期望目标

价格目标通常可分为必达目标和期望目标。在进行价格决策时就需针对必达目标进行决策，以期能实现目标。在实现必达目标的同时，由于不同目标之间具有一定程度的关联性，因此，也能附带地在不同程度上实现期望目标。例如，以一定的利润为必达目标，又会涉及市场占有率等方面的期望目标。但策划时，大多以一个目标为主，兼顾其他几个目标，形成重点突出、层次分明的目标组合。

3. 定性目标和定量目标结合

定价策划目标不仅要有质的要求，还要有量的要求，这样才便于检查。例如，"提高市场占有率"的目标要具体明确到在一定时间段内各区域达到的百分比。

（三）定价策划方案的提出

提出定价策划方案是定价策划内容的具体体现，它包括产品成本估计、需求的测算，以及竞争对手的价格、产品分析。

1. 产品成本估计

企业营销策划人员必须熟悉产品成本，掌握成本结构，进行盈亏平衡点的计算与分析，明确产品价格的最低限度在哪里，从而在定价的进退之间有所依据。多数企业在价格制定中首先考虑成本因素，或者采用成本加成定价法，以成本为基础，适当加上利润、税金，形成商品价格。当然，成本不是制定价格所要考虑的唯一因素，但确实是必须考虑的重要因素之一。

2. 需求的测算

产品的价格不同会导致形成不同程度的需求量。测算顾客需求实际上是对产品需求曲线进行估计，大致确定企业产品价格的上限，也就是产品在消费者心目中的"认识价值"，它表明了消费者能接受的最高价格水平。

3. 竞争对手的价格、产品分析

价格是在市场竞争中形成的，市场竞争的程度和状况对生产经营者的产品定价有着极大的

制约作用。这就要求定价策划人员必须熟知竞争对手产品的价格，并对其产品特性和质量等进行详细分析，以此作为定价及实施相应定价策划的参考依据。竞争实力对比分析可以使企业对其价格作出准确判断。

（四）定价策划方案的选择

定价策划方案制定以后，就需要对几个备选方案进行选择，并付诸实施。一般根据以下几个原则来选择。

1. 企业效益与社会效益相结合

定价策划方案的选择涉及企业效益与社会效益的关系。企业效益与社会效益有时一致，有时矛盾。企业效益与社会效益一致时，便相得益彰。例如，商品供不应求时提价，商品供过于求时跌价。当商品供求平衡时，价格对企业效益有利，企业能获得较高的利润。企业及时推销产品，对社会效益也有利，消费者能够接受，社会能合理配置资源；当两者发生矛盾时，应以社会效益为主，兼顾企业效益。

2. 经营风险与风险管理相结合

定价策划方案的选择涉及企业经营风险。价格的高低直接影响商品的出售。正如马克思所说的，出售商品是惊险的跳跃，"这个跳跃如果不成功，摔坏的不是商品，但一定是商品所有者"。

风险管理是指各经济单位通过识别风险、衡量风险、分析风险，并在此基础上控制风险，用最经济合理的方法来综合处理风险，以实现最大安全保障的科学管理。一般来说，风险大，收益高；风险小，收益低。对于企业家来说，不能"前怕狼、后怕虎"，需要有冒险精神，但同时也要讲究科学。

3. 方案构想与方案实施相结合

定价策划方案最终要付诸实施。因此要有可行性，并且有可操作性。可行性研究就是根据实际情况对方案在经济上的合理性及在操作上的可行性进行分析论证。

（五）定价策划方案的实施

定价策划方案确定以后，便要付诸实施。此时，一方面要与实施方案的有关方面进行联系，另一方面要收集方案实施后的信息。

1. 方案实施的沟通

定价策划方案集中在价格的制定和变动上。管理部门将新定价格或调整价格与方案实施的部门进行沟通，必须做好以下几项工作。

（1）及时通知销售部门与客服部门。

（2）第一时间与各类渠道做好沟通工作。

（3）及时通知有关客户或让顾客了解价格变动情况。

（4）督促各终端及时调整价格标签。

同时，企业应明确价格联系制度，按制度规范执行。

2. 价格信息反馈

定价方案实施后的一定时间内，需要调查方案的效果。因此，要收集反馈各种信息。收集的信息包括：新价格实施后购方的反应；与价格目标有关的各项实际数据，据此进行效果和目标的比较；新价格实施后的市场供求状态、竞争对手动态等，以便修正已定新价，或进一步策划新方案。

二、新产品定价策划

（一）新产品投入市场时的特征及定价要求

在市场营销中，新产品的含义比科技领域中的新产品的范围更为广泛，它是从市场和企业两个角度来进行判断的。从市场营销的角度看，投入市场的新产品一般有四种：一是完全新产品，即采用新原理、新技术、新结构、新材料制成的新产品；二是换代新产品，即在原有产品基础上，采用新技术、新材料、新结构制成的具有新的性能和效用的产品；三是改革新产品，即利用现有技术对原有产品实施提高质量、增加规格、翻新款式等之后的新产品；四是仿制新产品，即企业模仿生产市场上已有的产品，使其成为本企业的新产品。

1. 新产品投入市场时的特征

（1）同市场上已有类似产品，新产品在品质和用途方面有所改进，具有一定程度的技术优势。

（2）产品未最后定型，技术和操作都不够成熟，性能和质量不够稳定，生产批量小，废品率高，资金占用量大，生产经营的成本高。

（3）消费者（用户）对新产品缺乏了解和信任，对新产品要有一个熟悉和接受的过程，需求量小，促销费用高。

（4）生产和经营该产品的企业少，即竞争者较少，甚至是独家生产经营。

2. 新产品定价要求

如果新产品的技术和独家经营优势比较突出，就可以考虑较高的定价；如果新产品技术尚不够成熟，消费者尚未完全接受，就要在定价上作相应的让步。

一般情况下，企业为新产品制定价格，既要考虑影响定价的有利因素，也要考虑不利因素，使之既能推动新产品的市场开拓，又能补偿新产品在投入期的高成本和高费用，以利于企业今后扩大生产和经营。

（二）新产品定价策划方案

新产品定价策划，是指企业为使自己的新产品适应消费者需要而进行的价格活动谋划。新产品的定价策划是企业新产品开发中的重要组成部分，新产品定价策划恰当与否直接关系到新产品能否顺利进入市场、被消费者所接受并取得较好的经济效益。

1. 全新产品的定价策划

全新产品是指采用全新原理、方法、原料、工艺生产的产品，它对于公司和市场而言都是前所未有的东西。对于这类新产品所面临的许多未知因素，公司需要进行大量的调研预测工作，然后作出判断：是采取高价策略，以便迅速收回开发研制的成本；还是采用低价策略，以期快速占领市场，抑制竞争者的加入。

2．新引进产品的定价策划

新引进产品是指市场上已出现，但企业通过引进、模仿别人的技术第二次生产的产品。对于这种仿制品，企业应实行通行定价法，比照其他企业的定价，比较本企业产品在质量、信誉及服务水平上与其他企业的差异，并以之为依据制定适当的价格。

3．重新定位产品的定价策划

重新定位产品是指投放到新目标市场上的现有产品。企业把在原目标市场上取得成功或销量已达饱和的产品，投入新的目标市场上，等于对现有产品进行一次重新定位。企业要对新目标市场作认真细致的研究，考察市场上是否已存在同类型的可替代产品，依据市场对企业产品的潜在需求量制定出有竞争力的价格。

4．改进性新产品的定价策划

改进性新产品对企业和市场而言都不是全新的，而是在原有产品的基础上进行改造而产生的。例如，现有产品线的增补产品，对老产品提高性能、增加用途而生产的改良产品等。这类产品的定价要比照产品线中原有产品的价格，根据质量性能的差异，制定不同的价格档次，以满足不同层次的需求。连续性新产品的定价还涉及新老产品的关系问题。革新产品的推出在时机、价格上都应以扩大企业整体利润为目标，而不应出现吞噬企业老产品市场的情况。

三、老产品调价策划

（一）主动提价策划

从一般意义上理解企业产品价格上涨，消费者是不愿意接受的，他们可能会感到心理不平衡。许多产品的价格上涨很长一段时间后，才慢慢地被人们接受，其损失的市场可想而知。但同时还有另一种情况，人们都有一种"买涨不买落"的心理存在。当产品价格持续上涨时，消费者蜂拥购买；当产品价格下降时，人们反而持一种观望的态度。理论界将这种现象理解为人们购买心理的不成熟，且这种现象在发达国家也同样存在。所以企业在进行提价策划时一般有以下几种情况。

1．暗调价格

在一般情况下，消费者对企业提价是持反对态度的，所以，企业提价最好采取暗调的办法，不让消费者感觉到产品价格的上涨。市场研究表明，一般企业产品提价应以 10% 为界限，这样才符合消费者的心理承受能力，超过 15%，则风险较大。在可能的情况下，企业最好以多种方式来暗调价格，常用的方式有：

（1）以更换产品型号、种类的方式变相提价。很多工业产品由于在工艺上有一定的区别，往往一系列产品有若干种型号，这对于提价来说，就比较容易操作，一般只要更换一种型号，或在外观设计上略加改变就可以做到。这种提价方式消费者几乎觉察不到，也就谈不上心理能否接受的问题了。另一种提价方式体现在营销策略上，即花大力气扶持新产品，同时压缩原产品的销量，直到新产品取而代之。应当说这是一种科学的、艺术的提价方法。

（2）减少产品数量而价格不变，达到实质上涨价的目的。对于已经有了习惯定价的产品，可以通过减少产品的数量来达到涨价的目的。这样，当竞争对手提价的时候，企业却可以反复声明价格不变。尽管从实质上说，企业和竞争对手所获得的实际利润差不多，但消费者更能够接受该企业的产品而不是竞争对手的产品。这与消费者的消费习惯有关，也与消费者对涨价的反感有关。

2. 明调价格

有时候企业为了在市场上获得更好的销售量，或者为了维持在行业中的地位，获得同业赞誉而公开宣布提价，这就是明调价格，如某房产公司，根据自己公司得到的日益高涨的赞誉，公开将自己的房价提高；电器公司根据市场消费者对自己产品的偏爱，为了体现产品的品质和满足购买者消费地位，将质量过硬的产品比同行提高一些。这样的公开涨价，有时不仅不会减少目标顾客群，还会提高效益。

3. 事前放风

事前放风是指企业在提价前向经销商有意无意透露信息，使经销商可以提前进货。提前进货表面上相当于帮助经销商减少提价损失，实际上巩固了经销商的关系，进货多，经销的义务就多。如果突然通知提价，经销商则可能处于观望状态，会停止或减少进货量，而且在他们没有任何准备时提价，容易引发其抵触情绪。市场上不是独家包打天下，经销商也不是任尔宰割、受驱使的人，他们有重新选择的权利，也有放弃经销的能力。经销商原价多进货，提价后会在零售时有一些额外收益，他们会因额外收益而偏重对企业产品的推销，说服消费者。长远上看，有益于企业的发展。

4. 先试点，后推广

根据细分市场的不同情况，选取具有代表性的地区，实行新价格，观察市场反应，对提价后出现的问题进行补救和完善，时机成熟后再大面积推广。

在进行定价策划时，消费者的购买行为是企业首先要考虑的因素。产品价格调整，单凭企业的一厢情愿是不可能达到目的的，企业绝不能将价格强加于消费者、强加于市场，这样做只会弱化价格作为"供求调节器"的作用。只有通过严谨的可行性论证和因势利导的营销策略，企业才能克服和减少因调价而带来的负面影响。

（二）主动降价策划

1. 主动降价策划的理由

对于更多的产品来说，在目前市场商品极其丰富、消费者选择多样化的情况下，降价更符合市场的要求。降价对企业是一个重大决策，如果不对此作出认真研究，那么企业可能会得不偿失。以下几种情况可能会使企业考虑降价。

（1）企业拥有过多的生产能力。此时企业需要追加新的营业额，但通过加强推销、改进产品或其他可供选择的措施并不能提高销售额，必须依靠降价策略。

（2）企业面对强有力的价格竞争。企业面对竞争形势严峻，而且市场份额正在下降时。例如，20世纪90年代，国产彩电面对日本和美国产品的竞争时，市场份额要么持平，要么下降，于是国产电视厂家发动了价格战，从而迅速提高了市场份额。

（3）为了争当市场领导者。为争取在市场上居于支配地位，企业或使其成本低于竞争者而实现降价，或者直接降价以期望扩大市场份额，从而依靠较大的销量降低成本。

2．主动降价策划的市场反应

对于降价，消费者可能有以下几种反应。

（1）认为将会有新型的产品取代原有的产品。

（2）认为产品本身有问题、销路不畅。

（3）认为企业财务上有困难，难以继续经营下去。

（4）认为价格可能还会下降，等一等再买。

（5）认为这种产品质量已经相对下降。

从上述反应来看，在一般情况下所谓的"涨价销量下降，降价销量上升"的惯例，也会被另一种状况所取代，消费者会对产品产生不利于销售的猜测和行为。

3．变相降价

一个企业实行降价可能引起消费者的误解，也有可能导致竞争对手的报复，所以企业采取降价策略应该谨慎。正如提价可以暗提，那么降价也可以暗降，即保持价格不变，而在产品包装、数量等方面给予消费者优惠。这样做是为了维持自身品牌的尊严，守住自身的销售阵地。暗降的方式有很多，常用的主要有以下四种。

（1）实行优惠券制度。实行优惠券制度指通过发放优惠券，并告诉消费者拿此券可以到指定的零售店去购买指定的商品，可以享受几折优惠。这一做法对消费者产生的影响是该商品并非滞销、并非过时、并非质量差，它不是降价，而是对部分人优惠，我就是其中一员，因此他们就会踊跃购买。应注意的是，优惠券的发放量不应过大，要给人以机会难得的感觉；优惠券应有时间限制，这样人们才有赶紧购买的欲望。

（2）退还部分货款。这种方式是直接告知消费者，如果将证明购买特定商品的证件或标签寄给厂家，厂家就会将一定的金额寄还给买主。

（3）实物赠送。许多日用品采用"加量不加价"的方式进行降价，效果很好；"舒蕾"洗发水曾采用的促销降价方式是每购买一瓶洗发水便赠送一瓶沐浴露。这都是企业通过赠送实物的方式达到降价的目的，但是又没有影响产品形象的例子。

（4）变换产品面貌。所谓以新产品面貌出现是指经由简化包装，更换品牌，使之以新面貌出现。这种新产品的定价较老产品要低，容易销售，而与原有的产品毫无关系。

4．公开降价

公开降价不是不可以选择，虽然降价有消极作用。企业降价的目的是打败竞争对手，获取市场份额，提高市场占有率。运用暗降的策略只是小幅降价，难以达到迅速提高市场占有率的目的，所以许多企业选择了明降的策略。近几年来，彩电降价、微波炉降价等，都是公开宣布降价的。明降策略带来的一个最大的问题是容易引起价格大战。

在操作中公开降价需要把握的一个原则，即为了达到目的，最好是一次降到底。当企业有竞争对手时，可考虑把价格降到对方无法跟进的程度。如果企业不断采用降价策略，可能会使消费者持观望态度，结果反而达不到预期的促销目的，这样企业既损失了利润，又提高不了市场占有率。

企业在推广新产品阶段，可协同部分同行共同降价，以扩大市场占有率。

四、面对竞争者调价的反应策划

如果竞争者降价，企业别无选择，也只能降价；否则，顾客会转而去购买竞争者价格较低的产品。对于竞争者调价，企业应作出如下反应策划。

（一）定价策划前的调查与分析研究

面对竞争者的调价，企业要作出正确的应对措施，变被动为主动，必须考虑如下问题。

1. 研究竞争者动机

为什么竞争者要变动价格？是正常的竞争还是恶性竞争？是想悄悄地夺取市场，利用过剩的生产能力适应成本变动状况，还是要领导一个行业范围内的价格变动？

2. 研究竞争者行为持续时间

竞争者的价格变动是临时的还是长期的？持续时间的长短对企业的定价策划有直接的影响作用，如果是短期的，企业可能采取维持状态就可以；但如果是长期的，企业必须早动手采取应对措施。

3. 研究对自己的影响

如果本公司对此不作出反应，本公司的市场份额和利润将会发生什么样的变化？如果没变化，说明对手的措施直接作用的是其他公司。其他公司是否将作出反应？其他公司作出反应，本公司可以坐观其变，然后采取有利于自己的策划。

4. 研究其他企业的反应

对于每种可能出现的反应，竞争者与其他企业的回答可能是什么？市场因为价格的变化，会产生一系列的购买行为变化。各个企业都会有所反应。其反应如何，企业应该有所预估，并制订应变策略。

（二）反应性策划思路

企业总是经常受到其他企业以争夺市场占有率为目的而发动的挑衅性降价攻击。当竞争者的产品在质量、性能等方面与本企业的产品没有差别时，竞争者产品的低价就有利于其市场份额的扩大。在这种情况下，企业实行定价策划的思路如下。

1. 单纯维持原价

如果企业认为降价会导致企业利润的大量减少，或认为企业顾客的忠诚度会使竞争者市场份额的增加极为有限时，可采取这一策略。但如果由于竞争者市场份额的增加而出现其竞争意愿增强、企业顾客忠诚度减弱、企业员工的士气动摇等情况，那么这一策略可能会使企业陷入困境。

2. 维持原价，提高产品价值

维持原价的同时，并采用非价格手段（如改进产品、增加服务等）进行反击。这种策划是当自己企业具备一定的实力，为了掌握主动权，可以维持原价，通过提高产品的品质，使消费者感觉到自己获得的利益没有减少，值得化企业维持的原价购买产品。

3. 追随降价，维持产品价值

采取追随降价手段，并维持产品所提供的价值不变。如果降价能促使成本随销量增加而下降，或者产品的需求价格弹性较大，不降价会导致市场份额大幅度下降，而要恢复原有的市场份额将付出更大的代价，企业应该采取这一策略。但是，跟随降价降低产品价值，相当于饮鸩止渴。追随降价维持产品价值，使消费者满意，不至于产生误解，虽然可能引起企业的收益下降，但市场定位导致的顾客偏爱不至于下降。

4. 提价并推出新品牌

对手降价企业反其道而行之，也不失为一种明智选择。通过新品牌来提价，可以围攻竞争对手的降价品牌，使消费者产生"好货不便宜"的想法，这样，将贬低竞争对手降价品牌的市场定位，提升企业原有品牌的定位，也是一种有效的价格竞争手段。

5. 推出更廉价的产品进行竞争

对手降价我更降价，靠更廉价的产品取胜。企业可以在市场占有率正在下降时，对价格很敏感的细分市场采用这种策略。这样做是迎合一部分经济型顾客追求价廉产品而冲动购买，企业也准备放弃这个市场。

五、企业避让恶性价格竞争风险的策划

（一）恶性价格竞争的分析

1. 恶性价格竞争定义

恶性价格竞争，是指企业不顾国内外市场状况，为争夺市场，不顾成本和利润而采取的以低价为核心的竞争行为。采取这种竞争方式时所依据的前提条件往往不是商品的质量、服务、品种、技术含量，而仅仅通过大幅度降价来实现目的，其本质是短视的、不计后果的自毁行为。目前，在我国国内市场上存在着大量这种不正常的竞争，如各种形式的降价大战、硝烟四起的打折风潮，以及名目繁多的回扣与佣金等。

2. 恶性价格竞争的形成原因

价格竞争是最有效的营销策略，同时也是最容易复制的营销策略。一个有效率的市场，一定是以竞争为基本特征的，而价格竞争则是市场竞争中最常用也比较有效的手段。市场欢迎合法的价格竞争，但坚决反对恶性价格竞争。

恶性价格竞争在我国市场上形成的原因主要有以下三个方面。

（1）长期实行计划经济体制造成的惯性。改革开放虽已进行很长一段时间，但长期形成的固有观念一时难以彻底根除，竞争者对竞争状况了解不够，急功近利、舍本逐末，有危机感存在，却又无法以正常心态对待，不能潜心打造企业的质量、技术、服务等以求长期占据市场，而是单纯以降低价格来赢得市场占有率，缺乏长远的眼光与创建大事业的气度。这也是长期封闭、高度集中的计划经济体制一经打破而无法避免的后果。

（2）法律法规对恶性价格竞争规制不力。在我国有关价格竞争的法律法规中，更重视的是对暴利、价格欺诈的规制，即我国立法的重点在于反高价竞争、反价格虚假，而对低价竞争约

束极少，即使有相关规范也缺乏可操作性。因此，有些行业的某些竞争者甚至将低价竞争当作一种有效的竞争手段加以推广，这不能不说是立法者认识的偏差。

（3）外国产品在我国市场上倾销诱发恶性价格竞争。由于市场秩序不规范、法律规制不力，导致外国产品在我国市场上恣意倾销而未受到应有的法律制裁，从而引发和加剧了我国原本不成熟的市场经济体制中的低价竞争，而这种恶性竞争反过来又成为外国产品倾销的温床，如此恶性循环，造成了目前我国市场秩序混乱的局面。

3. 恶性竞争的后果

价格战带来的双重危机：一是财务危机，巨大的库存、越来越多的应收账款正在侵蚀着企业；二是创新危机，没有力量投入研发，当然也没有机会分享高技术的利润。

恶意的价格竞争对于行业和企业而言都是愚蠢的自杀行为，它几乎使企业无利可言，使企业的持续发展后劲乏力；还扰乱社会正常经济秩序，带来巨大的社会成本。恶性价格竞争最终将直接损害消费者的利益。

（二）恶性价格竞争的避让策划

1. 阻止其进入

行业或市场进入者过多是产生恶性价格竞争的根本原因。首先，企业应保持合理的盈利水平，而把经营毛利中的相当一部分用于建立进入障碍。其次，应该在认真分析行业技术、市场和结构特点的基础上，选择正确的方式，提高规模经济、初始投入的资本要求、技术难度、销售渠道进入难度、顾客忠诚度等方面的"门槛"。但是，大多数具有相同处境的我国企业就没有采用阻止进入战略，结果导致高利润吸引了新的进入者，而自己却在大搞多样化或非生产性投资的过程中丧失了反击的能力。

2. 灵活反击

如果有新的进入者采用低价策略突破障碍，实现了行业进入，那么大企业应该采取灵活的反击。因为全面降价的行为，首先，会使自己的损失比新的进入者大得多。其次，会导致整个行业或一个区域市场的价格永远无法恢复到原来的水平。所以，此时企业通常会让新进入的中小企业在市场上、定位上互相竞争，而与其他大企业一起发挥自己先入为主的优势和对市场的领导作用，把竞争引向非价格因素，或者及时改变行业竞争的规则。

3. 多点竞争

如果竞争是在两个以上行业或多市场经营的企业之间进行，那么，企业就可以采用多点竞争战略去避让恶性价格竞争。多点竞争中的"点"，就是"一个区域市场或产品"。

4. 信号管理

事实上，有许多的恶性价格竞争是因为同行竞争对手之间的信息沟通不畅造成的。如果我国的大企业能够在处理问题时，有效地管理其发布的信号，那么无谓的恶性价格竞争就可以减少很多。事实上，有些恶性价格竞争就是媒介记者用语不当引发的。不应该给经销商过大的销售压力，也不应该误信经销商关于价格的说法，因为有一些价格战就是在他们的重压之下发起的。

（三）将价格竞争转向非价格竞争的策划

1．非价格竞争定义

非价格竞争是指在产品的价格以外或销售价格不变的情况下，借助产品有形和无形的差异、销售服务、广告宣传及其他推销手段等非价格形式销售产品，参与市场竞争的一种竞争形式。

2．非价格竞争的作用

由于社会经济的迅速发展，产品生命周期不断缩短，单靠价格竞争很难获得超额利润，同时，生产力的提高使消费结构发生显著变化，因而非价格竞争就成为扩大商品销路的重要手段。非价格竞争主要通过培育生产资源优势及提升顾客资源来实现。

一个好的品牌要想获得长期的优势，必须在顾客方面做很多细致的工作，为双方的利益找一个战略的落脚点。企业要想赢得长期的竞争优势，价格优势必须与生产资源和顾客资源上的优势相配合，这才是企业真正的核心竞争力。

价格竞争是最有效的营销策略，同时也是最容易复制的营销策略。所以在使用价格竞争策略时，一定要周密策划与实施，以防止恶性价格竞争。应将价格竞争转向非价格竞争，通过产品有形和无形的差异、销售服务、广告宣传及其他推销手段等非价格形式销售产品，避免以单纯价格竞争造成的两败俱伤。

任务三

定价策略

一、定价策略种类

（一）新产品定价

1．撇脂定价

撇脂定价是指企业的新产品一上市，把价格定得尽可能的高，以期及时获得较高的收益，在商品市场生命周期的初期便收回研制开发新产品的成本及费用，并逐步获得较高的利润，随着商品的进一步成长再逐步降低价格。采用此策略的企业商品一上市便高价厚利，其做法很像从牛奶的表面撇取奶油，故称"撇脂法"。

2．渗透定价

渗透定价也称低额定价策略，它与撇脂定价策略截然相反，是指在向市场推出新商品时，尽量把价格定得低一些，采取保本微利、薄利多销的方法。在商品上市后以较低价格在市场上慢取利、广渗透，通过提高销售量来获得企业利润，可以占有比较大的市场份额，也较容易得到销售渠道成员的支持。低价位、低利润对阻止竞争对手的介入有很大的屏障作用。

3．满意定价

满意定价又称平价销售策略，是介于撇脂定价和渗透定价之间的一种定价策略。由于撇脂定价法定价过高，对消费者不利，既容易引起竞争，又可能遇到消费者拒绝，具有一定风险；渗透定价法定价过低，对消费者有利，对企业最初收入不利，资金的回收期也较长，若企业实力不强，则很难承受。而满意价格策略采取适中价格，基本上能够做到供求双方都比较满意。

（二）地区性定价

1. 产地定价

产地定价又称按产地某种运输工具上交货定价，就是顾客（双方）按照厂价购买某种产品，企业（卖方）只负责将这种产品运到产地某种运输工具（如卡车、火车、船舶、飞机等）上交货。交货后，从产地到目的地的一切风险和费用概由顾客承担。这种定价方式适合一切企业，但是，这样定价对企业也有不利之处，即远地的顾客就可能不愿购买这个企业的产品，而购买其附近企业的产品。

2. 统一运送定价

统一运送定价和前者正好相反。所谓统一运送定价，就是企业对于卖给不同地区顾客的某种产品，都按照相同的厂价加加同的运费（按平均运费计算）定价，也就是说，对全国不同地区的顾客，无论远近，都实行一个价。因此，这种定价又叫邮资定价（目前我国邮资也采取统一交货定价，如平信邮资），适合运费在变动成本中所占的比重较小的商品。

3. 分区运送定价

分区运送定价介于产地定价和统一运送定价之间。所谓分区运送定价，就是企业把全国（或某些地区）分为若干价格区，对于卖给不同价格区顾客的某种产品，分别制定不同的地区价格。距离企业远的价格区，价格定得较高；距离企业近的价格区，价格定得较低。在各个价格区范围内实行一个价。这种定价适合消费品企业。企业采用分区定价也有以下几个问题。

（1）在同一价格区内，有些顾客距离企业较近，有些顾客距离企业较远，前者就不划算。

（2）处在两个相邻价格区界两边的顾客，他们相距不远，但是要按高低不同的价格购买同一种产品。

4. 基点定价

基点定价，即企业选定某些城市作为基点，然后按一定的厂价加从基点城市到顾客所在地的运费来定价（不管货实际上是从那个城市起运的）。有些公司为了提高灵活性，选定许多个基点城市，按照顾客最近的基点计算运费。这种定价方法适合销售覆盖区域有限的企业。

5. 运费免收定价

有些企业因为急于和某些地区做生意，负担全部或部分实际运费。这些卖主认为，如果生意扩大，其平均成本就会降低，则足以抵偿这些费用开支。采取运费免收定价，可以使企业加深市场渗透，并且能在竞争日益激烈的市场上站住脚。

（三）心理定价

1. 尾数定价

尾数定价是指在确定零售价格时，以零头数结尾，也称零头定价或缺额定价。大多数消费者在购买产品时，尤其是购买一般的日用消费品时，乐于接受尾数价格。消费者会认为这种价格经过精确计算，购买不会吃亏，从而产生信任感。如 0.99 元、9.98 元等，也使用户在心理上有一种便宜的感觉，或是按照风俗习惯的要求，价格尾数取吉利数字，以扩大销售。这会使顾客产生大为便宜的感觉，目前这种定价策略已被商家广泛应用，从国外的家乐福、沃尔玛到国内的华联、大型百货商场，从生活日用品到家电、汽车都采用尾数定价策略。

2. 整数定价

整数定价与尾数定价正好相反，企业有意将产品价格定为整数，以显示产品具有一定质量。整数定价多用于价格较贵的耐用品或礼品，以及消费者不太了解的产品，对于价格较贵的高档产品，顾客对质量较为重视，往往把价格高低作为衡量产品质量的标准之一，容易产生"一分价钱一分货"的感觉，从而有利于销售。

3. 声望定价

声望定价，即针对消费者"便宜无好货、价高质必优"的心理，对在消费者心目中享有一定声望、具有较高信誉的产品制定高价。不少高级名牌产品和稀缺产品，如豪华轿车、高档手表、名牌时装、名人字画、珠宝古董等，在消费者心目中享有极高的声望价值。购买这些产品的人，往往不在于产品价格，而最关心的是产品能否显示其身份和地位，价格越高，心理满足的程度也就越大。

4. 习惯性定价

有些产品在长期的市场交换过程中已经形成了为消费者所适应的价格，成为习惯价格。企业对这类产品定价时要充分考虑消费者的习惯倾向，采用"习惯成自然"的定价策略。对消费者已经习惯了的价格，不宜轻易变动。降低价格会使消费者怀疑产品质量是否有问题。提高价格会使消费者产生不满情绪，导致购买的转移。在不得不需要提价时，应采取改换包装或品牌等措施，减少抵触心理，并引导消费者逐步形成新的习惯价格。

5. 招徕定价

招徕定价是适应消费者"求廉"的心理，将产品价格定得低于一般市价，个别的甚至低于成本，以吸引顾客、扩大销售的一种定价策略。采用这种策略，虽然几种低价产品不赚钱，甚至亏本，但从总的经济效益看，由于低价产品带动了其他产品的销售，企业还是有利可图的。

6. 分档定价

分档定价是指把同类商品比较简单分成几档，每档定一个价格，以简化交易手续，节省顾客时间。例如，经营鞋袜、内衣等商品，就是从××号到××号为一档，一档一个价格。

（四）折扣定价

1. 数量折扣

数量折扣指根据购买数量的多少，分别给予不同的折扣，购买数量越多，折扣就越大。这种折扣必须提供给所有的消费者，但不能超过销售商大批量销售所节省的费用。数量折扣的实质是将大量购买时所节约的费用的一部分返还给购买者，其目的是鼓励消费者大量购买或集中购买，期望顾客与本企业建立长期商业关系。数量折扣的关键在于合理确定给予折扣的起点。档次及每个档次的折扣率。数量折扣可分为累计数量折扣和非累计数量折扣。

2. 现金折扣

现金折扣是对按约定日期或说提前以现金付款的购买者，根据其所购买商品原价给予一定优惠的策略。采用现金折扣一般要考虑三个因素：折扣率、给予折扣的时间期限、付清全部货款的期限。折扣率的高低，一般由买方付款期间利率的多少、付款期限和经营风险的大小来决定，这一折扣率必须提供给所有符合规定条件的消费者。

3. 功能折扣

功能折扣指企业根据各类中间商在市场中的不同地位和功能，给予不同的折扣。折扣的大小随行业与产品的不同有所区别，一般给予批发商的折扣较大，给予零售商的折扣较小，对工业使用者可能另定一种折扣。通常的做法：先定好零售价，再按相应的折扣制定各环节的价格。

4. 季节折扣

季节折扣是生产季节性产品的企业对在消费淡季给购买产品的顾客提供一定的价格折扣，目的在于鼓励顾客淡季采购，以减少企业的仓储费用和资金占用。这一策略主要用于常年生产，季节销售的产品。季节折扣率的确定，应考虑成本、储存费用、基价和资金利息等因素。

5. 折让

常采用的折让有三种形式。

（1）推广让价。中间商为产品提供各种推广活动，如刊登地方性广告、布置专门橱窗等，对此，生产企业乐意给予津贴或减价作为报酬。

（2）运费让价。对较远的顾客，销售企业为顾客送货困难大，便减价或补运费给顾客以弥部分运费或全部运费，这样有利于扩大市场的范围。

（3）回扣和津贴。回扣是间接折扣的一种形式，是指购买者在按价格目录将货款全部付给销售者以后，销售者再按一定比例将货款的一部分返还给购买者。津贴是企业为特殊目的，对特殊顾客以特定形式所给予的价格补贴。

（五）产品组合定价

1. 产品线定价

产品线定价是根据购买者对同样产品线不同档次产品的需求，精选设计几种不同档次的产品和价格点。零售商的任务是建立能够为价格差异提供依据的感知质量差异，使用这种定价要保证产品的价格点界限明晰。

2. 备选产品定价

备选产品定价，即在提供主要产品的同时，还附带提供备选品或附件与之搭配。企业必须在确定在标准价格、备选产品价格中各包含哪些项目，这种定价方法适合汽车、大型设备。

3. 配件产品定价

配件产品定价也称附属产品定价法。以较低价销售主产品吸引顾客，以较高价销售备选和附属产品增加利润。

4．副产品定价

副产品定价法指的是在许多行业中，在生产主产品的过程中，常常有副产品，如果这些副产品对某些客户群具有价格，必须根据其价值定价。副产品的收入多，将使公司更易于为其主要产品制定较低价格，以便在市场上增加竞争力。因此制造商需寻找一个需要这些副产品的市场，并接受任何足以抵补储存和运输副产品成本的价格。

5．产品束定价

产品束定价也称捆绑定价。将数种产品组合在一起以低于分别销售时支付总额的价格销售。例如，家庭影院是大屏幕电视、DVD影碟机、音响的捆绑定价。

如果出售的是产品组合，则可以考虑采取如下定价策略。

（1）搭配定价——将多种产品组合成一套定价。

（2）系列产品定价——不同档次、款式、规格、花色的产品分别定价。

（3）主导产品带动——把主导产品价格限定住，变化其消耗材料的价格。

（4）以附加品差别定价——根据客户选择附属品不同，而区别主导产品价格。

（六）促销定价

1．特价

超级市场和百货商店会用一些产品作为牺牲品打特价，招徕客户，希望他们购买其他有正常加成的产品。所增加的销售的收益大于特价品所减少的收益。

2．特殊事件定价

企业在利用开业庆典、开业纪念日或节假日等时机，举办大减价活动，降低某些产品的价格，以吸引更多的顾客。例如，每到1月便对亚麻纯制品实行促销定价，以吸引购物者重返商店。

3．利用其他形式变相降价

一些制造商提供低息贷款，延长还款期限，使每月的还款额降低。较长期担保或免费保养来减让消费者的价格，刺激消费。这一做法极受汽车行业的推崇。

二、典型的定价策略分析

（一）撇脂定价策略的分析

1．撇脂定价目的

采取撇脂定价策略的目的是在新产品上市之初立即赚取丰厚的市场利润，以追求短期利润最大化，获取高额利润，以迅速收回投资和弥补产品的研究与开发费用，增强企业产品高质、高价的形象定位，确立企业的优势竞争地位，掌握调价主动权。撇脂定价策略可尽早争取主动，达到短期获得最大利润的目标。

2．采用撇脂定价的条件

采用撇脂定价策略的策划，应具备以下几个条件。

（1）市场有足够的购买者，他们的需求缺乏弹性，即使把价格定得很高，市场需求也不会大量减少。

（2）产品价格缺乏弹性，高价造成的需求或销售量减少的幅度很小，或者早期购买者对价格反应不敏感。

（3）新产品质量与价格相符。

（4）产品或服务处在介绍期，企业希望通过高价策略获得更多的利润。

（5）新产品与市场上现有产品相比有显著的优点，能使消费者"一见倾心"，有足够多的消费者能接受这种高价并愿意购买。

（6）由于短时期内对产品进行仿制、复制有困难，仿制、复制产品出现的可能性小，竞争对手少。

（7）产品生命周期过短时，采用高价策略有助于短期内收回成本。

（8）企业重视利润胜过销售量，希望保持较高利润率。

（9）产品受专利保护。

3．采用撇脂定价需注意的问题

（1）由于定价过高，可能会导致缺乏渠道成员的支持。

（2）由于定价过高，可能得不到消费者认可。

（3）由于定价过高，高价厚利会吸引众多的生产者和经营者转向此产品的生产与经营，加速市场竞争的白热化。

（二）渗透定价策略的分析

1．渗透定价的目标

采取渗透定价策略的企业的目标是迅速渗透新市场，立即提高市场营销量和市场占有率，并能快速而有效地占据市场空间。企业不追求短期利润最大化，并可通过低价位、低利润来阻止竞争对手的介入。

企业采用渗透定价策略，会刺激市场需求迅速增长，使现有消费者增加产品使用量，通过销售量的增加，以达到提高利润总额的目的。作为先发制人的竞争策略，渗透定价策略有助于夺取市场占有率，因而在成熟的市场定价策划中经常采用。此外，低价可阻止实力不足的竞争者进入市场。这种扩大市场的定价政策，使公司可在竞争压力最小的情况下，获得大量最忠实的顾客。

2．采用渗透定价策略的条件

采取渗透定价策略，应具备以下几个条件。

（1）商品的市场规模较大，存在着强大的竞争潜力。

（2）商品的需求价格弹性较大，稍微降低价格，需求量即会大大增加。

（3）通过大批量生产能降低生产成本，即生产成本和经营费用会随着生产经营规模的扩大而明显下降。

（4）当大多数竞争者都降低价格，而且强大的竞争者还提供本企业无法与之匹敌的产品附加价值时，为了和竞争者保持均势，只好降低产品价格。

3．采用渗透定价需注意的问题

（1）定价过低，一旦市场占有率扩展缓慢，收回成本的速度也会很慢。

（2）低价容易使消费者怀疑商品的质量保证。

（三）尾数定价策略的分析

1．尾数定价的特殊效果

（1）便宜。标价 99.96 元的商品和 100.06 元的商品，虽然仅差 0.1 元，但前者给消费者的感觉是还不到 100 元，而后者却使人产生 100 多元的想法。因此前者可以使消费者认为商品价格低、便宜，更令人易于接受。

（2）精确。带有尾数的价格会使消费者认为企业定价是非常认真、精确的，连零头都算得清清楚楚，进而会对商家或企业的产品产生一种信任感。

（3）中意。由于民族习惯、社会风俗、文化传统和价值观念的影响，某些特殊数字常常会被赋予一些独特的含义，企业在定价时如果能加以巧用，其产品就会因之而得到消费者的偏爱。例如，数字"8"作为价格尾数在我国南方和港澳地区比较流行，人们认为"8"即"发"，有吉祥如意的意思，因此企业经常采用。又如，数字"4"及"13"，人们认为不吉利，因此企业在定价时应有意识地避开，以免消费者对企业产品产生反感。

2．尾数定价的缺点

（1）心理价格形式单一。每种心理定价策略发挥不同的心理功效。心理价格并非单一的低价策略，也不是指一种尾数价格。而我国商业企业心理价格策略多以尾数价格策略为主，其他心理价格策略没有得到更好的发挥。

众所周知，消费者的购买心理、购买动机各不相同，各有不同的特点、习惯，既有经济方面的动机，即注重经济实惠、物美价廉；又有感性方面的动机，即注重商品商品装潢美观，式样新颖；还有购买中的社会动机，包括注重品牌商标、高质高价、独特形象等，这就要求企业的商品价格相应地适应不同的需求偏好而采用不同形式的心理价格策略。

（2）尾数价格运用于多种业态、多种商品。尾数策略一般适用于非名牌或中低档商品。国外采用尾数价格的商品，一般都是需求弹性大、价格定位不高、消费者容易把握或了解的日用消费品。由于消费者对这些商品的消费量和购买频率较高，对其价格大致有一个习惯的或可以接受的价格幅度，所以对这些商品的价格变化较为敏感，对这类商品采用尾数价格策略尤其有效，心理价格尤其适用以日用品和食品为主的超市零售业。

3．尾数定价的适用性

尾数价格在商场中过多、过频使用的现象势必会刺激消费者产生逆反心理，如由原来的尾数定价给人定价准确、便宜很多的感觉，变成定价不准确、不便宜，甚至是商家在有意识地利用人们的心理，进而产生对企业价格行为不信任的心理。

超市、便利店等以中、低收入群体为目标顾客、经营日常用品的商家适合采用尾数定价策略，超市、便利店的目标顾客多为工薪阶层，其动机的核心是"便宜"和"低档"。因为尾数定价不仅意味着给消费者找零，也意味着给消费者更多的优惠，在心理上满足了顾客的需要，即价格低廉，而超市中的商品价格没有特别高的，基本都是千元以下，而且以几十元的居多。因此在超市中的顾客很容易产生冲动性购买，这样就可以扩大销售额。

（四）声望定价策略的分析

1. 声望定价的特殊效果

（1）满足仰慕心理。声望定价是指企业利用消费者仰慕名牌商品的某种心理来制定商品的价格，故意把价格定成高价。对质量不易鉴别的商品，供应方最适宜采取此法，因为消费者有崇尚名牌的心理，往往以价格判断质量，认为高价代表高质量。但声望定价有时被销售厂商所滥用，如价格制定高得离谱，使消费者不能接受。在很多情况下，要使顾客认为价格与质量相等，特别是当客观的产品质量信息难以得到或价格昂贵时，两种在物质上相同的产品可以通过不同的包装索取不同的价格，从而利用顾客把高价格等同高质量的看法。

（2）顺应"放心的感觉"。声望定价往往采用整数定价方式，其高昂的价格能使顾客产生"一分钱一分货"的感觉，从而在购买过程中得到一种放心的享受，达到良好效果。如我国同仁堂和德国拜耳公司的药品，尽管价格较高，但是仍比一般的低价药畅销；宝洁公司将海飞丝打入中国市场时，在同类商品中定价最高，结果反而畅销。

2. 声望定价潜藏着风险

声望定价是企业利用顾客仰慕名牌商品或名店的声望所产生的某种心理作用，制定高于其他同类商品的价格。顾客购买名牌产品不仅是为了消费，还要显示他们的身份和地位。因此，名牌产品价格定得过低，反而不能满足消费者的心理需要。于是，给投机行为创造了条件。一些廉价衬衫，薄利销售几十元，消费者不仅要继续砍价，而且总是心有不足。于是，投机商将价格定得过高，每件售价前面加个1，经过砍价后，100元卖出，消费者反而觉得划算。这种有利于销售的虚假定价，虽然建立在虚荣心理基础上，但从长远看，大企业是不可选择这种方式的。

3. 声望定价的适用性

与超市比较适合尾数定价相比，大型商场比较适合声望定价。

（1）大型百货商场的高投入、高成本决定其搞廉价是没有出路的，它与超市、便利店相比，不具有任何价格优势。因此，大型百货商场应以城市中高收入阶层为目标市场。在购物环境、经营范围、特色服务等方面展现自己的个性，力争在目标消费者心中占据"高档名牌商店"的位置，以此来巩固自己的市场位置。

（2）大商场应用声望定价策略传达的是一种满足。消费者具有崇尚名牌的心理，往往以价格判断产品的质量。认为价高质必优，这种定价策略既补偿了提供优质产品或劳务的企业的必要耗费，也有利于满足不同层次消费需求。

（3）我国高收入人群的日益增多是应用声望定价策略的现实土壤。

据有关资料介绍，目前我国消费者中，有较强经济实力的占16%左右，而且这个比例有扩大的趋势。这些消费者虽然相对比例不大，但其所拥有的财富比例却占了绝大多数，这部分人群消费追求品位，不在乎价格，倘若买 5 000 元的西装他们会很有成就感，而商场偏要采用尾数定价策略，找给他们几枚硬币，4 888 元或 4 999 元的价格大大降低了他们的成就感和品位。因此，对这些高档名牌产品，尤其是适合高收入者的消费品，应用声望定价法，即整数定价法，让他们很有满足感，进而扩大销售份额。

三、几种特殊定价方法

（一）同价销售术

英国有一家小店，起初生意萧条、很不景气。一天，店主灵机一动，想出一招：只要顾客出 1 英镑，便可在店内任选一件商品（店内商品都是同一价格的）。这可抓住了人们的好奇心理。尽管一些商品的价格略高于市价，但仍招徕了大批顾客，销售额比附近几家百货公司都高。在国外，比较流行的同价销售术还有分柜同价销售，比如，有的小商店开设 1 元钱商品专柜，而一些大商店则开设了 10 元、50 元、100 元商品专柜。讨价还价是一件挺烦人的事。一口价干脆简单，在一定程度上比较管用。

（二）特高价法

独一无二的产品才能卖出独一无二的价格。特高价法即在新商品开始投放市场时，把价格定得大大高于成本，使企业在短期内能获得盈利，以后再根据市场形势的变化来调整价格。某地有一商店进了少量中高档女外套，进价 580 元一件。该商店的经营者见这种外套用料、做工都很好，色彩、款式也很新颖，在本地市场上还没有出现过，于是定出 1 280 元一件的高价，居然很快就销完了。如果你推出的产品很受欢迎，而市场上只你一家，就可卖出较高的价。不过这种形势一般不会持续太久。畅销的东西，别人也可群起而仿之。因此，要保持较高售价，就必须不断推出独特的产品。

（三）低价法

便宜无好货，好货不便宜，这是千百年的经验之谈，你要做的事就是消除这种成见。这种策略则先将产品的价格定得尽可能低一些，使新产品迅速被消费者所接受，优先在市场取得领先地位。由于利润过低，能有效地排斥竞争对手，使自己长期占领市场。这是一种长久的战略，适合一些资金雄厚的大企业。对于一个生产企业来说，将产品的价格定得很低，先打开销路，把市场占下来，然后再扩大生产，降低生产成本。对于商业企业来说，尽可能压低商品的销售价格，虽然单个商品的销售利润比较少，但销售额增大了，总的商业利润会更多。在应用低价格方法时应注意：

（1）高档商品慎用。

（2）对追求高消费的消费者慎用。

（四）弧形数字法

数字"8"与"发"虽毫不相干，但有些消费者"宁可信其有"。据国外市场调查发现，在生意兴隆的商场、超级市场中商品定价时所用的数字，按其使用的频率排序，先后依次是"5""8""0""3""6""9""2""4""7""1"。这种现象不是偶然出现的，究其根源是顾客消费心理的作用。带有弧形线条的数字，如"5""8""0""3""6"等似乎不带有刺激感，易为顾客接受；而不带有弧形线条的数字，如"1""7""4"等比较而言就不大受欢迎。所以，在商场、超级市场商品销售价格中，8、5等数字最常出现，而"1""4""7"则出现次数少得多。在价格的数字应用上，应结合我国国情。很多人喜欢"8"这个数字，并认为它会给自己带来发财的好运；"4"因为与"死"同音，被人忌讳；"7"，人们一般感觉不舒心；"6"，因中国老百姓有六六大顺的说法，也比较受欢迎。

本章小结

1. 价格是产品或服务的价值的货币表现，定价主要研究产品或服务的价格制定和变更的策略，以求得营销效果和收益的最佳。定价策划就是围绕企业的既定目标，协调处理各种价格关系的活动。其重要性在于：价格直接影响需求；价格制定得过高或过低，都影响着产品生命周期；价格影响企业的市场定位；价格影响销量，左右收益；价格必须与其他营销组合因素整合，并达到以成本支持这些因素的水准。价格的决定因素包括定价目标、成本因素、需求因素、竞争因素、顾客意识、市场结构等。定价策划的分析要素要进行企业的营销战略分析、市场环境分析、时机分析、市场营销组合分析、市场供求分析、成本分析。定价的方法分类很多，有成本导项定价法（成本加成定价法、边际成本导向定价法、目标成本导向定价法）、需求导向定价法（感知价值定价法、需求差别定价法）、竞争导向定价法（随行就市定价法、密封投标定价法）。

2. 定价策划有惯用的程序，首先是定价策划的市场调研，包括社会经济环境调研、市场环境调研和企业营销环境调研。定价的目标是不同的，有维系生存目标、当期利润最大化目标、市场占用率最大化目标、提高企业产品形象目标、适应竞争和避免竞争等目标。定价策划方案的提出需要进行成本估计、需求测算、对手价格、产品的分析。产品方案的选择要做到企业效益与社会效益相结合、经营风险与科学预测相结合、方案构想与方案实施相结合。新产品定价策划分为全新产品定价策划方案、新引进产品定价策划方案、重新定位产品定价策划方案和改进新产品定价策划方案。老产品调价策划包括主动提价（暗调价格、明调价格、事先放风、先试点后推广）、主动降价分为变相降价（优惠券、部分退款、实物赠送、变换包装）和公开降价。面对竞争者调价的反应策划，要研究竞争者调价的动机、研究竞争者调价行为的持续时间、研究竞争者的调价对自己的影响、研究其他企业的反应。对恶性竞争要采取避让的策划，这种打价格战不计后果的自毁行为，企业要有所准备，避让策划包括阻止其进入、灵活反击、多点竞争和信号管理。

3. 定价有各种策略，其中新产品定价的种类有撇脂策略、渗透策略和满意策略；地区产品定价的种类有产地定价策略、统一运送定价策略、分区运送定价策略、基点定价策略和运费免收策略。心理定价的种类有尾数定价策略、整数定价策略、声望定价策略、习惯定价策略、招徕定价策略和分档定价策略。折扣定价种类有数量折扣、现金折扣、功能折扣、季节折扣和折让（推广让价、运费让价、回扣与津贴）。产品组合定价种类有产品线定价、备选产品定价、配件产品定价、副产品定价、产品束定价（搭配产品定价、系类产品定价、主导产品带动定价和附加品差别定价）。促销定价种类有特价、特殊事件定价、变相降价（放宽贷款期限、长期担保等）。

实训项目

一、知识选择训练

1. 产品定价的重要性包括(   )。

    A. 价格直接影响需求　　　　　　　　B. 价格过高过低都影响产品生命周期

    C. 定价越高效益越好　　　　　　　　D. 价格影响销量

    E. 价格影响市场定位

2. (   )影响定价策划。

    A. 定价目标　　　　　B. 产品成本　　　　　C. 顾客意识　　　　　D. 政府政策

    E. 市场结构

3. 成本导向定价方法包括(   )。

    A. 感知价值定价　　　B. 成本加成定价　　　C. 随行就市定价　　　D. 边际成本导向

    E. 目标成本导向

4. 需求导向定价法包括(   )。

    A. 感知价值定价　　　B. 成本加成定价　　　C. 随行就市定价　　　D. 需求差别定价

    E. 目标成本导向

5. 竞争导向定价法包括(   )。

    A. 感知价值定价　　　B. 密封投标定价　　　C. 随行就市定价　　　D. 边际成本导向

    E. 目标成本导向

6. (   )属于定价策划目标。

    A. 维系生存　　　　　　　　　　　　B. 当期利润最大化

    C. 销售量最大化　　　　　　　　　　D. 市场占有率最大化

    E. 适应竞争的目标

7. 定价策划方案提出需要做(   )。

    A. 环境分析　　　　　B. 成本估计　　　　　C. 需求测算　　　　　D. 对手价格产品分析

8. 新产品包括(   )。

    A. 完全新产品　　　　B. 发明新产品　　　　C. 换代新产品　　　　D. 改革新产品

    E. 翻新新产品　　　　F. 仿制新产品

9. 老产品调价手段包括(   )。

    A. 暗调价格　　　　　B. 明调价格　　　　　C. 跟随调价　　　　　D. 事先放风

    E. 先试点再推广

10. 主动降价的策划有(   )。

    A. 变相降价　　　　　B. 公开降价　　　　　C. 优惠券　　　　　　D. 部分退款

    E. 实物赠送

11. 变相降价包括(   )。

    A. 变化包装　　　　　B. 公开降价　　　　　C. 优惠券　　　　　　D. 部分退款

    E. 实物赠送

12. 面对竞争者调价的应该有(   )应对策划。

A. 研究竞争者动机 　　　　　　　　B. 研究调价行为持续时间

C. 研究对自己的影响 　　　　　　　D. 研究政府的反应

13. 反应性策划思路有（　　）。

A. 维持原价降低产品价值 　　　　　B. 维持原价提高产品价值

C. 跟随降价降低产品价值 　　　　　D. 跟随降价维持产品价值

14. 避让恶性竞争的策划包括（　　）。

A. 阻止其进入　　　B. 向政府投诉　　　C. 灵活反击　　　D. 多点竞争

15. 新产品定价策略有（　　）。

A. 撇脂定价　　　　B. 产地定价　　　　C. 整数定价　　　　D. 渗透定价

E. 习惯定价　　　　F. 满意定价

16. 地区定价策略包括（　　）。

A. 撇脂定价　　　　B. 产地定价　　　　C. 基点定价　　　　D. 统一运送定价

E. 分区运送　　　　F. 满意定价

17. 心理定价策略包括（　　）。

A. 撇脂定价　　　　B. 产地定价　　　　C. 整数定价　　　　D. 尾数定价

E. 习惯定价　　　　F. 声望定价

18. 折扣定价策略包括（　　）。

A. 数量折扣　　　　B. 功能折扣　　　　C. 推广让价　　　　D. 运费让价

E. 季节折扣　　　　F. 回扣与津贴

19. （　　）属于折让策略。

A. 数量折扣　　　　B. 功能折扣　　　　C. 推广让价　　　　D. 运费让价

E. 季节折扣　　　　F. 回扣与津贴

20. 产品组合定价包括（　　）。

A. 产品线定价　　　B. 配件产品定价　　C. 副产品定价　　　D. 系列产品定价

二、案例分析训练

（一）新产品定价策划分析

苹果iPod是最成功的消费类数码产品之一。第一款iPod零售价高达399美元，即使对于美国人来说，也是属于高价位产品，但是有很多"苹果迷"既有钱又愿意花钱，所以纷纷购买；苹果认为还可以"撇到更多的脂"，于是不到半年又推出了一款容量更大的iPod，定价499美元，仍然销路很好。

第一，市场上存在一批购买力很强并且对价格不敏感的消费者。

第二，这样的一批消费者的数量足够多，企业有厚利可图。

第三，暂时没有竞争对手推出同样的产品，本企业的产品具有明显的差别化优势。

第四，当有竞争对手加入时，本企业有能力转换定价方法，通过提高性价比来提高竞争力。

第五，本企业的品牌在市场上有传统的影响力。

苹果iPod在最初采取撇脂定价法取得成功后，就根据外部环境的变化，而主动改变了定价方法，2004年，苹果推出了iPod shuffle，这是一款大众化产品，价格降低到99美元一台。之所以在这个时候提出大众化产品，一方面市场容量已经很大，占据低端市场也能获得大量利润；另一方面竞争对手也推出了类似产品，苹果急需推出低价格产品来抗衡，但是原来的高价格产品并没有退出市场，而是略微降低了价格而已，苹果公司只是在产品线的结构上形成了"高低搭配"的良好结构，改变了原来只有高端产品的格局。苹果的 iPod 产品在几年中的价格变化是撇脂定价和渗透式定价交互运用的典范。在激烈的市场竞争中，采用撇脂定价法的风险增大，以高性价比迅速获得消费者的认可逐渐成为定价的主流。放弃撇脂定价法首先会从低端市场开始，这是应用撇脂定价法最薄弱的地方；高端市场的撇脂定价法会在最后被攻陷。例如，面向家庭的低端市场汽车价格下降得很快，在这个细分市场，几乎没有哪个企业还采用撇脂定价法，在高级汽车市场，奥迪、宝马等名车撇的脂也不像 2000 年以前那样"厚"了，价格逐渐向国际市场看齐。在快速消费品和电子消费品行业，采取撇脂定价法的现象比耐用品行业要少得多，即使采取，撇脂时间也非常短，很快就改变为渗透性定价，所以，对企业推出新产品的速度就提出了很高要求，如果推出新产品速度快于竞争对手，就可以享受到一段难得的短暂的撇脂时间，可以大幅获利，改善企业整体的盈利能力；如果推出新产品速度慢，每次推出时，都只能随行就市，企业的盈利情况就有可能恶化。

企业之间的竞争不仅是产品的竞争，也是定价模式的竞争。企业一方面要善于利用撇脂定价法、在新产品上市后的一段时期内尽量攫取丰厚利润；另一方面要及时调整定价法以适应竞争对手的步步紧逼。

问题：

（1）苹果公司为什么敢于在撇脂之后再撇脂？为什么在 2004 年推出大众化产品？是自己随心所欲的决定吗？

（2）是不是说撇脂与渗透之间存在着必须先后使用关系？调整撇脂定价是不是简单地把价格降下来？

（3）观察我国近几年汽车市场的变化，在定价上是不是坚持使用撇脂定价的方式？陆续都采取了那些促销定价方式？

（二）"价格杀手"七天酒店定价策划的分析

七天实践：线下服务好会员

七天连锁酒店在线上固然做得不错，但它毕竟不是纯线上公司，如果线下给会员的体验不好，线上的一切努力都会成为泡影。在 O2O 的两个环里面，起最终决定还是线下的"O"。

业界很多人给七天连锁酒店冠以"价格杀手"的称号，在同类型酒店里面，七天连锁能给会员更实惠的价格：它的逻辑是把携程、艺龙这样的分销砍掉后，省下的佣金转给会员；并且在酒店设计配置上，砍掉不必要的"装逼"需求（如没有宽敞的大堂，只有一个前台；没有设置报刊和饮水机，也没有等候区），节省成本使会员能得到更低的价格。

如果仅仅是价格优惠，服务太差也不会得到会员的支持。七天连锁酒店不设宽敞的大堂，原因是它的任何一家门店能做到让客户 3 分钟内入驻，客户无须在大堂等待。房间里面的东西都按照最优原则设计摆放；在房间里面不放置大柜子以节省空间，因为大柜子能被用到的机会极少。但在关乎睡眠质量的问题上，七天连锁酒店毫不吝啬，它的被褥枕头都达到了五星级酒店的标准。作为七天连锁的会员，提前优先订房、延时退房等服务都能轻松享有。

为提升服务，七天连锁酒店在管理理念上做了相应调整。2007 年开始，原先"自上而下"

的指令式管理方式被"放羊式"的管理理念替代。赋予分店店长更大的自主权后，店长的积极主动性变大，为提升会员服务的做法也更为灵活，这一点和海底捞授予服务员权限以提升服务质量有类似之处。

七天策略：低成本高效获取会员

七天连锁酒店有中国酒店行业最大的会员规模，要做到这一点并不容易，这是其近十年来积累的核心财富之一。创始人IT背景出身、重视会员管理，七天连锁酒店发展会员有内在的驱动力。而在具体的策略层面，如何低成本高效获取会员十分关键。

一般情况，获取会员主要是以下几种：线下门店吸引新客登记成为会员；官方网站吸引用户注册成会员（往往伴随有新会员优惠的促销活动）；联合其他网站进行营销，吸引会员。在过去的九年，七天连锁酒店和主流的网站在获取会员方面进行了相关合作，部分效果还不错。七天连锁酒店值得称赞的一点是，它能随时适应变化，一直寻求最优方式获取会员。

从门户网站到垂直细分网站，七天连锁酒店都做过广告尝试；社交化时代后，七天酒店先是门店和领导人集体入驻新浪微博；后来微信兴起后，七天酒店又大力利用微信进行客户关系管理和沉淀用户。

七天未来：以会员为中心反攻携程、艺龙

七天连锁酒店为什么如此重视会员，想尽办法扩展自己的会员体系？其创始人郑南雁的想法是：七天连锁酒店的竞争对手不是酒店集团而是OTA（如携程艺龙），强大的用户（会员）规模和速度发展会是他未来对抗OAT（携程艺龙）的利器。特别是七天连锁酒店被私有化成为铂涛酒店集团的一部分后，原先七天连锁酒店的会员成为整个集团下五个品牌共有的财富，发挥的作用更大。

原先七天连锁酒店的会员规模很大，但用户层级是和经济型酒店相配；而铂涛酒店集团其他几个品牌适合中高端有个性的人群。从七天连锁酒店固有的7 000万会员里面是能筛选出合适的会员助力其他品牌发展的，但补充新鲜的会员也很关键。因此采取新型营销模式，找到合适的会员成为七天连锁酒店的重要工作。

七天酒店创始人郑南雁认为，互联网思考方式不单是免费和营销，也不单是建立电商网站，而是解决"连接"和"信息不对称"。和互联网企业一样，铂涛集团强调"入口"和"用户规模"：通过共享七天连锁酒店积攒的7 000万会员，以加盟而不是直营扩大规模并迅速迭代；铂涛集团未来的目标是反攻OTA，干掉携程、艺龙。

问题：

（1）七天酒店是否可采取撇脂定价策略？如果采取撇脂设想下一步会怎样？

（2）七天酒店一再降价，目标是什么？给竞争对手带来了什么？

（3）七天酒店为什么敢于打"价格战"？

（4）七天酒店的成功，仅仅是依赖价格战略吗？

项目六
分销策划

学习目标

1. 学习掌握分销渠道的概念、功能、流程。
2. 把握分销渠道的类型、结构。
3. 掌握分销策划的原则、方法。

能力目标

1. 掌握不同情况下的分销方法。
2. 学会使用分销渠道激励、检查、调整管理的方法。
3. 培养分销渠道策划能力。

实训目标

引导学生学习分销渠道策划、管理的业务能力，熟记基本的知识点，组织具体的分销策划分析，培养相关的职业能力。

案例导入

2020 年 4 月 19 日，拼多多宣布认购国美零售的 2 亿美元可转债，如拼多多实行转换权，将持有国美 5.62% 的股份，成为其第三大股东。拼多多与国美电器合作的根本原因其实是家电零售线上与线下结合的需要。拼多多与国美合作的目的很明显，拼多多的线上流量无疑对国美有致命诱惑，高达 5.8 亿的用户可以为国美提供足够的线上资源。而对于拼多多来说则有两个主要目的，一是获得在家用电器和电子产品方面的品牌背书，因为拼多多在家电品类的销售比较薄弱；二是国美电器成熟的体系可以为拼多多提供强大支持，以弥补拼多多在大件物流及家电的售后服务上的缺失。其实在拼多多之前，阿里巴巴和苏宁、京东和五星电器都进行过类似的合作，这种合作其实正体现了线上与线下家电零售结合的趋势，既是电商企业的线下拓展，也是传统企业的线上转型。

对于电商企业来说，如果要拓展家电零售业务，则必然要有配套的大件物流与专业的售后服务，要么像阿里一样与物流企业合作，建立自己的配送平台；要么像京东一样建立自己的物流体系，但无论是哪种，成本都很高，这就是电商企业拓展这类业务的难点。而对于传统家电零售企业来说，建立自己的电商平台最大的难点无疑是流量池，在当前这个电商市场竞争已经十分激烈、获客成本极高的的情况下，想要建立自己的平台无论是在资金上，还是在竞争力上都有很大的困难。因此，电商和传统家电零售企业发挥各自线上与线下的优势，才是最好的解决办法。

任务一

分销策划的知识储备

一、分销策划概述

（一）分销策划概念

1. 分销渠道定义

根据著名的营销大师菲利普·科特勒的定义，分销渠道（Distribution Channel）又叫营销渠道（Marketing Channel），是指某种商品或服务从生产者向消费者转移的过程中，取得这种商品、服务所有权、帮助所有权转移所有企业和个人。

2. 营销渠道与分销渠道的区别

市场营销渠道是指配合生产、分销和消费某一生产者的产品和服务的所有企业和个人。这就说明了市场营销渠道包括参与某产品供产销过程的所有有关企业和个人，如供应商、生产者、商人中间商、代理中间商、辅助商（如支持分销活动的仓储、广告代理）及最终消费者或用户等。

分销渠道通畅是指促使某种产品和服务能够顺利地经过由市场交换过程，转移消费者消费使用的一套相互依存的组织。其成员包括产品从生产者向消费者转移过程中，取得这种产品和服务的所有权或帮助所有权转移的所有企业和个人。它既包括商人中间商、代理中间商，也包括处于渠道起点和终点的生产者和最终消费者，但不包括供应商和辅助商。

3. 新建渠道与现有渠道改进

新建渠道是指企业为了自己产品分销，初次在市场上寻找合作伙伴而建立专用的，或者为了企业新目标，从已经使用多年的渠道中脱离而新建立的专门的通路或网络。如企业内设置专门渠道成员、市场上寻找新的专门代理等。现有渠道是指企业使用多年的销售通路，或者企业初次进入市场所借助的成熟渠道、现有网络。如新产品借助老产品通道，或者委托现有做多家代理的经销商操作等。

企业新建渠道有利于专心本企业产品的营销，对产品打开市场、提高知名度都是十分有益的。现有渠道营销商，同时承销许多产品，并不会对某一产品特别关注，这对急于扩大企业影响是不利的。新建自己的营销渠道有利于加强控制，按照企业的欲望发挥渠道的作用。也便于提供完善的服务及时地发现问题、解决问题。

与新建渠道相比，使用现有渠道开发成本相对低，对于缺乏渠道管理方面经验的企业来说，现有渠道可以减少很多困难。但现有渠道的经销商，可能会根据自己的利益安排众多品牌，且众多品牌之间不通力合作。这样会对企业有消极作用，甚至在关键时刻误事。所以，对现有渠道不能消极地接受，而要主动地进行改造。

（二）分销渠道成员——中间商

1．中间商的概念及作用

中间商是指在生产者与消费者（或用户）之间，参与商品交易业务，促使买卖行为发生和实现的具体法人资格的组织或个人。或者说，中间商是生产者向消费者（或用户）出售产品时的中介机构，主要包括批发商和零售商。

中间商的作用是在商品由生产领域到消费领域的转移过程中，起着桥梁和纽带的作用。由于中间商的存在，不仅简化了销售手续、节约了销售费用，而且扩大了销售范围、提高了销售效率。

2．中间商的类型

（1）按照在商品流通转让过程中是否取得商品的所有权划分为经销商、代理商和经纪人。

经销商是指从事商品交易业务，在商品买卖过程中取得商品所有权的中间商，其利润来源主要来自商品的购销差价，一旦买进商品，则商品的销售风险与利益均由自己独立承担。

代理商是指从事商品交易业务，接受生产企业委托，但不具有商品所有权的中间商，其利润来源主要来自被代理企业的佣金，但商品的销售风险与利益一般由被代理企业承担。

经纪人俗称掮客，既无商品所有权，也不持有和取得现货，其主要职能在于为买卖双方牵线搭桥、协助谈判、促成交易，由委托方付给佣金，不承担产品销售的风险。

三种中间商的类型比较，见表6-1。

表6-1　三种中间商的类型比较

类型	商品所有权	利润来源	销售风险	业务特点
经销商	取得	购销差价	自己承担	购进售出商品
代理商	不取得	佣金	不承担	代理销售商品
经纪人	不取得	佣金	不承担	不取得商品，撮合交易

（2）按照中间商在流通转让过程中所处的地位和所起的作用不同，可以划分为批发商和零售商。

批发商是指主要从事批发业务的企业。

零售商是指向最终消费者直接销售商品的从事零售业务的企业或个人。

3. 批发商简介

（1）批发商的概念。批发是指将购进的商品批量转售给各类组织购买者的业务，是指将商品转售给为了转卖或商业用途而进行购买的人的活动。

批发商的主要业务活动是批发商品流转活动，即批发商品的购、销、存、运活动，也就是指供转售、进一步加工或变化商业用途而销售商品的各种交易活动。批发商处于商品流通起点和中间阶段，交易对象是生产企业和零售商，一方面向生产企业收购商品，另一方面向零售商业批销商品，并且按批发价格经营大宗商品。其业务活动结束后，商品仍处于流通领域中，并不直接服务于最终消费者。批发商是商品流通的大动脉，是关键性的环节。它是连接生产企业和商业零售企业的枢纽，是调节商品供求的蓄水池，是沟通产需的重要桥梁，对企业改善经营管理及提高经济效益、满足市场需求、稳定市场具有重要作用。

（2）批发商的类型。商人批发商是指自己进货，取得产品所有权后再批发出售的商业企业，也就是人们通常所说的独立批发（企业），对其所经营的商品拥有所有权，也称中盘商（批发商）、分销商，或者配售商。

经纪人和代理商。经纪人的主要作用是为买卖双方牵线搭桥，由委托方付给他们佣金。他们不存货，不卷入财务，不承担风险。代理商有以下四种类型，见表6-2。

表6-2 代理商类型

类型	特 点
制造代理商	他们代表两个或若干个互补的产品线的制造商，分别和每个制造商签订有关定价政策、销售区域、订单处理程序、送货服务和各种保证及佣金比例等方面的正式书面合同
销售代理商	销售代理商是在签订合同的基础上，为委托人销售某些特定商品或全部商品的代理商，对价格、条款及其他交易条件可全权处理
采购代理商	采购代理商一般与顾客有长期关系，代他们进行采购，往往负责为其收货、验货、储运，并将货物运送给买主
佣金商又称佣金行	佣金商是取得商品实体所有权，并处理商品销售的代理商，一般与委托人没有长期关系。此外，佣金商还有替委托人发现潜在的买主，获得最好价格、分等、再打包、送货、给委托人和购买者以商业信用（预付货款和赊销）、提供市场信息等职能

4. 零售商简介

（1）零售商的概念。零售的基本任务是直接为最终消费者服务，它的职能包括购、销、调、存、加工、拆零、分包、传递信息、提供销售服务等。在地点、时间与服务方面，方便消费者购买，它又是联系生产企业、批发商与消费者的桥梁，在分销途径中具有重要作用。

零售商是指将商品直接销售给最终消费者的中间商，处于商品流通的最终阶段。作为个人消费者，我们在市场上接触的主要是零售商。零售业务与批发业务的本质区别就在于零售面对个人消费者市场，是整个营销网络系统的出口，也是商品流通的最后环节。随着社会经济的发展，科学技术的进步，零售的组织形式和经营方式千变万化、层出不穷，成为变化最大、最快的行业之一。

（2）零售商的类型。从经营形式上看，目前零售商的类型主要分为商店零售、无店铺零售和零售组织三种。

商店零售又称有店铺零售，特点是在店内零售商品与提供服务。最主要的类型有以下七种，见表6-3。

表6-3　商店零售类型

类型	特　点
专用品商店	专门经营某一大类产品。如服装店、运动用品店、家具店、花店和书店等
百货商店	经营产品的范围广泛，种类繁多，规格齐全，分类组织与管理，且一般设立在城镇交通中心和商业中心
超级市场	规模很大、成本低、薄利多销，采用自助的服务方式，因而商品价格也较低廉。主要经营各种食品、洗涤用品、家居日常用品等
便利店	设在居民区附近的小型商店，主要销售家庭日常用品、食品等周转速度快的便利品。一周营业七天，每天营业时间很长，方便顾客随时购买。购买目的是临时补缺，即使价格相对比较高，人们也愿意支付
超级商店、联合商店和特级商场	比传统的超级市场更大，主要销售各种食品和日用品，提供各项服务。联合商店的面积比超级市场和超级商店更大，呈现出一种经营多元化的趋势，主要向医药领域发展。特级商场比联合商店还要大，综合了超级市场、折扣店和仓储零售的经营方针，其花色品种超出了日常用品，包括家具、各种家用器具、服装和其他品种，其基本方法是原装产品陈列，尽量由商店人员搬运，同时向愿意自行搬运大型家用器具的顾客提供折扣
折扣店	以薄利多销的方式通过比较低的价格销售标准商品
仓储商店	一种集仓储、批发、零售于一体的自选商场。这种商场形似仓库，内部不做豪华装饰，是一种不重形式，以大批量、低成本、低售价和微利促销、服务有限为特征的零售形式

无店铺零售是指不经过店铺销售商品的零售形式。由于科技发展及竞争关系，越来越多的生产商采用无店铺零售的方式出售商品，其中最普遍的有三种形式，见表6-4。

表6-4　无店铺零售类型

类型	特　点
直销	生产者自己或通过推销人员（直销员）向消费者销售产品的零售方式，也叫人员推销，包括集市摆卖、上门推销、举办家庭销售会等
直复营销	一种为了在任何地方产生可度量的反应和达成交易而使用一种或多种广告媒体的互相作用的市场营销系统

类型	特 点
自动售货	自动售货已经被用在相当多的产品上，包括习惯性购买的产品和其他产品。自动售货机被广泛安置在工厂、办公室、大型零售商店、加油站、街道等地方，向顾客提供 24 小时售货、自我服务和无须搬运产品等便利条件。包括投币式自动点唱机、新型电脑游艺机和银行的 ATM 自动提款机等

零售组织是以多店铺联盟的组织形式来开展零售活动的。参与组织的商店可以是同一个所有者开办的若干店铺，也可以是不同所有者的若干商店。通过商店之间的联合，可以避免过度竞争，提高零售的规模经济效益，节约成本。具体形式主要有连锁商店和特许经营，见表6-5。

表6-5 零售组织类型

类型	特 点
连锁商店	指在同一个总公司的控制下，统一店名、统一管理、统一经营、实行集中采购和销售，还可能有相似的建筑风格和标志的由两个或两个以上分店组成的商业集团。连锁店由于规模大，具有大量采购大量销售的能力，因此可获得规模经济效益。但缺点是如果权力过于集中，灵活性和应变能力较差。连锁是一种组织形式，而非经营方式。根据所有权和集中管理程度的不同，连锁店可分为直营连锁店、自愿连锁店和零售合作组织几种。其中，直营连锁店为同一所有者，统一店名，统一管理；后两种组织所有权是各自独立的
特许经营	特许权授予人与特许权被授予人之间通过协议授权受许人使用特许人已经开发出来的品牌、商号、经营技术、经营规模的权利。为此，受许人必须先付一笔首期特许费，此后每年按销售收入的一定比例支付特许权使用费，换得在一定区域内使用该商号出售该商品或服务的权利，且必须遵守合同中的其他规定。特许经营被誉为当今零售和服务行业最有潜力和效率的经营组织形式，特别适合那些规模小且分散的零售和服务业

（三）分销渠道的功能

1. 分销渠道的基本功能

分销渠道像河流一样输送着产品和服务，而且分销可以提高交易效率，降低交易成本。例如，假设有3家制造商（M_1、M_2、M_3）直接向3个顾客（C_1、C_2、C_3）销售，需要9次交易。如果通过一个中间商（D），向3个顾客销售，只需交易6次。对于厂家来说，分销工作做三分之一即可，如图6-1所示。

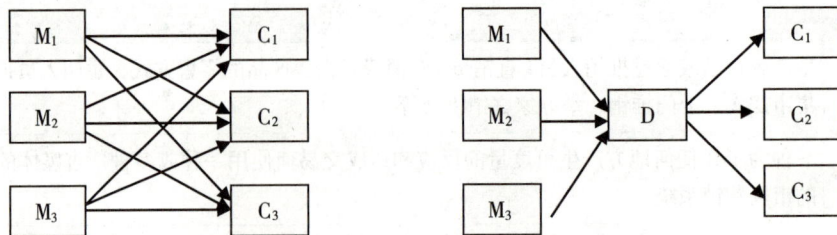

图6-1 有无经销商的交易次数示意图

2. 分销渠道的主要功能

制造商通过分销渠道将商品转移到消费者手里，在这个过程中，它弥补了产品或服务与其使用者之间的缺口，这个缺口主要包括时间、地点和持有段等。分销渠道发挥了一系列重要的功能，见表6-6。

表6-6 分销渠道的功能

渠道功能	具体作业
信息收集和传播	收集和传播有关潜在顾客、现行顾客竞争对手和其他参与者的调研信息
实体占用与转移	从制造商到最终顾客的储运工作和转运工作
所有权转移	产品物权通过渠道成员从制造商最终转移到消费者
分担风险	渠道成员分担各种经营风险
付款（回款）	通过银行或其他金融机构向生产者承付销售帐款
订货	渠道成员向制造商进行有购买意图的反向沟通行为
促销	通过渠道成员传播有关产品的富有说服力的沟通材料，吸引更多的顾客购买
谈判	相互协商以达成有关产品的价格和其他条件的最终协议
融资	渠道成员通过汇集和分散资金，以负担渠道工作所需的费用
服务	售前、售中、售后服务及管理咨询服务

二、分销渠道的基本模式及类型

（一）分销渠道的基本模式

由于个人消费者与生产性用户消费的主要商品不同，消费目的与购买特点等具有差异性，我国企业的分销渠道构成两种基本模式：对个人消费者分销渠道模式和对生产性用户的分销渠道模式。

1. 消费品分销渠道模式

消费品市场产品分销渠道，概括起来有以下五种模式。如图6-2所示。

（1）消费品生产者—最终消费者。这种模式是生产企业自己派员推销，或者开展邮购、电话购货等以销售本企业生产的产品。这种类型的渠道，由生产者把产品直接销售给最终消费者，没有任何中间商的介入，是最直接、最简单和最短的销售渠道。

（2）消费品生产者—零售商—最终消费者。这种模式被许多耐用消费品和选购品的生产企业所采用，即由生产企业直接向大型零售商店供货，零售商再把商品转卖给消费者。

（3）消费品生产者—批发商—零售商—最终消费者。这种模式是消费品销售渠道中的传统模式，为大多数中、小型企业和零售商所采用。过去我国大部分消费品，一般是由一级批发商（称为一级采购供应站）再分配至二级批发商（称为二级采购供应站），然后至三级批发商（称为批发商店或批发部），最后至最终消费者。

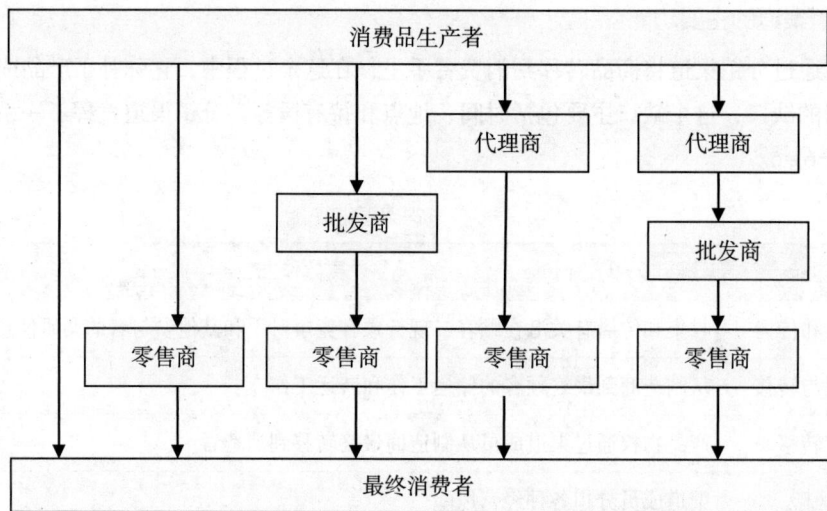

图6-2　消费品分销渠道模式

（4）消费品生产者—代理商—零售商—最终消费者。许多生产企业为了大批量销售产品，通常通过代理商、经纪人，由他们把产品转卖给零售商，再由零售商出售给消费者。

（5）消费品生产者—代理商—批发商—零售商—最终消费者。这种模式是一些大企业为了大量推销产品，常经代理商，然后通过批发商卖给零售商，最后销售至消费者。

我国的外贸出口，通常采用第四种和第五种渠道模式。

2．生产资料分销渠道模式

归纳起来，生产资料商品分销渠道模式可以有以下四种，如图6-3所示。

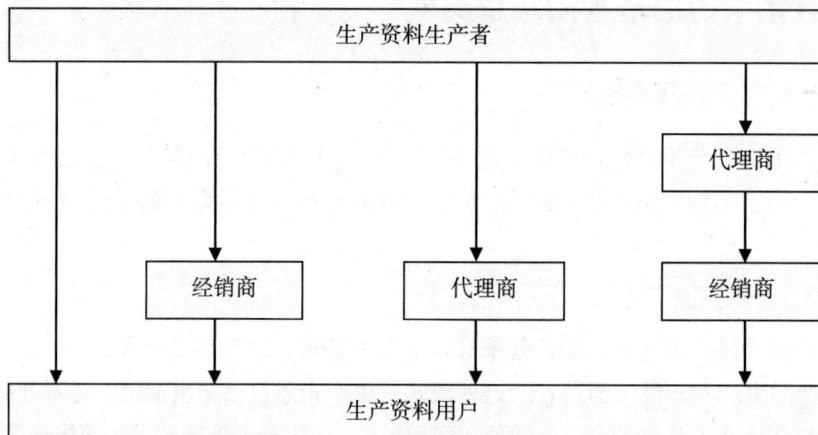

图6—3　生产资料分销渠道模式

（1）生产资料生产者—生产资料用户。这种渠道模式在生产资料销售中占有主要地位，尤其是生产大型机器设备的企业。如发电设备厂、电梯厂等大多直接向用户销售产品。

（2）生产资料生产者—经销商—生产资料用户。这种渠道模式常为生产普通机器设备及附属设备的企业所采用。如我国机电、石油、化工等部门，常常利用工业品经销商把产品卖给用户。

（3）生产资料生产者—代理商—生产资料用户。这种渠道模式通常被没有设置专门的销售部门的企业所采用。如我国的一些机电产品厂家通过国外的代理商将产品卖给国外的用户。

（4）生产资料生产者—代理商—经销商—生产资料用户。这种渠道模式与第三种模式基本相同，只是由于某种原因，不宜由代理商直接卖给用户而需经过经销商这一环节。尤其是产品的单位销量太小，或需要分散存货，经销商的功用就十分必要。

（二）分销渠道的类型

分销渠道按不同的分类标准可分为多种类型，一般来说，按有无中间商参与交换活动进行分类，可分为直接渠道和间接渠道；按渠道的长度，即渠道级数来分，有短渠道和长渠道；按渠道的宽度进行分类，有宽渠道和窄渠道；按选用渠道是否唯一类型进行分类，有单渠道和多渠道。

1. 直接渠道和间接渠道

直接渠道是指生产者将产品直接供应给消费者或用户，没有中间商介入。直接渠道的方式是生产者—用户。直接渠道是工业品分销的主要类型，如大型设备、专用工具、技术复杂等需要提供专门服务的产品；消费品中有部分也采用直接渠道，如鲜活商品等。

企业直接分销的类型比较多，概括起来有如下几种，见表6–7。另外，还有邮购、电子通信营销、电视直销等。

表6–7 企业直接分销的类型

类型	特 点
订购分销	生产企业与用户先签订购销合同或协议，在规定时间内按合同条款供应商品，交付款项。一般是由销售方（生产厂家）派员推销，一些走俏产品或紧俏原材料、备件可以等用户上门求货
自设商店销售	生产企业通常将商店设立在生产区外、用户较集中的地方或商业区。邻近于用户或商业区的生产企业也可设立于厂门前
联营	工商企业之间、生产企业之间联合起来进行销售
访问推销	推销人员直接上门推销企业产品。这种形式推销员能与消费者直接接触，不仅有利于鼓励和说服顾客购买企业的产品，而且有利于推销企业的形象

间接渠道是指生产者利用中间商将商品供应给消费者或用户，中间商介入交换活动。现阶段，我国消费品需求总量和市场潜力很大，且多数商品的市场正逐渐由卖方市场向买方市场转化。如何利用间接渠道使自己的产品广泛分销，已成为现代企业进行市场营销时所研究的重要课题之一。

2. 长渠道和短渠道

分销渠道的长短一般是按通过流通环节的多少来划分，具体包括以下四层。

零级渠道：制造商—消费者，其过程中不经过任何中间商转手的分销渠道。

一级渠道：制造商—零售商—消费者。

二级渠道：制造商—批发商—零售商—消费者，多见于消费品分销；或是制造商—代理商—零售商—消费者，多见于生产资料分销。

三级渠道：制造商—代理商—批发商—零售商—消费者。

零级渠道最短，三级渠道最长。对消费品市场采用长渠道，对生产资料市场则采用短渠道等。

3. 宽渠道与窄渠道

渠道宽窄取决于渠道的每个环节中使用同类型中间商数目的多少。企业使用的同类中间商多，产品在市场上的分销面广，称为宽渠道。如一般的日用消费品（毛巾、牙刷、开水瓶等），由多家批发商经销，又转卖给更多的零售商，能大量接触消费者，大批量地销售产品。企业使用的同类中间商少，分销渠道窄，称为窄渠道，它一般适用于专业性强的产品，或贵重耐用的消费品，由一家中间商统包、几家经销，使生产企业容易控制分销，但市场分销面受到限制。

4. 单渠道和多渠道

当企业全部产品都由自己直接所设的门市部销售，或全部交给批发商经销，称为单渠道。多渠道则可能是在本地区采用直接渠道，在外地则采用间接渠道；在有些地区独家经销，在另一些地区多家分销。

三、分销渠道的业务流程

（一）基本概念

1. 正向流程与反向流程

分销渠道的业务流程是指分销渠道成员一次执行的一系列功能过程。

正向流程是从生产者流向中间商和用户的过程，如实体、所有权的转移和促销流程。

反向流程是从用户流向中间商和生产者的过程，如订货、付款流程。

2. 双向流程

双向流程是发生在分销渠道每两个交易成员之间的，如信息、谈判、融资和分担风险流程。一个销售实体产品的生产者，至少需要三个渠道为它服务，即销售渠道、交货渠道和服务渠道，这三个渠道是不可能由一个企业来完成的。例如，诺基亚公司手机销售的省级直控分销商（FD）渠道管理模式，就是FD负责物流、资金流，诺基亚公司负责销售和市场推广，其各地分支机构物色重点客户（WKA）与FD签约拿货。

（二）业务流程

业务流程具体分为下列过程。

1. 实体流程

实体流程是指产品从生产者转移到用户的运动过程。实体流程主要是指产品的运输和储存。例如，销售联想品牌计算机实体流程，是生产的计算机先存放到厂内仓库，之后按照代理商或专卖店订单运送给代理商或专卖店，由代理商或专卖店销售到用户手里。

2．所有权流程

所有权流程是指产品所有权或持有权从一个渠道成员向另一个渠道成员转移的过程。

3．付款流程

付款流程也称资金流程，是指资金从渠道成员间流动过程。如产品销售时，中间商通过银行向生产企业支付货款，生产企业向中间商支付佣金。

4．信息流程

信息流程是指分销渠道中，各渠道成员间相互传递信息的过程。如零售商将消费者信息传递给批发商或生产者，生产者将产品信息传递给批发商、零售商或消费者。

5．促销流程

促销流程是指对分销渠道成员促销活动的流程，具体是指通过广告、人员推销、销售促进等活动，对分销渠道成员施加影响的过程。促销从生产者流向中间商称为渠道促销，促销从生产者或中间商流向用户称为用户促销。渠道成员都承担着促销责任。促销时可采用广告、营业推广、公共关系等促销方式，也可采取有针对性的人员推广、目标激励等促销方式。

实物流程、所有权流程、付款流程、信息流程、促销流程犹如血液一样，在市场上循环往复。畅通的渠道流程是实现企业营销目标的保证，流程阻塞将严重影响企业实现营销目标。

四、分销渠道系统的发展

传统的分销系统由生产商、批发商和零售商组成，每个成员都作为一个独立的企业实体追求自己的利润最大化，即使它是以损害整体利益为代价也在所不惜，没有一个渠道成员对其他成员拥有全部的或足够的控制权。20世纪80年代以来，分销渠道系统突破了传统模式的弊端，有了新的发展，如垂直渠道系统、水平渠道系统、多渠道营销系统等。

（一）垂直渠道系统

垂直渠道系统又称纵向营销系统，是由生产商、批发商和零售商通过不同的形式，根据纵向一体化原理组成的一种统一复合体，实质就是形成整合分销渠道。垂直营销系统有利于控制渠道行动，消除渠道成员为追求各自利益而造成的冲突。它们能够通过其规模、谈判实力和重复服务的减少而获得效益。

格力公司是实行厂商股份合作制的主要渠道模式。格力联合湖北几家经销商于1997年底率先在湖北成立股份销售公司，创立了区域性销售公司这一独特的营销模式，统一了湖北全省的销售和服务网络。随后这一模式扩展到全国，连续九年夺取空调销量第一的宝座。

在美国消费品销售中，垂直营销系统已经成为一种占主导地位的分销形式，占全部市场的70%~80%。对于垂直营销系统，根据其成员间所有权关系及控制程度的不同，又可分为以下三种形式。

1．公司式垂直系统

公司式垂直系统指一家公司拥有和统一管理若干工厂、批发机构和零售机构，控制分销渠道的若干层次，甚至整个分销渠道，综合经营生产、批发、零售业务。这种渠道系统又分为两类：工商一体化经营和商工一体化经营。

2．管理式垂直渠道系统

管理式垂直渠道系统是由某一家规模大、实力强的企业出面组织、协调、管理整个渠道运作的垂直渠道系统。渠道成员承认相互间存在依赖关系，并且愿意接受渠道领头人的统一领导以分享利润。如柯达、吉列、宝洁等公司都能取得其经销商的积极合作；中国的大型百货和电器商店也很难拒绝与海尔、长虹、小天鹅、小鸭等著名家电公司合作。

3．契约式垂直系统

契约式垂直系统指不同层次的独立制造商和经销商为了获得单独经营达不到的经济利益，而以契约为基础实行的垂直渠道系统。它主要分为以下三种形式。

第一种形式是特许经营组织，包括：制造商倡办的零售特许经营或代理商特许经营；制造商倡办的批发商特许经营系统；服务企业倡办的零售商特许经营系统。

第二种形式是批发商倡办的连锁店。

第三种形式是零售商合作社，既从事零售，也从事批发，甚至生产业务。

（二）水平渠道系统

水平渠道系统是指由两个或两个以上的公司联合开发利用某一个营销机会。这些公司由于缺乏资本、技能、生产或营销资源，不敢独立进行冒险，或者承担风险；或他们发现与其他公司联合可以产生巨大的协同作用。公司间的联合行动可以是暂时的，也可以是永久的，还可以创立一个专门公司。这种系统可发挥群体作用，共担风险，获取最佳效益。

（三）多渠道营销系统

多渠道营销系统指一个公司建立两条或更多的分销渠道以达到一个或更多的顾客市场的做法。通过增加更多的渠道，公司可以增加产品的市场覆盖面，降低渠道成本，为顾客提供定制化销售以满足顾客要求。这种系统有两种形式：一种是生产企业通过多种渠道销售同一商标的产品，这种形式易引起不同渠道间激烈的竞争；另一种是生产企业通过多渠道销售不同商标的产品。

小叮当儿童系列产品形成了三个对应的渠道策略：水果香型系列，继续走批发流通渠道；功能系列，批发流通和终端渠道并重；儿童早晚牙膏，以终端为中心，在重点区域的主要终端铺货，并做重点推广。

任务二
分销渠道的策划

一、影响分销渠道策划的因素

分销渠道策划不是简单的决策，而是一个系统、科学的战略规划和战术设计。

设计分销渠道模式，即决定企业采取短渠道还是长渠道；选择不经过中间商的直接分销还是经过中间商的间接分销，还要决定经过几道中间环节最合适，是选择宽渠道还是窄渠道有效；是只选择一种模式的分销渠道还是同时选择若干种分销渠道。影响分销渠道模式选择的因素很多，企业需要仔细分析，认真考虑，综合评价，然后设计出适合本企业营销的渠道模式。

（一）产品因素

1. 产品的价值

一般来讲，产品的单价越低，分销渠道越长；反之，产品单价越高，分销渠道则越短、越经济。因此，普通的日用消费品和工业品中的标准件的销售，一般都要经过一个或一个以上的批发商，再经零售商转至消费者手中。而一些价格较高的耐用消费品和工业品中的专用设备则不宜经过较多的中间转卖。

2. 产品的自然属性

一般来讲，对于自然属性比较稳定的产品可以考虑使用中间商或相对较长的渠道；而对易腐烂、易毁损或易过时的产品，应尽可能采用直接渠道或相对较短的渠道，如新奇玩具、时装、新鲜食品、各种陶器、玻璃、精制的工业品等尽可能采用短渠道。

3. 产品的体积与重量

体积庞大和笨重的产品应尽可能采取较短的分销渠道，以节省运输和保管方面的人力和物力，如大型设备、机械设备等；体积小或重量轻的产品，则可采取较长的渠道。

4. 产品的技术性

出售技术性不十分强的耐用消费品，一般可以通过中间商出售，为加强销售服务，企业应对中间商进行必要的培训和指导；对于技术性很强的工业品，企业应采取直接渠道销售，以加强销售服务工作。

5. 产品的通用化

定制品有特殊的规格要求，一般需生产者与消费者或用户直接面议规格、质量和式样等，不宜经过中间商；标准品具有一定品质、规格和式样，分销渠道可长可短；对于那些标准化、系列化、通用化程度很高的产品可以选用宽渠道和长渠道。

6. 产品所处市场寿命周期阶段

企业为了尽快打开新产品销路，往往不惜花费大量资金，组成直接分销队伍直接向消费者销售。当产品在市场上已经形成高的知名度与美誉度时，出于拓展市场的需要，可以逐步考虑利用间接渠道分销产品。我国许多企业在创立品牌初期走的是直接销售的路子，等创立品牌后，就采取多种方式尝试间接销售的做法了。

（二）市场因素

1. 潜在市场的规模

如果潜在市场的规模较小，企业则可以考虑使用推销员或邮寄直接向消费者或顾客推销；

反之，如果潜在市场的规模较大，则应采取间接分销。

2．潜在市场的分布

如果顾客集中分布在一个或少数几个地区，则可以考虑采用直接销售的方式，或者生产企业直接卖给零售商；如果顾客分布很分散，则应选择间接销售和宽渠道销售。

3．消费者的购买习惯

首先，顾客购买数量越大，单位分销成本越低的产品，尽可自己将批量性产品直接出售给顾客。其次，顾客购买频率高，每次购买数量很小，而且产品价值低的产品，则需要利用中间商进行分销，即采用长渠道与宽渠道；反之，则采用短渠道。最后，消费者购买之前需要充分比较研究、购买过程中需要投入较多精力与时间的产品，选用短渠道与窄渠道效果会更好；反之，则可采用长渠道。产品衰退期，通常采用缩减分销渠道的策略以减少损失。

（三）企业因素

1．企业实力

对于资金雄厚、信誉好的企业，可以自己组织分销队伍进行销售，采取直接分销渠道，也可采取间接渠道销售。而资金缺乏，财力较弱的企业，只能依靠中间商，分销渠道势必要长些。

2．管理水平

企业渠道管理水平也会影响企业渠道的长度与宽度。一般来说，假如制造商在销售管理、储存安排、零售运作等方面缺乏经验，人员素质不适合自己从事广告、推销、运输和储存等方面的工作，最好选择较长渠道与窄渠道；反之，可以选择短渠道与宽渠道。

3．控制愿望

如果企业希望对分销渠道进行高强控制，同时自身又有控制能力，一般采取较短较窄渠道的做法。如果采用中间商分销，一方面会使制造商的渠道控制力削弱，极可能导致制造商受制于中间商；另一方面会使制造商分销受限制。

2004年2月21日国美在成都发起一场"空调大战"，将格力零售价为1 680元的1P空调降价为1 000元，零售价为3 650元的2P柜机降价为2 650元，使得格力"无法忍受"，四川新兴格力电器销售有限公司要求其"立即终止低价销售行为"，但国美依旧我行我素，格力电器当即宣布正式对成都国美停止供货。最后以成都国美道歉并恢复原价告一段落。但在3月10日，双方矛盾进一步激化，并扩展到全国。国美北京总部向全国分公司发了一份"关于清理格力空调库存的紧急通知"，在全国范围内停止对格力空调的销售。格力也毫不退让，宣布取消对国美的供货。

（四）中间商因素

1．中间商的经销积极性

如果中间商愿意经销制造商的产品，同时不对制造商提出过多、过分要求时，会使企业更愿意利用中间商。因此，企业可选择长渠道与宽渠道的做法。

2．中间商的经销条件

利用中间商的成本太高，或是中间商压低采购价格，或是中间商要求上架费太多，就应考虑采取较短与较窄的渠道。

3．中间商的开拓能力

如果中间商能够帮助制造商把产品及时、准确、高效地送达消费者手中，则可以选择较长与较宽的分销渠道；否则，应选择较短与较窄的渠道。

（五）环境因素

1．总体经济形势

整个社会经济形势好，分销渠道模式选择余地就大。当经济不景气时，市场需求下降，企业必须尽量减少不必要的流通环节，利用较短的渠道。

健力宝成长初期，依赖的是传统渠道，即遍及全国的国有糖酒公司和供销社系统。然而，20 世纪 90 年代以来，中国商业的渠道格局大变化，面对这种变化健力宝疲态毕现，应变乏力。事实上，健力宝也有建立现代营销体系的念头，然而这需要庞大的资金支持及多元化的产品体系配合；否则，即使有钱建终端，也难以摊销销售成本、将终端维护下去。健力宝的销售业绩每况愈下，2002 年 1 月，浙江国际信托投资公司出资 3.6 亿元购得健力宝 80% 的股份。

2．国家的政策法规

国家的有关政策和法律因素对分销渠道也有重要影响，如《中华人民共和国反不正当竞争法》《中华人民共和国反垄断法》《中华人民共和国税法》等，都会影响分销渠道选择。我国对烟酒、鞭炮、汽油、食盐等产品的销售有专门的一些法规，这些产品的分销渠道，就要依法设计。

二、分销渠道结构策划

分销渠道结构策划是指为实现营销目标，对各种备选渠道结构进行评估和选择，从而开发出新型分销渠道或改进现有分销渠道的过程。分销渠道结构策划内容包括确定渠道分销目标，确定分销渠道设计程序，确定分销渠道设计目标，确定分销渠道设计原则，分析顾客的需求。

（一）确定渠道分销目标

确定渠道的分销目标，一是需要检验渠道的分销目标是否与企业的战略目标、整体营销目标保持一致；二是根据确定的分销渠道目标说明分销渠道职责和任务。

检验渠道分销目标应先索取。企业的营销计划，学习并熟悉企业的营销战略、营销目标、营销策略。然后根据企业的营销战略、营销目标、营销策略制定渠道分销目标，并用文字明确表达出来，见表 6-8。

表6-8　渠道目标描述示例表

企业	渠道目标描述
IBM公司	最初描述个人计算机的分销渠道目标：让美国任一潜在顾客开车就能看到零售商展示的IBM个人计算机； 后来公司进一步拓展了分销渠道目标：无论消费者在哪里，都能直接获得IBM个人计算机
可口可乐	无处不在
戴尔计算机	让自己的产品进入更广阔的市场中
劳氏家居装饰连锁店	方便地装饰您的家居，消费者在最近的地方可得

分销渠道目标描述要具体，使分销目标执行人能准确地了解分销渠道在企业整体营销战略合作和营销组合中的作用，也要评估所制定的分销渠道目标是否与企业的营销战略、营销目标、营销策略相一致。在进行分销渠道目标一致性评估中需要注意要从大到小，即检查分销渠道目标与企业战略目标是否一致，检查分销渠道目标与企业营销目标是否一致，检查分销渠道目标与产品、价格、促销策略目标是否一致。

（二）确定分销渠道设计程序

每个行业、企业都有自身的特征，渠道设计程序、方法也不尽相同。分销渠道设计程序一般如图6-4所示。

（三）确定分销渠道设计目标

分销渠道设计目标是分销渠道设计者对渠道功能的预期，体现着企业营销战略目标。分销渠道设计目标是指分销渠道应达到的服务产出的水平，是生产者、经销商、消费者实现彼此多赢的方向和途径。

确定分销渠道设计目标时需要考虑以下几个因素。

1. 渠道通畅

保证产品快速地送达目标消费者手里，满足消费者购买产品时的时间需求。

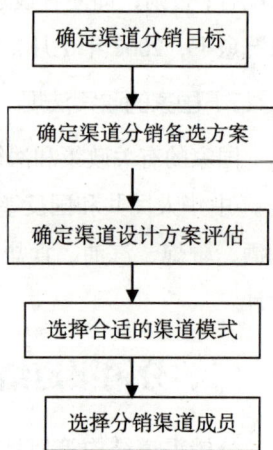

图6-4　分销渠道设计程序

2. 购买便利

方便目标消费者购买产品，随处可得，满足消费者购买产品时的空间便利需求。

3. 市场覆盖面

目标市场覆盖面直接影响满足消费者的购买需求，覆盖面不足，会导致一部分消费者无法实现自己的购买需求。如可口可乐覆盖了超市、零售店、加油站、餐饮店等多条分销渠道，最大限度地满足消费者的购买需求。

4. 提升品牌

提升品牌即增加目标消费者对产品的认知度，树立产品在目标顾客心目中的地位。如意大利时装品牌——古奇品牌，定位于高端零售店，进一步强化了古奇品牌在目标消费者心中的地位，增强了目标消费者的品牌忠诚度。

5．经济性

建立低成本的分销渠道，降低企业的营销成本，提升企业的利润和竞争力。

6．开拓新市场

开拓非传统渠道，开发潜在消费者，方便消费者购买产品和服务。

除上述原因之外，制定渠道分销目标时还要考虑经济环境、产品、顾客特性、中间商的优劣、竞争等因素。

（四）确定分销渠道设计原则

渠道设计应该使产品与市场匹配、渠道与客户匹配。应该遵循畅通、高效，覆盖适度，稳定可控，协调平衡的原则。

1．畅通、高效原则

产品的分销时间、分销速度、分销费用是衡量渠道高效、畅通的重要指标。产品能否快速、高效、低成本地送达目标消费者需求的购买地点，将直接影响企业的销售额、利润、品牌等。

2．覆盖适度性原则

随着消费者需求的多样性和购买偏好的变化，消费者既要求购买便利又要求选择面广及随处可得，这就要求企业分销渠道覆盖面既广又深。遵循渠道覆盖适度的原则。既要避免渠道过长或过宽、过广、扩张过度，难控制，增加渠道成本，也要避免渠道过短、过窄，覆盖面不足，影响销售。

3．稳定可控原则

企业的分销渠道模式不是轻易可更改的，渠道模式一经确定，需要花费大量的时间、人力、物力、财力建设与维护。渠道设计应该遵循稳定可控的原则，既要有利于与渠道成员建立长久、稳定的合作关系，也应该便于根据环境的变化改进渠道。

4．协调平衡原则

渠道设计不应只关注企业自身利益，因遵循协调平衡的原则及合理的分配分销渠道成员的利益，减少渠道成员间的冲突，又便于引导渠道成员充分合作，与渠道成员共同成长。

（五）分析顾客的需求

企业无论是新建渠道还是对现有渠道进行改造，渠道服务产出水平应与目标消费者需求相匹配。如日用品分销渠道采用密集型分销，中间商数量多、零售商覆盖面广，可满足日用品顾客期望的便利、快捷、随意购买的需求。渠道一般应该提供的满足顾客需求的因素：

1．批量大小

批量大小，即渠道可提供给顾客一次性购买的单位数量，是固定一种还是可以按需设计好各种包装。如麦德龙店提供批量包装购买，也允许顾客零散购买。

2．等候时间

等候时间，即顾客在订货或现场决定购买后，一直到拿到货物的平均等待时间。如邮购货物收到的时间长、零售店购买收到货物时间短。

3．空间便利

空间便利，即分销渠道为顾客购买商品提供的方便程度。如网购为顾客提供了较大的空间便利，可以选购全球的产品。

4．产品品种

产品品种，即分销渠道提供给顾客的商品花色品种数量，顾客所喜欢的是满足自己的需求机会多，提供花色品种多的销售渠道。如顾客逛百货商场多于专卖店，因为百货商场花色品种多，选择的余地大。

5．服务支持

服务支持，即分销渠道为顾客提供的各种附加（售后）服务，包括信贷、送货、安装、维修等内容。渠道提供的服务越多，其工作量越大，消费者期望服务多，这就需要采取平衡策略。

三、分销渠道设计策划

（一）确定分销渠道备选方案

确定了分销渠道目标。描述了分销渠道承担的责任和任务，分析了消费者需求后，渠道设计者应考虑完成渠道责任和任务需要哪些渠道成员，需要多少渠道成员，各类渠道成员应承担哪些责任。具体体现在确定分销渠道的层数、确定分销渠道的宽度和广度、确定分销渠道成员的条件和责任。

1．确定分销渠道的层数

分析与选择渠道成员层数时需考虑市场规模、产品特征、中间商等影响因素。分销层越多，分销渠道越长；反之，分销渠道越短。

（1）市场规模大、顾客需求量大、使用面广的产品适合选用较长的分销渠道，如食品、日用生活用品等。市场规模有限、使用面有限的产品适合选用较短的分销渠道，如家用电器、黄金、珠宝等产品。

（2）技术性越强、要求服务水平越高的产品适合选择较短的分销渠道，如工业设备、汽车等。技术性低、要求服务少的产品适合选用较长的分销渠道，如服装、卫生用品等。体积小、较轻、标准化程度高的产品也适合选用较长的分销渠道。较重、耐用、非标准化的产品，适合选用较短的分销渠道。

（3）中间商要求越少，中间商参与积极性越高的产品，适合选用较长的分销渠道。中间商要求多，经销同类竞争产品，适合选用较短的分销渠道。雅芳化妆品就是因为中间商（百货店）要求多而走上的直接分销。

2．确定分销渠道的宽度和广度

分析与选择分销渠道宽度时，需要考虑市场规模、产品特征、消费者购买行为等影响因素，合理的渠道宽度能更好的覆盖目标市场。

（1）渠道宽度设计。

①市场规模越大，渠道宽度越宽；市场规模越小，渠道宽度越窄。目标消费者越集中，渠道宽度越窄；目标消费者越分散，渠道宽度越宽。

②消费者购买季节性强的产品，适合选用较宽的渠道；消费者购买季节性不强的产品，适合选用窄渠道。

（2）渠道广度设计。渠道广度也是分销渠道设计应该考虑的关键因素之一，如果广度设计不合理，则将引起渠道冲突，增加渠道成本和终端控制的难度。

渠道广度是指生产者选择几条分销渠道进行分销，主要有两种类型：一是单渠道，二是多渠道。单渠道是指生产者只利用一条渠道进行某种产品的分销。多渠道是指生产者利用不同的渠道进行某种产品的分销。例如，戴尔计算机公司最初是通过电话订购的单渠道销售计算机。目前为适应变化的市场环境，除采取电话订购渠道外，还采用了互联网、代理商等渠道，如图6-5所示。

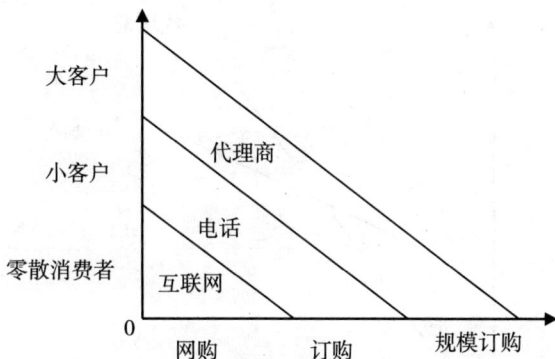

图6-5　戴尔计算机销售分销渠道示意图

3．确定分销渠道成员的条件和责任

确定分销渠道成员的条件和责任主要涉及价格政策、销售条件、地区权利、承担责任等因素。

（1）价格政策是指确定出针对中间商公开、公平、一致的产品价格和折扣明细表。提供质量保证和跌价保证，以促使中间商积极进货。

（2）销售条件是指确定中间商付款期限、付款条件等。例如，中间商支付预付款、现款或期限付款时所享受的待遇。

（3）地区权利是指确定中间商销售产品种类、销售的范围、应承担的销售额等。

（4）承担责任是指确定中间商所应该承担的市场信息、各种业务统计资料、覆盖率、销售服务、产品促销、人员培训责任、相关权利与义务。

（二）评估与选择渠道设计方案

评估渠道设计方案可按照经济性、可控性和适应性进行，选择渠道设计方案可按照财务方法、交易成本方法和经验法进行。

1. 评估分销渠道设计方案

例如，某公司开发了一种保健产品欲进入上海市场，在零售店销售。公司准备三个月后在上海电视台开始广告宣传。现有两个分销覆盖的方案：一种是公司自己建销售队伍覆盖零售店，另一种是通过代理商覆盖零售店。现对两种渠道设计方案进行评估。

针对这样的案例，首先要考虑到：这类产品市场竞争激烈，三个月后要做广告，在此之前要完成的三项任务，掌握渠道的可控性、成本适宜性和完成覆盖率。如何评估两种方案，需要通过经济性分析，然后根据哪个方案最经济、合理进行选择。

（1）经济性标准。以上两种渠道方案，如果自己设办事处招聘销售人员，需要工资加提成外，有一大笔管理费用开支；利用代理商也需要销售人员的开支和代理商的佣金。两种方案将产生不同的渠道费用成本和销售量，先进行渠道费用成本分析。一般情况下，不同的方案在不同的销售量时，其成本变化率不同，如图6-6所示。

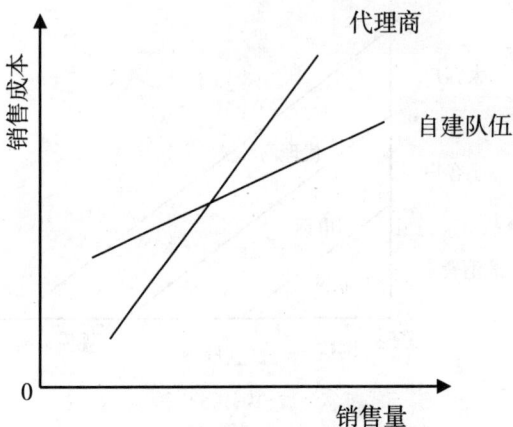

图6-6　自建销售队伍与使用代理商成本

从图中可以发现，在市场开发前期、销售量不大情况下，选择代理商公司所要付出的成本低于自己公司组织队伍销售的成本。但是，随着销售量增加，代理商的佣金增长较快。反之，自己操作市场开始费用要高，培训成本高，但后期成本上升较慢。企业自己销售如果培训效果好，则容易获得零售商的认同，愿意直接与厂家合作。但是，这种效果需要时间，需要熟悉不同的零售商。而代理商因为有成熟的销售网络与人脉关系，很多零售商也愿意和值得信赖的代理商合作。所以，一般地讲，市场开发前期多选择代理商这种模式。

（2）可控性标准。从这个案例中分析，公司对自己的队伍控制管理的力度较强，代理商不同，他们是独立的法人，追求自己公司的利润最大化，如果不是确定能获取高额回报，他们不会全心全意从厂家角度去行动。从控制性角度讲，自己建立销售队伍最佳。但是，如果能有效地控制代理商，也可以发挥代理商独有的优势为厂家所用。

（3）适应性标准。分销渠道是企业的一项重要的外部资源，不可轻易更改。在代理商进行分销时，一般都签订长期合同。这样的做法具有合作稳定性的一面，但是缺少弹性。厂家要不断地适应市场的变化，如果合同制约，改变起来就可能相对困难一些。所以，从适应性角度看，选择自己建立队伍优于代理商的方案。如果必须与代理商合作，则不妨在合同中补充一些应对条款，一旦市场变化需要，可以灵活一些。

2．选择分销渠道设计方案

为了选出最佳分销渠道，可以用一些方法估算和比较备选渠道结构，完成渠道选择。

（1）交易成本法。所谓交易成本，就是在一定的社会关系中，人们自愿交往、彼此合作达成交易所支付的成本，也即人—人关系成本。它与一般的生产成本（人—自然界关系成本）是对应概念。

由于交易成本泛指所有为促成交易发生而形成的成本，因此不同的交易往往涉及不同种类的交易成本。例如：

搜寻成本：商品信息与交易对象信息的收集。

信息成本：取得交易对象信息与和交易对象进行信息交换所需的成本。

议价成本：针对契约、价格、品质讨价还价的成本。

决策成本：进行相关决策与签订契约所需的内部成本。

监督成本：监督交易对象是否依照契约内容进行交易的成本，如追踪产品、监督、验货等。

违约成本：违约时所需付出的事后成本。

如果交易成本高，理想做法则是自己操作市场；如果交易成本较低，那么企业不妨通过独立经销商来完成营销任务。

（2）经验法。经验判断方法是指专家、顾问和企业主管在渠道选择时，根据长期积累的知识和经验作出的判断选择的方法。一般分为直接定性判断法、权重因素记分法。

直接定性判断法是最简单也最常用的方法，指渠道设计者利用经验以认为最重要的决策因素为选择渠道结构的变量，包括渠道成本、利润、控制力、潜力等。

权重因素记分法，最早由美国著名营销学家菲利浦·科特勒提出。权重因素记分法是一种更为精确的选择渠道结构的直接定性判断法。这种方法使渠道经理或渠道总监在选择渠道结构的判断过程中更加结构化和定量化。

权重因素记分法包括如下五个基本步骤：①明确地列举渠道选择的决策因素。②以百分比形式标注每个决策因素的权重，以反映它们的相关重要性。③每个渠道选择以每个决策因素按1~10的顺序打分。④通过权重（a）与因素分数（b）相乘计算出每个渠道选择的总权重因素总分。⑤将备选的渠道结构总分排序，获得最高分的渠道选择方案即最适合的选择。

（三）选择渠道成员

选择渠道成员包括设计选择标准、寻找备选渠道成员、评估备选渠道成员、最终确定渠道成员四个步骤，而最为重要的是前两个步骤。

1．设计选择标准

大多数生产企业在选择渠道成员时，开始有了评价意识，但缺乏具体的标准，凭感觉、凭印象进行选择的情况十分普遍，这就造成渠道系统不稳定，转换渠道成员成本加大。在渠道成员选择之前，确定相应的标准是必要的。这个标准依企业差异、产品特征而有所不同，但有些标准是共同的。这些共同标准是财务实力、销售能力、产品组合特征、管理效率和公司文化。生产商在设计自己的标准体系时，应该结合自身的渠道成员状况，而不应盲目地模仿与套用。这五个方面是互相制约的，一好皆好，一坏皆坏。因此，也有企业认为选择渠道成员有两个最重要标准：可匹配的产品线和适宜的市场覆盖区域。再加上双方合作的意愿与相融性，也能选择出合适的渠道成员。

2. 寻找备选渠道成员

寻找备选的渠道成员的过程也就是招商的过程，招商过程的核心是编制一个好的招商方案，并保证该方案的实施。

3. 评估备选渠道成员

一旦确定了渠道成员的评价标准，并有了足够的备选渠道成员，对其进行评估就变得相对容易了。专家建议，在评估备选的渠道成员时，可以由管理者（如销售经理）或一个委员会决定，假若选择决策具有重大战略意义，委员会最好有公司高层管理人员甚至董事会的成员参加。具体评估时，可采用定性评价和定量评价两种方法，通常情况下是给每个标准组成因素设定一个权数，然后进行评价，得出各个备选渠道成员的总分数，选择最高者。

4. 最终确定渠道成员

无论是内部分销人员的招聘，还是外部分销合作伙伴的选择，都可能处在两难的境地。愿意合作者，常常不合乎你的要求；你认为最理想的渠道成员，他可能不热心与你合作。因此，最终确定渠道成员并非一厢情愿的事，而是双方达成共识的结果。这就需要生产商与渠道成员进行沟通，了解他们的需要，处理好相互间的利益关系。最终确定的渠道成员是双方理念相似、互相认同的备选者。

四、物流系统策划

（一）物流系统成本及要素

1. 物流职能

物流是指按照顾客需要有效地计划、实行和控制产品从生产地到消费地的实体转移过程的业务。其任务应该包括原料及最终产品从起点到最终使用点或消费点的实体转移。

物流的职能是将产品由其生产地转移到最终使用地或消费地，从而创造时间效用和地点效用，提高其产品的价值。物流作为渠道构成成员承担着订单处理、物资处理、保管、库存管理、运输等重要职能。

2. 现代物流概念

传统的物流观念认为，物流应从工厂出发来考虑如何有效地以低成本将产品送达使用地或消费地，而现代物流观念即市场后勤学观念则认为，物流系统及其规划都应从市场出发，首先是充分研究和了解市场，根据市场需要来研究如何以适当的成本、在适当的时间、以适当的方式将适当的产品送到适当的地点，从而及时有效地满足顾客的需要，并使其获得满意，同时也能使企业满意，并获得较好的经济效益。

关键的问题是"适当"二字，要使这"适当"得以实现就必须做好如下三点：第一，运用现代科学技术来建立和运作物流系统；第二，统盘管理物流的各种职能和物流系统中的各环节；第三，根据市场需求和产品的特点，既要考虑其统一性，又要实行差异化策略。

关于物流概念如图6-7所示。

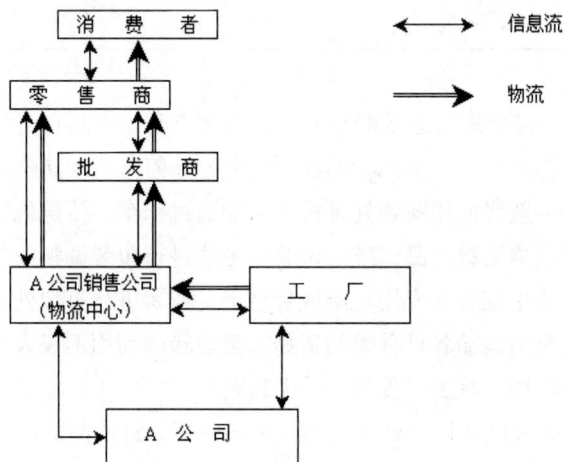

图6-7 物流概念

3.物流系统成本

从现代企业流水线上生产出来的产品也许只需要几秒，但是，将产品在适当的时间送到适当的地点有可能花费很长的时间和很高的成本。

（1）交通运输。交通运输是将产品从一地运送到另一地，在物流成本中占比最高。要求策划人员既要有物流专业知识和技能，也要有行业的知识和技能。物流面临着自己运送还是委托第三方的选择，也面临着使用什么工具来运输的选择，还面临着是单项运输还是联运方式的选择。

主要运输手段有铁路、水运、汽车、管道、航空等，各种手段都有其优点，许多企业将两种或两种以上运输手段组合起来使用。

运输手段的选择不仅会影响顾客需求的满足，而且对物流成本的影响也较大。因此，在运输手段选择中，必须充分考虑对顾客需求的满足程度、对产品和市场的适应性、速度、成本、可靠性、运输能力、便利性、可利用性等因素。见表6-9。

表6-9 各运输手段比较

比较项目 运输手段	速度（从门到门的配送时间）	成本（平均吨/千米）	便利性	可靠性（在预定时间内抵达）	运载能力（运载各种货物的能力）	可利用性
铁路	3	3	2	4	2	4
水运	4	1	4	5	1	4

比较项目 运输手段	速度（从门到门的配送时间）	成本（平均吨/千米）	便利性	可靠性（在预定时间内抵达）	运载能力（运载各种货物的能力）	可利用性
汽车	2	4	1	2	3	1
管道	5	2	5	1	5	5
航空	1	5	3	3	4	3

（1＝最高顺位）

（2）产品的处理。产品处理对有效的仓库运营极为重要。产品自身的特征往往决定其产品如何处理，如量多的液体和气体，其独特的性质将决定如何移动和储藏它们。

产品的处理过程中一般要使用货物处理机器。如通过铲车、传送机等来移动或装卸产品就可大大提高效率。不过这需要将产品以统一包装的形式进行包装调整或集中处理，如按产品类别或出货的需要把产品集中堆装在专用货架或货台上，或者进行打包处理。另外，集装箱能以稳定的价格，迅速、安全地运输各种种类的货物。集装箱的利用不仅大大提高了运输效率，而且提高了对产品的保护程度，减少了货物的丢失和破损。

（3）订单处理。一般来说，订单处理包括订货的受理、订购品的出货和订购品的配送三项业务。订单处理可以反映一个企业对市场信息的反应能力和企业的管理效率。现在计算机广泛运用于订单受理、订单处理和配送等业务，大大缩短了处理时间，降低了成本，提高了效率。如美国通用电器公司（GE）在接到顾客订单后，可以立即确认顾客的资信，查到企业是否有存货和存货地点，发出发货指令，给顾客开出账单，更新存货记录，发出生产指令，向推销人员反馈有关订货的处理信息等。这一系列工作可以在 15 秒内完成。

（4）库存控制。库存成本包含了融资、保险、仓储等，占每年企业存货价值的 25％ 左右。库存管理的目的在于，一方面要保持足够数量的产品；另一方面要将库存费控制到最小限度。由此可见，库存管理至关重要，是物流的中心课题。其管理控制方法有：

①建立起使用计算机、电子机器的现代化库存管理系统，将现场库存、出货电子计数器直接与中央计算机系统相连结，即时掌握库存和销售额等情况，并作出补充货物或下达生产指令等相应的反应。

②将 Just in time（丰田的看报方式）用于库存管理，做到只保持必要的、最低限度的库存，这样可以避免浪费，大幅度减少库存费用。

③运用 80/20 法则。该法则认为，一般由所经营品种的 20％ 占了销售额的 80％。因此，在库存管理上必须差别对待，即周转率高的 20％ 的品种要保持充足的库存，以免发生缺货现象；但对周转缓慢的品种，其库存量应控制在最小限度。

（5）保管。保管是重要的物流职能，通过保管，企业可以克服生产和消费在时间上的差异，即能产生时间效用。保管并不是单纯的产品储藏，还承担着将产品小批量化或收集货物的职能。仓库业的基本流通职能是接收所送产品、确认产品、区分产品、调整产品储藏、保管产品、检索和选择产品、运送的准备、开始装运。

为提高保管效率，在安全堆放、进出顺序、拆垛搬送等方面的管理，都不可忽视。

（二）制订用户需要的服务水平

物流系统不仅要在合适的时间、地点，为客户提供产品，更重要的是，要达到用户期望的渠道服务水平。物流用户服务水平综合评价，一方面，通过评比物流客户服务水平促进企业客户服务水平提高；另一方面，通过与竞争对手的比较和成本收益比较，作为企业调整和制订物流服务水平的重要依据。制订物流客户服务水平有以下三种常用的有效方法。

1. 客户导向法

客户导向法就是以客户的需求为中心，根据客户的需求来制订企业应当提供的物流客户服务水平。其特点就是非常重视外部调查结果。具体步骤如下：

（1）根据外部物流客户问卷调查和专家对外部指标调查结果的评价，选出客户意见较大、专家评分较低的物流客户服务项目，并选出物流客户服务改进项目或增加物流客户服务项目的建议方案。

（2）分析内部服务管理控制系统，是否存在管理疏漏地方，提出客户服务管理控制改进措施，如海尔客户服务管理控制措施中的电话回访、客户服务电话全国联网、电话回访质量控制点的变换、客户服务资料全国共享等都是值得许多企业借鉴的。

（3）从提高服务档次、增加物流客户服务的新项目或降低提供服务门槛等方面提高客户服务水平。

2. 竞争导向法

竞争导向法就是将竞争对手或标杆企业的物流客户服务表现，纳入企业物流客户服务水平的决策视线范围中来，通过制订恰当而经济的物流客户服务水平来获取竞争优势。具体步骤如下：

（1）通过多个企业的外部物流客户服务水平调查或根据资料，对多个相关物流企业进行模糊综合评判排名，找出企业物流客户服务的竞争对手或标杆企业。

（2）编制本企业与标杆企业的客户服务指标的绩效比较表，可设计一次性的物流客户问卷调查来获得，制订能使客户满意的每个评价指标值。

3. 成本收益导向法

成本收益导向法是从企业利益出发，将企业能从客户那里得到的收益与企业为其提供各项服务所支付的成本进行比较，对客户进行合理的分类。提供有针对性的服务，选择关键的利润较大的客户提供优质的服务，为一般的客户提供基本可接受的服务，使每个客户都感到可接受或满意。

（三）提供用户满意的物流系统

厂家所提供的渠道服务标准越高，建立用户满意的物流系统所需花费的成本就越高。因此，厂家制订用户满意的物流系统时，必须考虑渠道成本与期望的服务标准之间的关系。

1. 调研确定用户期望的服务标准

尤其是发货的及时性、产品的可获得性和产品状况三个关键要素，如希望订货周期、订购时间、灵活性要求、退货换货要求、期望的服务项目。

2．制订厂家可提供的服务标准

将用户期望的服务标准和厂家期望提供的服务标准进行加权分析，制订厂家可提供的服务标准。

3．评估确定用户满意的服务标准

要评估的内容包括是否建立计算机系统或电子数据交换的物流系统，降低缺货率；是否能缩短订货周期、减少库存、降低成本。

任务三
分销渠道管理

一、分销渠道管理概述

（一）分销渠道管理内涵

1．分销渠道管理意义

分销渠道是制造厂家的一项重要无形资产，关乎制造厂家的生死存亡。渠道成员之间的通力合作，可确保制造厂家的物流、资金、信息流畅，保证渠道成员的多赢，实现制造厂家的经营战略目标。

管理的基本含义是"控制""制约""引导""捋顺"等。分销渠道管理涵盖了企业与渠道成员间的相互协调、通力合作的一切活动。因此，渠道管理是整个企业管理的非常重要的一项内容。通过维持和保持稳定的渠道网络、恰当的产品价格、有效的产品推广等渠道管理措施，确保渠道成员的利益。

2．分销渠道成员管理

渠道成员包括内部成员和外部成员，内部和外部成员的管理同样重要。在研究外部成员管理时不研究内部成员管理，就不可能取得理想的效果，因为内部成员、外部成员共同构成了一个统一的分销渠道系统。

分销渠道的内部成员是指生产者的销售部门、财务部门和储运部门等。选择渠道内部成员的过程包括两个方面：一是确定与外部成员打交道的组织系统，二是设定这个系统的相应岗位并招募相应的人员。企业与内部成员是领导与被领导的关系。

分销渠道的外部成员是指生产者与之合作的中间商，包括批发商和零售商。企业与外部成员不是领导与被领导的关系，而是利益双赢的合作关系。选择渠道成员，实际上是在选择成本、选择利润，因为每个成员的素质与行为直接影响着合作效率。对于弱势生产企业来说，没有多少选择渠道成员的余地，只要有人卖他们的产品就心满意足了；有实力的、高品牌知名度的企业则有充分的条件和理由对渠道成员进行选择。

（二）中间商的管理

1. 识别中间商的类型

中间商是指分销渠道里的中间环节，包括批发商、零售商、代理商和经纪人。中间商选择是否得当，直接关系着制造商市场营销效果。中间商不是任选任用的，需要认真地辨别和管理。

识别中间商的类型即确定哪些类型的中间商组织可供选择。

例如，第二次世界大战前，钟表作为精密的工艺制品，在西方国家大多通过珠宝店销售；战后，随着钟表工业大批量生产的发展，价格大幅度下降，机械制作的中低档钟表已不被珠宝店接受，天美时公司转而开辟了超市和杂货店销售，这种大批量生产体制与大批量流通和大众化消费相适应，终于取得了成功。

案例说明，中间商不是固定不变的，新的模式采用会使厂家迎来新的商机。例如，家乐福在最初引进中国时，并没有小家电一类产品现场演示导购，有的公司在一直使用百货商场模式陷入困境的时候，主动与家乐福合作，谈妥在超市进行小家电的现场演示导购，结果生意火了起来。

2. 选择中间商时考虑的因素

一般情况下选择中间商必须考虑以下条件。

（1）中间商的市场范围。市场是选择中间商最关键的因素，首先，要考虑预先确定的中间商的经营范围所包括的地区与产品的预计销售地区是否一致。其次，中间商的销售对象是否为制造商所希望的潜在顾客，这是个最根本的条件。因为制造商都希望中间商能打入自己已确定的目标市场，并最终说服消费者购买自己的产品。

（2）中间商的产品政策。中间商承销的产品种类及其组合情况是中间商产品政策的具体体现。选择时一要看中间商有多少"产品线"；二要看各种经销产品的组合关系，是竞争产品还是促销产品。一般认为应该避免选用经销竞争产品的中间商，但如果产品的竞争优势明显也可以选择经销竞争者产品的中间商，因为顾客会在对不同的产品作客观比较后，决定购买有竞争力的产品。

（3）中间商的地理区位优势。区位优势即位置优势。选择零售中间商最理想的区位应该是顾客流量较大的地点。批发中间商的选择则要考虑它所处的位置是否有利于产品的批量储存与运输，通常以交通枢纽为宜。

（4）中间商的产品知识。许多中间商被规模巨大，而且有名牌产品的制造商选中，往往是因为它们对销售某种产品有专门的经验。选择对产品销售有专门经验的中间商就会很快地打开销路。因此生产企业应根据产品的特征选择有经验的中间商。

（5）预期合作程度。如果中间商乐意与制造商合作，中间商就会积极主动地推销其产品，对双方都有益处。有些中间商希望制造商也参与促销，扩大市场需求，并相信这样会获得更高的利润。生产企业应根据产品销售的需要确定与中间商合作的具体方式，然后再选择最理想合作中间商。

（6）中间商的财务状况及管理水平。中间商能否按时结算包括在必要时预付货款，取决于财力的大小。整个企业销售管理是否规范、高效，关系着中间商市场营销的成败，而这些都与制造商的发展休戚相关。

（7）中间商的促销政策和技术。采用何种方式推销产品及运用选定的促销手段的能力直接影响销售规模。有些产品广告促销比较合适，而有些产品则适合通过销售人员的推销。有的产品需要有效的储存，有的则应快速运输。要考虑到中间商是否愿意承担一定的促销费用及有没有必要的物质、技术基础和相应的人才。选择中间商前必须对其所能完成某种产品销售的市场营销政策和技术的现实可能程度作全面评价。

（8）中间商的综合服务能力。现代商业经营服务项目甚多，选择中间商要看其综合服务能力如何，有些产品需要中间商向顾客提供售后服务，有些产品在销售中要提供技术指导或财务帮助（如赊购或分期付款），有些产品还需要专门的运输与存储设备。合适的中间商所能提供的综合服务项目与服务能力应与企业产品销售所需要的服务要求相一致。

3. 中间商数目的选择

中间商数目的选择，取决于营销渠道采取哪种形式，即密集型分销渠道、独家分销渠道及选择性分销渠道三种不同的形式中，中间商的数量是不同的。

（1）密集型分销渠道。密集型分销渠道也称广泛型分销渠道，或普通型分销渠道，使用中间商数目较多。是指厂家在同一个渠道层级上选用尽可能多的渠道中间商来分销自己的产品的一种渠道类型。这种渠道可以使产品在目标市场上形成铺天盖地之势，以达到使自己产品品牌充分显露，实现路人皆知且随处可买，最广泛地占领目标市场的目的。

密集型分销这种销售渠道的优点：市场覆盖率高，顾客购买比较方便。其缺点：市场、价格竞争激烈，导致市场混乱；企业需向中间商提供一定的支持，导致企业的渠道费用增加；由于中间商的数目多，企业无法控制渠道行为，给渠道管理增加一定难度。

（2）独家分销渠道。独家分销渠道是指在特定市场上的一段时间内只选择一家中间商，给予其对本企业产品的独家经销或独家代理权。通常产销双方签订经销合同，规定经销商不得再经营其他竞争性产品。这是一种最窄的销售渠道。一般适用于技术性强、价格较高、售前售后服务水平要求比较高的产品。

独家专营分销渠道的优点：有利于控制市场营销，提高中间商的积极性；密切与中间商的合作关系，在推销方面得到大量的协助；提高生产企业的经营效率，节约费用，降低销售成本；提高中间商对顾客的服务质量；排斥竞争产品进入同一市场，提高企业的国际竞争力。其缺点：对中间商的依赖性太强，市场覆盖面窄；这种政策意味着放弃一部分潜在顾客，即有限的渠道宽度，使企业适应性较差，销量难以扩大。

（3）选择性分销渠道。选择性分销渠道是指在某一层级上选择少量的中间商进行商品分销的渠道，是介于密集型分销渠道与独家分销两种渠道之间的一种宽度渠道。

选择性分销渠道的优点：可以节省费用开支，提高营销的效率；生产企业通过优选中间商，还可维护企业和产品的声誉，对市场加以控制；当生产企业缺乏国际市场经营的经验时，在进入市场的初期选用几个中间商进行试探性的销售，待企业积累了一定的经验，或其他条件具备以后，再调整市场销售策略，以减少销售风险。其缺点：企业难以在营销环境宽松的条件下实现多种经营目标；渠道对非选购品缺乏足够的适应性；企业要为被选用的中间商提供较多的服务，并承担一定的市场风险。

二、分销渠道的激励

（一）分销渠道的激励过程

1．分销渠道的激励含义

对渠道成员的激励是指制造商为了实现其经营战略目标，促进渠道成员努力完成公司制订的分销目标而采取的各种激励或促进措施的总称。

其目的是使渠道成员的积极性和忠诚度不断提升、渠道稳定性提高，整体竞争能力提高。在实施渠道激励过程中，其策略应与销售政策相匹配，在充分估计经销商的销售潜力的基础上，设计合理激励考核体系，避免渠道冲突的产生。

2．激励过程三阶段

美国著名的营销渠道管理专家伯特·罗森布罗姆（Bert Rosenbloom）先生，提出了激励渠道成员决策过程分为三个阶段：了解渠道成员的需要、满足他们的需要和提供持续指导。

其本质就是了解成员的需要并满足他们的需要。这意味着生产者所采取的激励措施必须恰好满足渠道成员的急需，越是如此，激励效果越明显；反之则低效或无效。

（二）分销渠道的激励方法

了解渠道成员的需要是为了满足他们的需要，进而产生激励的效果。这里需要解决的问题是为什么激励（目标）、如何激励（原则）、采取什么样的激励工具（措施）。

1．确定激励目标

激励的目标是指鼓励渠道成员行动的方向，它决定着激励的原则和措施。一般的激励目标是提高市场覆盖率或提高市场占有率，也有一些更为具体的目标，如寻找新客户、介绍新产品、提高士气、组建网络等。激励措施应该针对与此相关的行为给予激励。

2．制订激励的原则

（1）公平原则。公平的标准：一个渠道成员所得与所投入的比例基本上与另一个成员的这个比例是一致的，否则就是不公平。

（2）内在原则。内在原则，是指激励的对象是由于内在努力而获得的成功，而非运气或外在因素取得的成功。依据归因理论，渠道成员常常把成功归因于自己努力的结果，而把失败归因于所处区域不佳或运气差。应当倡导内在原则，促使渠道成员认识到，业绩与他们努力程度直接相关，奖励的是业绩，更是努力。

3．选择激励措施

对分销渠道成员的激励有不同的方法，一般有：

（1）直接激励。

①开展促销活动。制造商利用广告宣传推广产品，一般很受中间商欢迎，广告宣传费用可由制造商负担，也可要求中间商合理分担。制造商还应经常派人前往一些主要的中间商，协助安排商品陈列，举办产品展览和操作表演，训练推销人员，或根据中间商的推销业绩给与相应奖励。

②返利。返利要考虑返利标准，不同的产品返利度要有所不同。返利的形式可以是以现价返，也可以以货物返，还可以二者结合。要有限制条件，不能出现串货、擅自降价现象等。

③资金支助。中间商（特别是经销商）一般期望制造商给予他们资金支助，这可促使他们放手进货，积极推销产品，一般可采取售后付款或先付部分货款待产品出售后再全部付清的方式，以解决中间商资金不足的困难。

（2）间接激励。

①提供信息。市场信息是开展市场营销活动的重要依据。企业应将所获得的市场信息及时传递给中间商，使他们心中有数。为此，企业有必要定期或不定期地邀请中间商座谈，共同研究市场动向，制订扩大销售的措施；企业还可将自己的生产状况及生产计划告诉中间商，为中间商合理安排销售提供依据。

②帮助零售商进行终端管理，包括铺货、产品陈列，定期走访、分析消费者心理和销售走势等。

③与中间商结成长期的伙伴关系。一方面，企业要研究目标市场上产品供应、市场开发、账务要求、技术服务和市场信息等方面的情况，以及企业与中间商各自能从对方得到什么，然后，根据实际可能，与中间商共同商定这些情况，制订必要的措施，签订相应协约，如中间商能认真执行，企业要考虑再给一定的补助。另一方面，可在组织方面与中间商进一步加强合作，把制造商和中间商双方的要求结合起来，建立一个有计划的、内行管理的纵向联合销售系统，制造商可在此系统内设立一个中间商关系计划部，由这个部与中间商共同规划销售目标、存货水平、商品陈列、培训员工计划及广告宣传计划，其目的是使中间商认识到，作为一个精明的纵向联合销售系统的一员，可以从中获利。

三、分销渠道的评价与调整

（一）分销渠道的评价

每个厂商都期待渠道成员的稳定，但由于内外部环境因素的影响，渠道成员很难稳定。这种不稳定不仅包括终止合作的渠道成员，也包括继续合作的渠道成员业绩的不稳定。因此，为了保证渠道成员持续提升业绩和更换不适当的渠道成员，必须适时地对渠道成员进行评价。伯特·罗森布罗姆认为，渠道成员的评价包括两个步骤：设计渠道成员的评价标准、对渠道成员进行评价。

1. 设计渠道成员的评价标准

渠道成员选择时的评价标准是用来评价备选渠道成员的，他们还没有参与分销本公司的产品，可以评估以往分销其他产品时的业绩和潜在的分销能力，而这里讨论的评价标准是对现实的而不是潜在的分销能力的评估，是对渠道成员实际业绩的考核与评价。

（1）对中间商的评价标准。厂商对中间商的评价指标体系，主要包括销售业绩、财务绩效、竞争能力（销售能力、市场占有率）、应变能力（态度、适时调整）、本产品位置（持有竞争品或本产品份额）和顾客满意（顾客满意或抱怨）等。

（2）对内部销售人员的评价标准。对内部销售人员的评价一般包括两种主张：行为评价和效果评价。它们源于业绩评价的两种思想学派。主张行为评价的学者认为，如果销售人员做正确的事，他们的销售效果自然会与期望一致；而主张效果评价的学者认为，销售效果是业绩的最佳体现。从总体来看，二者结合进行评价更为准确和客观。因为单纯的行为评价，可能无法判定实际业绩；而单纯的效果评价，又无法预测长期效果。所以，大多数学者主张进行两方面的评价。

销售效果评价，主要是运用一系列定量指标，如销售数量、销售成本、利润额和访问次数等。弗朗西斯·布拉星顿（Frances Brassington）等认为，定量化评估包括输入和输出的测量，前者包括访问数量、客户覆盖等，后者包括销售额、新客户数目等。

销售行为评价是定性评价，主要是评价销售人员的工作态度、能力和发展潜力。巴顿和金早期研究成果认为，产品知识、顾客关系、销售表达技能和仪表是销售行为评价的重要标准。态度、产品知识、销售技能、外表和举止、沟通能力、创造性和进取心等指标是非常重要的。

2．对渠道成员进行评价

制订标准后，厂商依据标准对渠道成员进行具体评价。评价方法可由公司市场或销售管理部门进行，也可由专业的评价公司进行；评价的时间可依具体情况分为月度评价、季度评价和年度评价，而年度评价启动的指标体系最为完善；评价的结果，要对渠道成员进行分级，分级的确定要公平、公正、准确，以备下一步调整参考。测量中间商的绩效，主要有以下两种办法可供使用。

第一种测量方法是将每个中间商的销售额绩效与上期的绩效进行比较，并以整个群体的升降百分比为评估标准。对低于该群体平均水平以下的中间商，必须加强评估与激励措施。如果对后进中间商的环境因素加以调查，则可能会发现一些可原谅的因素，如当地经济衰退、某些顾客不可避免地失去、主力推销员的失去或退休等。其中，某些因素可在下一期补救过来。这样，制造商就不应对经销商采取任何惩罚措施。

第二种测量方法是将各中间商的绩效与该地区的销售潜量分析所设立的配额相比较，即在销售期过后，根据中间商实际销售额与其潜在销售额的比例，将各中间商按先后名次进行排列。这样，企业的调查与激励措施可以集中于那些未达既定比例的中间商。

（二）对渠道成员的调整

调整渠道成员的目的是使厂商的渠道成员适合分销的实际需要，因此必须建立在渠道成员评价的基础上。当所有渠道成员的业绩欠佳时，通常是厂商自身的营销问题和选择标准发生了偏差，调整的对象重点是厂商的营销，或是渠道成员的选择标准。对于部分成员业绩优异、部分成员业绩较差的情况，要进行具体分析，首先要看看是否有可能帮助他们提高业绩水平，如果断定其不适合作为本公司的渠道成员，再终止合作。

本章小结

1．分销渠道成员包括生产者、中间商和消费者，分销渠道的成员包括在商品和服务的转移过程中，取得所有权、帮助所有权转移的所有企业和个人。分销渠道和营销渠道还是有所区别，营销渠道比分销渠道多了供应商和辅助商。中间商主要包括批发商和零售商，中间商的存在简化了销售手续，节约了销售费用，扩大了销售范围，提高了销售效率。中间商的类型中，按照是否取得所有权来分，可分为经销商、代理商和经纪人。按照其地位和作用分，可分为批发商和零售商。代理商分为，制造代理商、销售代理商、采购代理商、佣金商。零售商类型包括商店零售、无店铺经销、零售组织。分销渠道的功能作用有信息收集、实体转移、所有权转移、分担风险、付款回款、订货、促销、谈判、融资、服务等。分销渠道模式有消费品生产者—最终消费者、消费品生产者—零售商—最终消费者、消费品生产者—批发商—零售商—最终消费者、消费品生产者—代理商—零售商—最终消费者、消费品生产者—代理商—批发商—零售商—最终消费者。分销渠道有不同的系统，如垂直的分销系统、水平的分销系统和多渠道系统，其中垂直的分销系统还可分为公司式垂直系统、管理式垂直系统、契约式垂直系统。

2. 影响分销渠道策划的因素有产品因素（产品的价值、自然属性、体积重量、技术性、通用化、产品所处市场寿命周期阶段）、市场因素（潜在市场规模、分布状态、消费者的购买习惯等）、企业因素（企业实力、管理水平、控制愿望）、中间商因素（经销商积极性、经销条件、开拓能力）、环境因素（总体经济形势、国家政策法规）。分销渠道策划先进行结构策划：确定渠道分销目标、确定渠道结构设计程序、确定分销渠道设计目标（渠道通畅、购买便利、市场覆盖面、提升品牌、经济性、开拓新市场能力）。确定分销渠道结构设计原则有畅通高效原则、适度性原则、稳定可控原则和协调平衡原则。对分销渠道中顾客需求要进行分析，应满足顾客需要的批量大小，等候时间、空间便利、产品品种、服务支持等。分销渠道设计的策划的过程包括确定各备选方案（层数、宽度、广度、成员条件和责任）、评估渠道设计方案（可按照评估需要经济性标准、可控性标准、适应性标准来进行）、选择渠道设计方案[需要采取交易成本法，经验法（直接定性判断法、权重因素计分法）]。选择分销渠道成员（要设计选择标准、寻找备选渠道成员、评估渠道成员、最终确定渠道成员）。分销渠道策划中包括物流系统的策划，传统的物流概念是以最低的成本将产品送到目的地。现代观念是以适当的时间、适当的方式、适当的产品、适当的地点完成送达，实现顾客的满意和企业的满意。物流系统的策划要考虑系统成本内容，交通运输成本是重要项目，此外产品处理、订单处理、库存控制和货物保管都需要不同的成本。物流系统的服务包括：制订用户需要的服务水平（通过客户导向法、竞争导向法和成本收益导向法）、通过用户满意的物流系统、调研确定客户的期望服务标准、制订企业可提供的服务标准，然后结合起来评价确定用户满意的服务标准。

3. 分销渠道的管理其意义在于控制引导渠道成员间的合作，保证成员多赢，实现厂家的战略目标。对成员的管理分为内部成员的管理和外部成员的管理。外部成员即所说的中间商，对中间商的管理包括识别中间商的类型；对中间商的选择要考虑（市场范围，产品政策、地理优势、产品知识、预期合作程度、财务状况和管理水平、促销政策与技术、综合服务能力）。在中间商数量选择时，要根据三种分销（密集型分销、独家分销和选择性分销）来决定。分销渠道成员需要激励，激励分为三阶段：了解渠道成员的需要、满足渠道成员的需要、提供持续性指导。对渠道成员的激励方法包括确定激励目标、制订激励原则（公平原则、内在原则）。激励的工具包括开展促销活动、资金支助、提供信息、建立长期伙伴等。分销渠道需要进行评价和调整，评价包括设计渠道成员的评价标准（对中间

商的评价标准和对内部人员的评价标准)、对渠道成员进行评价(本期与前期比较、本期渠
道成员绩效与本地区绩效标准比较)。渠道成员的调整要看具体情况,如果所有的成员绩
效欠佳,就是企业本身需要调整;如果有好有坏,就需要对个别成员进行分析调整。

实训项目

一、知识选择训练

1. 分销渠道成员包括(　　)。

    A. 供应商　　　　　B. 生产者　　　　　C. 消费者　　　　　D. 代理商

    E. 零售商

2. (　　)属于中间商作用。

    A. 简化销售手续　　　　　　　　B. 增加厂家收益

    C. 节约销售费用　　　　　　　　D. 扩大销售范围

    E. 提高销售效率

3. 中间商按照是否拥有产品所有权分为(　　)。

    A. 经销商　　　　　B. 代理商　　　　　C. 批发商　　　　　D. 经纪人

4. 代理商分为(　　)。

    A. 制造代理商　　　B. 批发代理商　　　C. 采购代理商　　　D. 销售代理商

5. (　　)属于零售商类型。

    A. 商店零售　　　　B. 无店铺经营　　　C. 零售组织　　　　D. 连锁经营

6. (　　)属于分销渠道模式。

    A. 消费品生产者—最终消费者

    B. 消费品生产者—批发商—零售商

    C. 供应商—消费品生产者—最终消费者

    D. 消费品生产者—零售商—代理商—最终消费者

    E. 消费品生产者—代理商—零售商—最终消费者

7. 分销渠道系统包括(　　)。

    A. 多渠道系统　　　B. 垂直渠道系统　　C. 水平式渠道系统　D. 管理式系统

8. 分销渠道流程包括(　　)。

    A. 实体流程　　　　B. 信誉流程　　　　C. 付款流程　　　　D. 促销流程

    E. 付款流程

9. 影响分销渠道策划的产品因素有(　　)。

    A. 产品价值　　　　B. 购买习惯　　　　C. 技术性　　　　　D. 体积重量

    E. 市场规模　　　　F. 自然属性

10. 影响分销渠道策划的市场因素有(　　)。

    A. 管理水平　　　　B. 购买习惯　　　　C. 技术性　　　　　D. 体积重量

    E. 市场规模　　　　F. 自然属性

11. 影响分销渠道策划的企业因素有（　　　　）。
    A. 管理水平　　　　B. 购买习惯　　　　C. 经济实力　　　　D. 体积重量
    E. 控制愿望　　　　F. 自然属性

12. 影响分销渠道策划的中间商因素有（　　　　）。
    A. 积极性　　　　　B. 购买习惯　　　　C. 经济条件　　　　D. 开拓能力
    E. 控制愿望　　　　F. 自然属性

13. 分销渠道设计原则有（　　　　）。
    A. 协调平衡原则　　B. 畅通高效原则　　C. 适度性原则　　　D. 稳定可控原则
    E. 快速回报原则

14. （　　　　）是评估渠道设计方案的标准。
    A. 经济性标准　　　B. 适应性标准　　　C. 利润最大标准　　D. 可控性标准

15. 商品易采用相对较短的分销渠道的是（　　　　）。
    A. 易腐烂的产品　　　　　　　　　　　B. 体积较大的产品
    C. 单位价值高的产品　　　　　　　　　D. 大众化的日用消费品

16. 分销渠道成员管理包括（　　　　）。
    A. 内部成员管理　　B. 外部成员管理　　C. 企业员工管理　　D. 零售商管理

17. 选择中间商应考虑的因素有（　　　　）。
    A. 市场范围　　　　B. 地理优势则　　　C. 人际关系　　　　D. 财务状况
    E. 综合服务能力

18. 分销渠道激励三阶段是（　　　　）。
    A. 了解渠道成员的需要　　　　　　　　B. 了解渠道成员的能力
    C. 满足渠道成员的需要　　　　　　　　D. 满足渠道成员的收益
    E. 提供持续指导

19. 可以选择的激励工具包括（　　　　）。
    A. 资金支持　　　　B. 提供信息　　　　C. 开展促销活动　　D. 给予销售标兵荣誉
    E. 建立长期伙伴关系　　　　　　　　　F. 返利

20. 通过（　　　　）可以对分销渠道进行评价。
    A. 将渠道成员本期绩效与前期进行比较　　B. 将外地区销售精英业绩作为对比指标
    C. 与本地区绩效标准进行比较　　　　　　D. 对销售积极性进行

二、案例分析训练

（一）中间商的作用分析

在中国，营销理论上肯定消费者是上帝，消费者的购买欲望决定着对厂家产品的需求。消费者需要什么，中间商就购买什么、经营什么，于是，如果消费者喜欢厂家的产品，中间商自然而然热情进货。但是，这仅仅是一般性的规律，现实中，很多时候，中间商的偏好起着特殊的作用，使成熟的厂家不得不十分重视。

现象之一，中间商愿意操作的产品，可以瞬间铺天盖地，带动消费者购买欲望。反之，也能突然间产品消失。有购买欲望的消费者要求，中间商的口碑宣传在一定程度上能左右消费者购买行为的变化。

现象之二,有实力的厂家采取优惠的促销政策,会引起中间商的兴奋,返点的利益对于消费者来说是享受不到的,当中间商为了返点大批进货时,未必就是厂家的福音。随之而来的甩货,可能给厂家带来负面影响。或得到好处,销售却慢慢地耗着,也会叫厂家哭笑不得。

问题:

(1)这两种现象是否存在?如果社会上存在这两种现象,你认为中间商的动机是什么?出现这两种现象厂家有没有责任?

(2)如何采取有效措施避免这两种现象的发生?

(二)企业在市场分销渠道的策划分析

当前国产饮料的22种分销渠道。

1.传统食品零售渠道:食品店、食品商场、副食品商场、菜市场等。

2.超级市场渠道:独立超级市场、连锁超级市场、酒店、商场内的超级市场、批发式超级市场、自选商场、仓储式超级市场等。

3.平价商场渠道:经营方式与超级市场基本相同,但区别在于经营规模较大,而毛利更低。平价商场通过大客流量、高销售额来获得利润。因此在饮料经营中往往采用鼓励整箱购买、价格更低的策略。

4.食杂店渠道:通常设在居民区内,利用民居或临时性建筑和售货亭来经营食品、饮料、烟酒、调味品等生活必需品,如便利店、便民店、烟杂店、小卖部等。这些渠道分布面广、营业时间较长。

5.百货商店渠道:以经营多种日用工业品为主的综合性零售商店。内部除设有食品超市、食品柜台外,多附设快餐厅、休息冷饮厅、咖啡厅或冷食柜台。

6.购物及服务渠道:以经营非饮料类商品为主的各类专业及服务行业,经常附带经营饮料。

7.餐馆酒楼渠道:各种档次饭店、餐馆、酒楼、包括咖啡亭、酒吧、冷饮店等。

8.快餐渠道:快餐店往往价格较低,客流量大,用餐时间较短,销量较大。

9.街道摊贩渠道:没有固定房屋,在街道边临时占地设摊,设备相对简陋,出售食品和烟酒的摊点,主要面向行人提供产品和服务,以即饮为主要消费方式。

10.工矿企事业渠道:工矿企事业单位为解决职工工作中、工休时的防暑降温及节假日饮料发放等问题,采用公款订货的方式向职工提供饮料。

11.办公机构渠道:由各企业办事处、团体、机关等办公机构公款购买,用来招待客人或在节假日发放给职工。

12.部队军营渠道:由军队后勤部供应,以解决官兵日常生活、训练及军队请客、节假日联欢之需,一般还附设小卖部,经营食品、饮料、日常生活用品等,主要向部队官兵及其家属销售。

13.大专院校渠道:大专院校等住宿制教育场所内的小卖部、食堂、咖啡冷饮店,主要面向在校学生和教师提供学习、生活等方面的饮料和食品服务。

14.中小学校渠道:设立在小学、中学、职业高中及私立中、小学校等非住宿制学校内的小卖部,主要向在校学生提供课余时的饮料和食品服务(有些学校提供课余时的饮料和食品服务,有些学校提供学生上午加餐、午餐服务,同时提供饮料)。

15. 在职教育渠道：设立在各党校、职工教育学校、专业技能培训学校等在职人员再教育机构的小卖部，主要向在校学习的人员提供饮料和食品服务。

16. 运动健身渠道：设立在运动健身场所的出售饮料、食品、烟酒的柜台，主要为健身人员提供产品和服务；或指设立在竞赛场馆中的食品饮料柜台，主要向观众提供产品和服务。

17. 娱乐场所渠道：设立在娱乐场所内（如电影院、音乐厅、歌舞厅、游乐场等）的食品饮料柜台，主要向娱乐人士提供饮料服务。

18. 交通窗口渠道：机场、火车站、码头、汽车站等场所的小卖部，以及火车、飞机、轮船上提供饮料服务的场所。

19. 宾馆饭店渠道：集住宿、餐饮、娱乐为一体的宾馆、饭店、旅馆、招待所等场所的酒吧或小卖部。

20. 旅游景点渠道：设立在旅游景点（如公园、自然景观、人文景观、城市景观、历史景观及各种文化场馆等）向旅游和参观者提供服务的食品饮料售卖点。一般场所固定，采用柜台式交易，销售量较大，价格偏高。

21. 第三方面消费渠道：批发商、批发市场、批发中心、商品交易所等以批发为主要业务形式的饮料销售渠道。该渠道不面向消费者，只是商品流通的中间环节。

22. 其他渠道：各种商品展销会、食品博览会、集贸市场、各种促销活动等其他销售饮料的形式和场所。

问题：

（1）分析一下未来国产饮料在渠道方面的策略。

（2）影响分销渠道选择的因素有哪些？

项目七
促销策划

🎯 学习目标

1. 学习掌握促销组合的概念、完成知识储备。
2. 掌握人员推销的策划方法和要求。
3. 掌握营业推广策划的方式和目的。
4. 掌握广告策划的程序、方法。
5. 掌握公共关系策划的基本原理和方法。

≣ 能力目标

1. 具备广告策划的基本能力。
2. 学会使用公共关系协调的能力。
3. 掌握人员推销的技巧。
4. 具备营业推广策划的方式选择。

⚙ 实训目标

引导学生学习广告策划、公共关系策划、营业推广策划和人员推销策划理的业务能力，熟记基本的知识点，组织具体的策划分析，培养专业、职业能力。

💬 案例导入

企业里但凡学习过企业管理的人，都接触过西铁城表在澳大利亚组织过"天降手表"的活动，获得了一鸣惊人的效果。于是，某市一个日化公司决定为自己的产品"×××牙膏"来一次类似的促销活动。其中一个环节是将"天降手表"改为"天上掉钱"。租用了直升飞机，在预定的时间里，在预定的区域，来一次真实的"空中撒钱"。借助俗话中"你以为天上能掉钱啊"的不可能的笑谈，变成事实。

这种活动在事先广告宣传的鼓动下，预定区域人群涌动，当空中飘下真实的人民币和产品免费购货券之后，在场早已做好抢钱准备的人群兴奋无比，你抢我夺，形成了独特景观。紧接着去市场专柜抢购牙膏的人群挤破柜台，厂家汽车连续送货供不应求。

然而，事后并没有收到西铁城手表一样地轰动效应，更没有达到品牌忠诚度上升的预期。西铁城在澳大利亚形成了经久不衰的营销案例，这个牙膏却变成昙花一现的"闹剧"。

为什么会出现截然不同的效果？不妨通过回答下列问题来加以理解。

1. 从选择产品促销实体来讲，手表可以长久使用，钱呢？到手的钱能起到维持多久的宣传作用？手表可以戴上炫耀，成为长期免费为厂家口碑宣传的"广告物"，如果有谁白捡到一百元钱，能长久拿出来炫耀吗？设想一下，某个人得到意外惊喜尤其得到金钱大奖一类的，大家会怎么样？为了防止哪种现象出现，会对得到的钱采取什么措施？能收到与西铁城一样的作用吗？手表属于使用期限长，质量体现出来容易获得认同，人们捡到表同时使用表；牙膏有一些说法，总使用一种牙膏不好，且牙膏质量难以在公众场合使用彼此影响，人们捡钱未必会来买这个品牌牙膏，柜台挤破是因为免费购货券的作用。说明牙膏厂老板在产品定位上存在着失误，你分析有哪些失误？

2. 有句话"你永远没有第二次机会给人留下第一印象"，说的就是"首因效应"的重要性。在此次策划活动开始，从带给人惊喜、偏爱就大打折，重复别人的故事本身就已经注定了"效果急剧衰减"命运。

3. 从品牌效应、市场定位角度考虑，空中掉下"西铁城"，既证明了产品质量过硬，又把新品牌"西铁城"记在心中。突然间白捡的手表带有幸运的惊喜，容易赢得交互传播。天上掉下人民币，与牙膏质量能联系到一起吗？事先得到通知来捡钱，带着"捡便宜"的心理，得到钱是意外惊喜还是意内偏得？能牢记牙膏品牌吗？

促销活动是所有老板要依赖的手段，任何促销活动的策划都是要"劳神"的，牙膏的促销活动也是如此。任何促销活动都是需要"费财"的，直接"天降人民币"是货真价实地花费了财力。但是，世界上并不是"劳神伤财"必然得到"倍加效果"。

由此可见，促销策划不是想做与不想做的问题，也不是出力必有回报的问题，是采取什么方法做才合理的问题。

任务一
促销策划知识储备

一、促销组合概述

（一）促销组合概念

1.促销的含义

促销（Promotion）是指企业应用各种沟通方式、手段、媒介，向目标顾客传递商品或服务的信息，引起消费者的兴趣、注意，激发消费者的购买欲望，从而作出购买决策的一系列活动。促销本质上是一种通知、说服和沟通活动，是谁通过什么渠道（途径）对谁说什么内容，沟通者有意识地安排信息、选择渠道媒介，以便对特定沟通对象的行为与态度进行有效的影响。

2.促销组合的含义

促销组合指为达到企业营销目标，在既定预算前提下，灵活、充分、创新性地运用四种基本促销手段组合成一个策略系统，使企业的全部促销活动互相配合、协调一致，最大限度地发挥整体效果，从而顺利实现企业目标。促销组合的要素包括人员促销和营业推广、广告促销及公共关系。

3.促销策划的含义

促销策划是指运用科学的思维方式和创新的精神，在调查研究的基础上，根据企业总体营销战略的要求，对某一时期各种产品的促销活动作出总体规划，并为具体产品制订细致而严密的活动计划，包括建立促销目标、设计沟通信息、制定促销方案、选择促销方式等营销决策过程。

促销策划包括促销组合中的人员推销、营业推广、广告、公共关系四个方面的个别策划，也包括促销组合的整体策划，还可以进行个别策划的相互组合策划。总之，是根据促销活动的需要，决定采取哪种范围的策划。

4.促销组合的作用

促销组合是四种基本促销方式组成，每种促销方式都有其作用。

（1）人员推销的作用。人员推销着眼于信息的双向沟通和面对面的情感交流，是信息单向沟通所不能取代的。与广告相比，它有三个最显著的特点。

①灵活，由于是直接接触，可就近观察到目标顾客的态度和需要，随时调整自己。

②促进买卖双方建立友谊，保持长期联系。

③推销人员能及时得到购买与否的反馈。因其特点，在促销组合中处于主力地位，不过也是一种最昂贵的促销方式。

（2）营业推广的作用。营业推广着眼于对消费者或中间商进行强烈刺激，以激励他们对特定产品或服务的较快或较大量地购买，是短时期促销的有效工具。可以说，广告提供了购买理由，营业推广提供的是购买刺激，推动顾客快买、多买。

（3）广告的作用。广告是一种高度大众化的信息传递方式，可多次重复，并因充分利用文字、声音和色彩而极富表现力，特别适合向分散于各地的众多目标顾客传递销售信息。就向单个目标顾客传递信息而言，其成本也是很低的，是促销组合中的主力。

（4）公共关系的作用。公共关系着眼于树立形象、沟通关系，是一种间接的促销方式，是公共宣传的有效工具。但由于它既为营销目标服务，又为企业整体目标服务，所以在促销组合中一般处于辅助地位。

（二）影响促销组合的因素

1. 促销目标

促销目标在不同阶段有不同的重点，如目标为树立企业形象，提高产品知名度，促销重点应在广告，同时辅之以公关宣传；如目标是让顾客充分了解某种产品的性能和使用方法，印刷广告、人员推销或现场展示是好办法；如促销目标为在近期内迅速增加销售，则营业推广最易立竿见影，并辅以人员推销和适量的广告。从整体看，广告和公关宣传在顾客购买决策过程的初级阶段成本效益最优；而人员推销和营业推广在较后阶段更具成效。

2. 市场与产品特点

产业市场和消费者市场在顾客数量、购买量和分布范围上相差甚远，各种促销方式的效果也不同。一般来说，在产业市场上更多采用人员推销，而消费者市场上大量采用广告。因为产业市场具有技术性强、价格高、批量大、风险大等特性，适宜人员推销为主，配合公共关系和营业推广的组合；反之，消费者市场顾客数量多而分散，适宜广告促销为主，辅以公共关系和营业推广的组合。

从产品特点看，技术复杂，单价昂贵的商品适用人员推销，如生产设备、计算机、高档化妆品。因为需要懂技术的推销人员做专门的介绍、演示操作、售后技术保障；另外，价格昂贵才能承担相对昂贵的人员推销成本。反之，结构简单、标准化程度较高、价格低廉的产品适合广告促销，如绝大多数消费品。

3. 产品生命周期

对处于生命周期不同阶段的产品，促销目标通常有所不同，投入的促销预算和促销组合也不同。其组合选择见表7-1。

表7-1 处于生命周期不同阶段的产品促销组合选择

产品生命周期阶段	促销目的	成本效应和促销组合
导入期	促使消费者认识、了解企业产品	以广告和公共关系为主，其次是人员推销和营业推广
成长期	提高产品知名度	虽以广告和公共关系为主，但应考虑用人员推销来部分替代广告
成熟期	保住已有的市场占有率，增加信誉度	应以营业推广为主，充分利用降价、赠送等促销工具，辅以广告、公共关系和人员推销
衰退期	维持消费者对产品的偏爱，保证利润	人员推销、公共关系和广告的效应都降低了，以营业推广为主

4．促销的基本策略

不同的促销组合形成不同的促销策略。诸如以人员推销为主的促销策略、以广告为主的促销策略。从促销活动运作的方向来分，有推式策略和拉式策略两种。推式策略是以人员推销为主，辅之以中间商销售促进，兼顾消费者，把商品推向市场的促销策略。其目的是说服中间商与消费者购买企业产品，并层层渗透，最后到达消费者手中。拉式策略以拳头产品为广告促销，通过创意新、高投入、大规模的广告轰炸，直接诱发消费者的购买欲望，由消费者向零售商、零售商向批发商、批发商向制造商求购，由下至上，层层拉动购买。

5．经济前景

企业应随着经济前景的变化及时改变促销组合。例如，在通货膨胀时期，购买者对价格反应十分敏感。在这种情况下，企业至少可采取以下对策：提高促销中广告的分量；在促销中特别强调产品价值与价格；提供信息咨询，帮助顾客知道如何明智购买。

6．促销预算

促销预算直接影响到促销组合的选择与各项活动的正常开展。每个企业都希望以最低的营销费用获取最高的销售利润。制订促销预算从理论上讲比较容易，但由于可变因素较多，实际应用中相当困难。

二、促销策划过程与预算

（一）促销策划过程

1．确认促销对象

通过企业目标市场的研究与市场调研，界定其产品的销售对象是现实购买者还是潜在购买者，是消费者个人、家庭还是社会团体。明确了产品的销售对象，也就确认了促销的目标对象。

2．确定促销目标

不同时期和不同的市场环境下，企业开展的促销活动都有着特定的促销目标。短期促销目标，宜采用广告促销和营业推广相结合的方式。长期促销目标，公关促销具有决定性意义。需注意企业促销目标的选择必须服从企业营销的总体目标。

3．促销信息的设计

重点研究信息内容的设计。企业促销要对目标对象所要表达的诉求是什么，并以此刺激其反应。诉求一般分为理性诉求、感性诉求和道德诉求三种方式。

4．选择沟通渠道

传递促销信息的沟通渠道主要有人员沟通渠道与非人员沟通渠道。人员沟通渠道向目标购买者当面推荐，能得到反馈，可利用良好的"口碑"来扩大企业及产品的知名度与美誉度。非人员沟通渠道主要指大众媒体沟通。大众传播沟通与人员沟通的有机结合可以发挥更好的效果。

5．确定促销的具体组合

根据不同的情况，将人员推销、广告、营业推广和公共关系四种促销方式进行适当搭配，使其发挥整体的促销效果。应考虑的因素有产品的属性、价格、寿命周期、目标市场特点、"推"或"拉"策略。

6. 确定促销预算

企业应从自己的经济实力和宣传期内受干扰程度大小的状况决定促销组合方式。如果企业促销费用宽裕，则可几种促销方式同时使用；反之，则要考虑选择耗资较少的促销方式。

（二）促销预算方法

1. 量力支出法

量力支出法是指企业确定促销预算依据他们所能拿出的资金数额。企业根据其财力情况来决定促销支出，方法简单易行，但它完全忽略了促销与销售之间的因果关系，忽略了促销对销售的影响。所以，严格来说，量力支出法在某种程度上存在片面性，不利于企业制订长期的市场开拓计划。

2. 销售额比例法

销售额比例法是指企业按照销售额（销售实绩或预计销售额）或单位产品售价的一定百分比来计算和决定促销支出。也就是说，企业按照每完成 100 元销售额（或每卖 1 单位产品）需要多少促销费用来计算和决定促销预算。

使用销售额比例法来确定促销预算的优缺点，见表 7-2。

表 7-2　销售额比例法分析

优缺点	优点	缺点
具体分析	（1）暗示促销费用将随着企业所能提供的资金量的大小而变化，这可以促使那些注重财务的高级管理人员认识到：企业所有类型的费用支出都与总收入的变动有密切关系； （2）可促使企业管理人员根据单位促销成本、产品售价和销售利润之间的关系去考虑企业的经营管理问题； （3）有利于保持竞争的相对稳定，因为只要各竞争企业都默契地同意让其促销预算随着销售额的某一百分比而变动，就可以避免促销大战	（1）把销售收入当成了促销支出的"因"而不是"果"，造成了因果倒置； （2）此法基于可用资金的多少，而不是基于"机会"的发现与利用，因而会失去有利的市场营销机会； （3）促销预算将随每年的销售波动而增减，从而与促销长期方案相抵触； （4）没能提供合适的比例，而是随意确定一个比例； （5）不是根据不同的产品或不同的地区确定不同的促销预算，而是所有的促销都按同一比例分配预算，造成不合理的平均主义

3. 竞争对等法

竞争对等法是指企业比照竞争者的促销支出来决定本企业促销支出的多少，以保持竞争上的优势。在市场营销管理实践中，不少企业都喜欢根据竞争者的促销预算来确定自己的促销预算，形成与竞争者旗鼓相当、势均力敌的对等局势。

采用竞争对等法的前提条件是：

（1）企业必须能获悉竞争者确定促销预算的可靠信息，只有这样才能随着竞争者促销预算的升降而调高或调低。

（2）竞争者的促销预算能代表企业所在行业的集体智慧。

（3）维持竞争均势能避免各企业之间的促销大战。但是，事实上，上述前提条件很难具备。一是企业没有理由相信竞争者所采用的促销预算确定方法比本企业的方法更科学；二是各企业的促销信誉、资源、机会与目标并不一定相同，可能会相差甚远，因此，某一企业的促销预算不一定值得其他企业效仿；三是即使本企业的促销预算与竞争者势均力敌，也不一定能够稳定全行业的促销支出。

4．目标任务法

目标任务法的具体步骤是明确地确定促销目标，决定为达到这种目标而必须执行的工作任务，估算执行这种工作任务所需的各种费用，这些费用的总和就是计划促销预算。

企业在编制总的促销预算时，先要求每个经理按照下述步骤准备一份促销预算申请书：尽可能制订详细的促销目标，该目标最好能用数字表示；列出为实现该目标所必须完成的工作任务；估计完成这些任务所需要的全部成本。

目标任务法的缺点是，没有从成本的观点出发，来考虑某一促销目标是否值得追求。

任务二

人员推销策划

一、人员推销策划的概述

（一）人员推销策划的概念、形式与推销员本质

1．人员推销概念

人员推销是指企业通过派出销售人员与一个或一个以上可能成为购买者的人交谈，作口头陈述，推销产品，并说服其购买的促销活动。在这一过程中，销售人员要确定购买者的需要，并通过自己的努力去吸引和满足购买者的各种需求，使双方能从公平交易中获取各自的利益。

2．人员推销策划概念

人员推销策划是企业为实现经营目标，围绕促销活动，针对如何最大限度地利用销售人员、建设优秀的销售队伍，有效地运用销售技术等进行谋划行为的过程。人员推销策划是一门艺术性活动，企业将推销员塑造成知识、天赋、诚信、智慧融于一身，利用推销技巧来满足消费者的要求。

在人员推销策划中，推销人员、推销对象和推销品是三个基本要素，前两者是活动主体。因此，人员推销的策划是围绕着人来进行的。

3．人员推销的形式

人员推销的形式很多，如营业（网点、门市、柜台）推销、展开（展示、演示）推销、服务

推销、样品推销、会议（订货会、商务洽谈会、研究会）推销、电话推销、上门（走访、逐户）推销、个人推销、集体推销等。这里所指的推销人员包括推销员、市场代表、商店售货员及其他与消费者直接接触的销售人员。

4. 推销员的本质

在推销过程中，销售人员承担着不同的角色，发挥着不同的作用。

（1）企业形象代表。销售人员是企业派出往目标市场的形象代表，他们主动热情的工作，积极的态度乃至一言一行都代表了企业形象，是企业文化和经营理念的传播者。

（2）热心服务者。销售人员是目标顾客的服务人员，帮助顾客排忧解难，解答顾客咨询，提供产品使用指导，其服务质量和热情赢得顾客的信任和偏爱。

（3）信息情报员。销售人员是企业信息情报重要反馈渠道。基于销售人员的工作特点，广泛接触社会各个方面。因此，他们不仅收集目标顾客的需求信息，还能收集竞争者信息、宏观经济方面信息和科技发展状况信息，使营销决策者能迅速把握外部环境的动态及时作出反应。

（4）"客户经理"。当销售人员面对一群顾客作营销沟通工作时，他们所担任的就是"客户经理"角色，在企业营销战略和政策指导下，行使一定决策权。如交易条款的磋商，交货时间的确认等。

（二）人员推销的特点

与其他促销工具相比，人员推销具有以下特点。

1. 信息传递的双向性

推销人员在访问推销的过程中，要与顾客直接面对面地进行洽谈。因此，购买者并不是被动地接收企业的促销信息，他们也通过某种方式主动发出信息。这就使得推销人员可以根据购买者的即时反映调整推销对策，施展劝说才能，达到销售目的。这种双向带来互动性，推销者将企业的诸如产品质量、功能、使用方法、安装、维护、服务等信息传递给消费者，消费者也把自己对产品的评价、不足、建议等反馈出来，有利于实现企业与消费者双赢。

2. 人际关系的互利性

推销人员在销售过程中要经过较多次的反复劝说，与顾客接触机会多，容易相互了解。一旦交易达成，双方的目的都得以实现，稳固的购销关系也就随之建立起来。尤其是在长期保持友谊关系的基础上，开展促销活动，有利于建立品牌的忠诚度。

3. 推销方式的灵活性、能动性和选择性

推销人员可以在不同的时间，根据不同的顾客的不同需求，采用不同的推销方式；还可以根据自己对顾客购买意向的判断，随时中断或继续推销活动，这是推销方式的灵活性。买卖的双方都是人，人是具有主观能动性的。企业推销不能按照自己的设想一意孤行，一旦发现消费者出现异议，应最快地作出反应，选择最适合的方式方法，来实现推销的目的。

4. 推销对象的针对性

一般来说，推销人员在开展推销活动之前，都估计和分析过可能的推销对象是什么人，即

目标顾客，对他们的需要和欲望及其他一些特性已有大致的了解。另外，在推销过程中，推销人员还可以按照预先的归类分析，设计出不同类别的顾客主要特征，做好准备及时地回答购买者提出的问题。

5. 信息收集的反馈性

推销人员在与购买者磋商中，能从他们的态度要求中收集到有关竞争情况和消费者具体需求的信息，以及对本企业产品及其他活动的意见，这无疑给企业带来好处，有助于企业作出决策，降低企业营销决策的风险。

（三）人员推销的程序

根据应用较为广泛的"程序化推销"理论，人员推销的程序包括以下七个步骤，如图 7-1 所示。

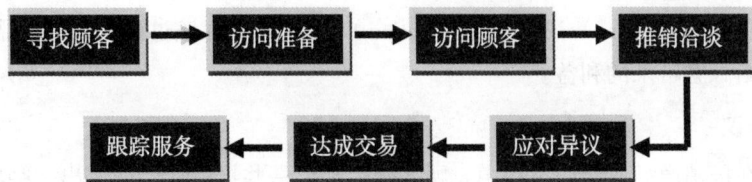

图 7-1　人员推销程序图

1. 寻找顾客

推销程序的第一步是寻找顾客，识别潜在顾客。寻找顾客线索可以通过以下方法进行。

（1）向现有顾客询问潜在顾客的姓名。

（2）培养其他能提供线索的来源，如供应商、非竞争性的推销人员、银行和有关协会负责人。

（3）加入潜在客户所在的组织。

（4）从事能引人注意的演讲和写作活动。

（5）通过细阅各种资料如报纸、指南等寻找名字。

（6）通过电话和邮件寻找线索。

推销人员必须懂得如何淘汰那些没有价值的线索。对于潜在的顾客，可以通过研究他们的财务能力、业务量、具体的需求、地理位置和连续进行业务的可能性，来衡量他们的资格。推销人员应当给潜在顾客打电话，以便确定是否访问他们。

2. 访问准备

推销人员在访问顾客之前必须做好充分的访问准备工作。

（1）本企业及其产品的详细情况、资料或样品等。

（2）竞争者的相关产品的特点、价格、竞争能力和市场定位等。

（3）顾客情况，推销人员应尽可能多地了解潜在客户公司的情况（它需要什么、谁参与购买决策）和采购人员的情况（性格特征、购买风格）。可以向熟人和其他人询问该公司的情况。

（4）推销人员应确定访问目标，如确定潜在客户是否够资格，或是收集信息；决定采用哪种最好的访问方法，它可以是一种私人拜访、电话访问或信函访问；决定最佳访问时机，因为许多潜在客户在一定的时间内十分繁忙；考虑好对客户的全面推销策略。

3. 访问顾客

推销人员应该知道初次与客户交往时如何会见和向客户问候，会使双方的关系有一个良好的开端，这包括推销人员仪表、开场白和随后谈论的内容。推销人员所穿的衣着应得体或尽量与顾客的衣着相类似；对待顾客要殷勤而有礼貌；开场白要明确，如"李经理（或李总），我是 AB 公司的张××，我们公司和本人都非常感谢您对我的接见，我将尽力使这次访问对您和贵公司都有裨益"。接下来便可讨论某些主要问题和恭听，以了解购买者和他们进一步的需要。

4. 推销洽谈

推销人员可以按照 AIDA 模式向顾客推销产品，争取顾客关注（Attention）产品—引起兴趣（Interest）—激发欲望（Desire）—采取行动（Action）。推销人员在该过程中应以产品性能为依据，着重说明产品给顾客带来的利益。

5. 应对异议

推销人员在推销产品或洽谈过程中，顾客会表现出一些抵触情绪或提出一些异议。推销人员要采取积极的方法对此一一予以应对，如请顾客说明他反对的理由，向顾客提一些他们不得不回答的反对意见，否定他们的意见，或者将对方的异议转变成购买的理由。

6. 达成交易

推销人员必须懂得如何从顾客那里发现可以达成交易的信号，包括顾客的动作、语言、评论和提出的问题。达成交易有几种方法。推销人员可以要求顾客订货，重新强调一下协议的要点，帮助秘书填写订单，询问顾客是要产品 A 还是产品 B，让顾客对颜色、尺寸等次要内容进行选择，或者告诉顾客如果现在不订货将会遭受什么损失。推销人员也可以给予购买者以特定的成交劝诱，如特价、免费赠送额外数量，或是赠送一件礼物。

7. 跟踪服务

如果推销人员想保证顾客感到满意并能继续订购，这最后一步是必不可少的。交易达成之后，推销人员就应着手履约的各项具体工作：交货时间、购买条件及其他事项。推销人员接到第一张订单后，就应制订一个后续工作访问日程表，以保证能及时的为顾客提供指导和服务。这种访问还可以发现可能存在的问题，使顾客相信推销人员的关心，并减少可能出现的任何认识上的不一致。推销人员还应该制订一个客户维持计划，以确保客户不会被遗忘或丢失。

（四）人员推销的类型

1. 生产厂家的人员推销

生产厂家的人员推销，即生产厂家雇佣推销员向中间商或其他厂家推销产品。日用消费品生产厂家的推销员往往将中间商作为他们的推销对象；而工业品生产厂家的推销员则把他们产品的其他生产厂家作为推销对象。

2．批发商的人员推销

批发商往往也雇佣很多名推销员在指定区域向零售商推销产品。零售商也常常依靠这些推销员来对商店的货物需求、货源、进货量和库存量等进行评估。

3．零售店人员推销

零售店人员推销往往是顾客上门，而不是推销员拜访顾客。这类推销是现场导购，他们不仅要掌握推销人员的专业技能，而且临场应变能力要更强一些。

4．直接面对消费者的人员推销

直接面对消费者的人员推销在零售推销中所占比重不大，是推销力量中的一个重要部分，有其特殊优点和作用。上门推销就属于直接面对消费者的人员推销，携带产品样品、说明书和订单等，走访消费者。

5．无形产品的人员推销

无形产品的人员推销主要指对保险、银行、旅游、服务业等的人员推销，还包括对不动产如工商企业的不动产、房地产等的人员推销。企业对这类推销员的要求很高，他们要通晓法律等各方面知识，甚至需要通过必要的考试。

二、人员推销的策略与技巧

（一）人员推销的策略

1．试探性策略

试探性策略又称刺激—反应策略，是指推销人员利用刺激性较强的方法引起顾客购买行为的一种推销策略。

在推销人员不十分了解客户需要的情况下，事先准备好要说的话，对客户进行试探。同时密切注意对方的反应，然后根据反应进行说明或宣传。在向顾客推销产品的时候，可以重点提示产品的特色和优点，对产品进行示范操作、出示图片资料、赠送产品说明书等，由此来引发顾客的进一步关注，并及时处理顾客提出的异议，排除成交困难，促成顾客购买。

2．针对性策略

针对性策略又称配合—成交策略。这种策略的特点，是事先基本了解客户的某些方面的需要，然后有针对性地进行"说服"，当讲到"点子"上引起客户共鸣时，就有可能促成交易。在人员推销中，用"投其所好"来形容针对性策略不为过，在交谈过程中，要让顾客感觉到推销员确实是自己的好参谋，是真心为自己服务的，从而产生强烈的信任感，愉快地成交。不过也要注意过犹不及，避免顾客的逆反心理。因此，不要热情过度。

3．诱导性策略

诱导性策略也称诱发—满足策略。这是一种创造性推销，即首先设法引起客户需要，再说明我所推销的这种服务产品能较好地满足这种需要。这种策略要求推销人员有较高的推销技术，在"不知不觉"中成交。采用这种策略，推销人员要设身处地为顾客着想，并做到恰如其分地介绍产品，真正起到诱导作用。

（二）人员推销的技巧

1．上门推销技巧

（1）找好上门对象。可以通过商业性资料手册或公共广告媒体寻找重要线索，也可以到商场、门市部等商业网点寻找客户名称、地址、电话、产品和商标。

（2）做好上门推销前的准备工作。尤其要对产品、服务的内容和研发状况要十分了解、熟悉并牢记，以便推销时有问必答。同时对客户的基本情况和要求应有一定的了解。

（3）掌握"开门"的方法。要选好上门时间，以免吃"闭门羹"。可以采用电话、电子邮件等手段事先交谈与对方预约面谈的时间、地点，也可以采用请熟人引见、名片开道、与对方有关人员交朋友等策略，赢得客户的欢迎。

（4）把握适当的成交时机。应善于体察顾客的情绪，在给客户留下好感和信任时，抓住时机发起"进攻"，争取签约成交。

（5）学会推销的谈话艺术。得体的谈话与倾听艺术，能有效地获得顾客好感，促进成交。

2．人员推销洽谈技巧

首先注意自己的仪表和服饰打扮，给客户一个良好的印象；同时，言行举止要文明、懂礼貌、有修养，做到稳重而不呆板、活泼而不轻浮、谦逊而不自卑、直率而不鲁莽、敏捷而不冒失。

在开始洽谈时，推销人员应巧妙地把谈话转入正题，做到自然、轻松、适时。可采取以关心、赞誉、请教、炫耀、探讨等方式入题。在洽谈过程中，推销人员应谦虚谨言，并作出积极的反应。顺利地提出洽谈的内容，以引起客户的注意和注意让客户多说话，认真倾听，表示关注与兴趣。遇到障碍时，要细心分析，耐心说服，排除疑虑，争取推销成功。在交谈中，语言要客观、全面，既要说明优点所在，也要如实反映缺点，切忌高谈阔论、"王婆卖瓜"，让客户反感或不信任。

洽谈成功后，推销人员切忌匆忙离去，这样做，会让对方误以为上当受骗了，从而使客户反悔。应该用友好的态度和巧妙的方法祝贺客户做了笔好生意，并指导对方领会好合约中的重要细节和其他一些注意事项。

3．发现潜在顾客的技巧

潜在顾客是指有购买可能或愿望的顾客。其特点是具有较大的付款能力，有某种潜在的购买需求，有购买决定权，认同推销员的推销工作。

推销员发现潜在顾客的基本途径，一是随时随地寻找利用一切可以利用的场合和机会；二是利用人际关系介绍，如血缘、地缘、亲缘及各种团体，发现潜在顾客；三是寻找突破口。利用连带关系，发现潜在顾客。

发现潜在顾客的主要技巧包括以下几个方面。

（1）直接访问。进行挨家挨户的访问，或利用电话访问。

（2）老顾客介绍。利用老顾客的关系，介绍潜在顾客。

（3）同事协助。利用本企业其他业务人员介绍潜在顾客。

（4）产品展示。通过展出产品或新颖的POP广告吸引顾客驻足了解。

（5）利用各种名册。如电话本、工商名录、社团名录，也可以在新兴的互联网络上寻找客户信息。

（6）交换名单。不同行业的推销员相互交换顾客名单。

三、顾客异议处理

（一）顾客异议类型

1. 需求异议

需求异议是指顾客认为不需要产品而形成的一种反对意见。它往往是在营销人员向顾客介绍产品之后，顾客当面拒绝的反应。例如，一位女顾客提出："我的面部皮肤很好，就像小孩一样，不需要用护肤品""我们根本不需要它""这种产品我们用不上""我们已经有了"等。这类异议有真有假。真实的需求异议是成交的直接障碍。营销人员如果发现顾客真的不需要产品，那就应该立即停止营销。虚假的需求异议既可表现为顾客拒绝的一种借口，也可表现为顾客没有认识或不能认识自己的需求。营销人员应认真判断顾客需求异议的真伪性，对虚假需求异议的顾客，设法让他觉得推销产品提供的利益和服务符合他的需求，使之动心，再进行营销。

2. 财力异议

财力异议是指顾客认为缺乏货币支付能力的异议。例如，"产品不错，可惜无钱购买""近来资金周转困难，不能进货了"等。一般来说，对于顾客的支付能力，营销人员在寻找顾客的阶段已进行过严格审查，因而在营销中能够准确辨认真伪。真实的财力异议处置较为复杂，营销人员可根据具体情况，或协助对方解决支付能力问题，如答应赊销、延期付款等，或通过说服使顾客觉得购买机会难得而负债购买。对于作为借口的异议，营销人员应该在了解真实原因后再作处理。

3. 权力异议

权力异议是指顾客以缺乏购买决策权为理由而提出的一种反对意见。例如，顾客说"做不了主""领导不在"等。与需求异议和财力异议一样，权力异议也有真实或虚假之分。营销人员在进行寻找目标顾客时，就已经对顾客的决策权力状况进行过认真的分析，也已经找准了决策人。面对没有购买权力的顾客极力推销商品是营销工作的严重失误，是无效营销。在决策人以无权为借口拒绝营销人员及其产品时放弃营销更是营销工作的失误，是无力营销。营销人员必须根据自己掌握的有关情况对权力异议进行认真分析和妥善处理。

4. 价格异议

价格异议是指顾客以推销产品价格过高而拒绝购买的异议。无论产品的价格怎样，总有些人会说价格太高、不合理或比竞争者的价格高。例如，"太贵了，我买不起""我想买一种便宜点的型号""我不打算投资那么多，我只使用很短时间""在这些方面你们的价格不合理"及"我想等降价再买"。当顾客提出价格异议，表明他对推销产品有购买意向，只是对产品价格不满意，而进行讨价还价。当然，也不排除以价格高为拒绝营销的借口。在实际营销工作中，价格异议是最常见的，营销人员如果无法处理这类异议就难以达成交易。

5. 产品异议

产品异议是指顾客认为产品本身不能满足自己的需要而形成的一种反对意见。例如，"我不喜欢这种颜色""这个产品造型太古板""新产品质量都不太稳定"，还有对产品的设计、功能、结构、样式、型号等提出异议。产品异议表明顾客对产品有一定的认识，但了解还不够，担心这种产品能否真正满足自己的需要。因此，虽然有比较充分的购买条件，就是不愿意购买。为此，营销人员一定要充分掌握产品知识，能够准确、详细地向顾客介绍产品的使用价值及其利益，从而消除顾客的异议。

6. 营销人员异议

营销人员异议是指顾客认为不应该向某个营销人员购买推销产品的异议。有些顾客不肯买推销产品，只是因为对某个营销人员有异议，他不喜欢这个营销人员，不愿让其接近，也排斥此营销人员的建议。但顾客肯接受自认为合适的其他营销人员。例如，"我要买老王的""对不起，请贵公司另派一名营销人员来"等。营销人员对顾客应以诚相待，与顾客多进行感情交流，做顾客的知心朋友，消除异议，争取顾客的谅解和合作。

7. 货源异议

货源异议是指顾客认为不应该向有关公司的营销人员购买产品的一种反对意见。例如，"我用的是某某公司的产品""我们有固定的进货渠道""买国有企业的商品才放心"等。顾客提出货源异议，表明顾客愿意购买产品，只是不愿向眼下这位营销人员及其所代表的公司购买。当然，有些顾客是利用货源异议来与营销人员讨价还价，甚至利用货源异议来拒绝营销人员的接近。因此，营销人员应认真分析货源异议的真正原因，利用恰当的方法来处理货源异议。

8. 购买时间异议

由于营销的环境、客户及营销方法等不同，导致顾客表示异议的时间也不相同。一般来说，顾客表示异议的时间有以下几种。

（1）首次会面。营销人员应预料到顾客开始就有可能拒绝安排见面时间。如果这个顾客非常具备潜在顾客的条件，营销人员则应事先做好心理准备，想办法说服顾客。

（2）产品介绍阶段。在这一阶段，顾客很可能提出各种各样的质疑和问题。事实上，营销人员正是通过顾客的提问去了解顾客的兴趣和需求所在。如果顾客在营销介绍的整个过程中一言不发、毫无反应，营销人员反而很难判断介绍的效果了。中国有句古话：贬货者才是真正的买主。提出疑问，往往是购买的前兆。

（3）营销结束（试图成交）阶段。顾客的异议最有可能在营销人员试图成交时提出。在这一阶段，如何有效地处理顾客的异议显得尤为重要。如果营销人员只在前面两个阶段圆满地消除了顾客的异议，而在最后关头却不能说服顾客，那一切的努力都将付诸东流。

为了避免在成交阶段出现过多的异议，营销人员应该在准备营销介绍时就主动回答顾客有可能提出的异议，为成交打下基础。如果在试图成交阶段顾客的异议接二连三，就说明在前面营销介绍阶段存在的漏洞太大。

购买时间异议是指顾客有意拖延购买时间的异议。顾客总是不愿马上做出决定。事实上，许多顾客用拖延来代替说"不"。营销人员经常听到顾客说"让我再想一想，过几天答复你""我们需要研究研究，有消息再通知你"及"把材料留下，以后答复你"等。这些拒绝很明显意味着顾客还没有完全下定决心，拖延的真正原因，可能是因为价格、产品或其他方面不合适。有些顾客还利用购买时间异议来拒绝营销人员的接近和面谈。因此，营销人员要具体分析，有的放矢，认真处理。

（二）处理顾客异议的方法

1.转折处理法

转折处理法是推销工作的常用方法，即营业员根据有关事实和理由来间接否定顾客的意见。应用这种方法是首先承认顾客的看法有一定道理，也就是向顾客作出一定让步，然后再讲出自己的看法。此法一旦使用不当，可能会使顾客提出更多的意见。在使用过程中，要尽量少地使用"但是"一词，而实际交谈中却包含着"但是"的意见，这样效果会更好。只要灵活掌握这种方法，就会保持良好的洽谈气氛，为自己的谈话留有余地。

如一位女顾客提出营业员推销的服装颜色过时了，营业员不妨这样回答："小姐，您的记忆力的确很好，这种颜色几年前已经流行过了。我想您是知道的，服装的潮流是轮回的，如今又有了这种颜色回潮的迹象。"这样就轻松地反驳了顾客的意见。

2.转化处理法

转化处理法是利用顾客的反对意见自身来处理。顾客的反对意见是有双重属性的，它既是交易的障碍，又是一次交易机会。营业员要是能利用其积极因素去抵消其消极因素，未尝不是一件好事。

这种方法是直接利用顾客的反对意见，转化为肯定意见，但应用这种技巧时一定要讲究礼仪，而不能伤害顾客的感情。此法一般不适用于敏感性的或与成交有关的反对意见。

3.以优补劣法

以优补劣法又叫补偿法。如果顾客的反对意见的确切中了产品或公司所提供的服务中的缺陷，千万不可以回避或直接否定。明智的方法是肯定有关缺点，然后淡化处理，利用产品的优点来补偿甚至抵消这些缺点。这样有利于使顾客的心理达到一定程度的平衡，有利于使顾客作出购买决策。

当推销的产品质量确实有些问题，而顾客恰恰提出"这东西质量不好"营业员可以从容地告诉他："这种产品的质量的确有问题，所以我们才削价处理。不但价格优惠很多，而且公司还确保这种产品的质量不会影响您的使用效果。"这样一来，既打消了顾客的疑虑，又以价格优势激励顾客购买。这种方法侧重于心理上对顾客的补偿，以便使顾客获得心理平衡感。

4.委婉处理法

营业员在没有考虑好如何答复顾客的反对意见时，不妨先用委婉的语气把对方的反对意见重复一遍，或用自己的话复述一遍，这样可以削弱对方的气势。有时转换一种说法会使问题容易回答得多。但只能减弱而不能改变顾客的看法，否则顾客会认为你歪曲他的意见而产生不满。

营业员可以在复述之后问一下："您认为这种说法确切吗？"，然后再继续下文，以求得顾客的认可。比如顾客抱怨"价格比去年高多了，怎么涨幅这么高？"，营业员则可以这样说："是啊，价格比起前一年确实高了一些。"然后再等顾客的下文。

5. 合并意见法

合并意见法是将顾客的几种意见汇总成一个意见，或者把顾客的反对意见集中在一个时间讨论。总之，是要起到削弱反对意见对顾客所产生的影响。但需注意不要在一个反对意见上纠缠不清，因为人们的思维有连带性，往往会由一个意见派生出许多反对意见。摆脱的办法是在回答了顾客的反对意见后马上转移话题。

6. 反驳法

反驳法是指营业员根据事实直接否定顾客异议的处理方法。理论上讲，这种方法应该尽量避免。直接反驳对方容易使气氛僵化而不友好，使顾客产生敌对心理，不利于顾客接纳营业员的意见。但如果顾客的反对意见是产生于对产品的误解，而你手头上的资料可以帮助你说明问题时，你不妨直言不讳。但要注意态度一定要友好而温和，最好是引经据典，这样才有说服力，同时又可以让顾客感到你的信心，从而增强顾客对产品的信心。反驳法也有不足之处，这种方法容易增加顾客的心理压力，弄不好会伤害顾客的自尊心和自信心，不利于推销成交。

7. 冷处理法

对于顾客一些不影响成交的反对意见，推销员最好不要反驳，采用不理睬的方法是最佳的。千万不能顾客一有反对意见，就反驳或以其他方法处理，那样就会给顾客造成你总在挑他毛病的印象。当顾客抱怨你的公司或同行时，对于这类无关成交的问题，都不予理睬，转而谈你要说的问题。

顾客说："啊，你原来是××公司的推销员，你们公司周围的环境可真差，交通也不方便呀！"尽管事实未必如此，也不要争辩。你可以说："先生，请您看看产品……"

国外的推销专家认为，在实际推销过程中80％的反对意见都应该冷处理。但这种方法也存在不足，不理睬顾客的反对意见，会引起某些顾客的注意，使顾客产生反感。且有些反对意见与顾客购买关系重大，推销员把握不准，不予理睬，有碍成交，甚至失去推销机会。因此，利用这种方法时必须谨慎。

8. 强调利益法

强调利益法是指销售人员通过反复强调产品能给顾客带来的利益来化解顾客的异议，适用于具有某种缺点又能为顾客带来某种突出利益的产品。

9. 比较优势法

比较优势法是指销售人员将自己的产品与竞争产品相比较，从而依靠自己产品的优势来处理顾客的异议。

10. 价格对比法

价格对比法是指顾客提出相关价格异议时，销售人员进行横向或纵向对比来化解顾客的异议。

11. 价格分解法

价格分解法是当顾客提出有关价格的异议时，销售人员可以化解计量单位，以此来改变顾客的错误看法，以化解顾客异议的方法。

12. 反问法

反问法是指销售人员通过对顾客的异议提出反问来化解顾客异议。常用于销售人员不了解顾客异议的真实内涵，即不知是寻找借口还是的确有异议时，进行主动了解顾客心理的一种策略。采取反问法时，应注意销售利益和保持良好的销售气氛。

四、人员推销的策划

（一）推销人员的招募策划

1. 基本素质的确定

（1）思想素质。良好的推销人员首先要热爱本职工作，具有坚定的事业心和责任感，不见利忘义，全心全意为顾客服务，依法开展营销活动。

（2）文化素质。作为推销人员，既要熟悉有关的方针政策，还要有社会经济学、消费心理学、市场营销学、美学等方面的知识，并能较好地应用于实践。

（3）业务素质。销售人员要有熟练的业务知识，包括产品知识，如质量、效用、价格、使用方法等；企业相关知识，如企业的历史、声誉、经营方针、交货方式等；用户知识，如同类产品市场分布情况、发展趋势等。只有具备良好的业务素质，才能克服推销活动过程中的各种障碍。

（4）身体素质。健康的体魄是销售工作最基本的要求，除了保持身体健康外，销售人员还要注意容貌的修饰和服饰整洁，保持举止文雅的行为风度，从而具有良好的精神风貌。

（5）心理素质。推销人员面临的经营环境是复杂多变的，这就要求其应具有良好的心理素质和应变能力，对推销对象不仅要真诚、友善，而且要有坚定的意志品质，能够长期保持工作的积极性和主动性。

2. 培训策划

培训策划的内容包括：

（1）企业状况的了解。推销员必须对所代表的公司有一个全面了解。熟悉公司发展史，对公司历年财务、人员状况、领导状况及技术设备都了如指掌，因为这些知识都有助于增强顾客对推销员的信任感。推销员还必须掌握公司经营目标和营销策略，并能够灵活运用和解释它们。同时，还应该学会巧妙运用统计资料来说明公司的地位，力争在顾客心目中树立起良好的公司形象。

（2）熟练掌握产品特征。推销员应该是产品专家，应全面了解从产品设计到生产的全过程，熟悉产品性能、特点、使用、维修，熟知产品成本、费用、出厂价格，也应全面掌握产品种类、设备状况、服务项目、定价原则、交货方式、付款方式、库存、运输条件等还应了解竞争产品情况。

（3）推销知识的培训。推销员还要掌握的相关知识主要包括营销策略、市场供求情况、潜在顾客数量、分布、购买动机、购买能力、有关法规等。推销员一方面需要了解顾客购买的可能性及希望从中得到的利益；另一方面需要了解顾客购买决策依据，顾客购买决策权在谁手中，谁是购买者，谁是使用者和消费者。了解顾客的购买条件、方式和时间，深入分析不同顾客的心理、习惯、爱好和要求。

（4）交际礼仪培训。人员推销实际上是一种交际活动。推销员是公司的"外交官"，要讲究必要的推销礼仪。仪表虽不能绝对反映一个人的内心世界，但作为一个推销员，则必须注意仪表，推销员留给顾客的第一印象往往取决于推销员的外表，顾客喜欢仪表优雅、风度翩翩的推销员，而不喜欢不修边幅、形象邋遢的推销员。

（5）言谈举止培训。推销员在言谈方面，应做到语言表达准确，避免措辞含混不清；注意使用规范语言，除特殊场合外，一般应讲普通话和官方语言；使用礼貌语言，杜绝粗野语言；不要口头语；还应注意讲话的语音语调，发音清晰，速度适中，避免病句；讲话不应声嘶力竭或有气无力。总之，讲话要准确规范，富于表现力。

推销员在举止方面，应注意遵守一些基本的准则，如敲门要轻，并稍远离门；打招呼、问候应主动、热情、适当；登门拜访顾客时应后于顾客落座，切忌乱动顾客的东西；谈话时态度关切、温和，坐态端正并稍向前倾，倾听认真、用心，切忌东张西望、心不在焉，回答问题时不要直接顶撞，需要否定对方意见时可用委婉语气；谈话时应不慌不忙，动作适度，站立时切忌双手倒背，交换名片时应双手呈递和双手接受，以示对对方的尊重，切忌一边访谈一边摆弄顾客的名片；必须注意克服不停眨眼、挖鼻孔、皱眉、瓣手、咬嘴唇、搔头、挖耳朵、吐舌头、耸肩膀、颤腿颤脚、踏地板、不停地看表、东张西望、慌慌张张、皮笑肉不笑等坏习惯。

3．工作激励策划

（1）明确工作激励条件。培训中使每个推销员明确自己要得到的薪酬，一般的薪酬有四个部分：底薪，奖金、红利、提成，费用津贴，各种福利等。同时，明确企业的科学的激励制度，领导的关怀、升职制度、荣誉制度等。明确工作激励条件，可以使每个员工产生内在的动力，提高工作的积极性、自觉性。

（2）明确考核制度。考核制度包括定期汇报制度、工作检查制度和绩效评估制度。尤其是绩效评估直接影响到推销员继续工作的积极性，让每个人将工作业绩与个人收入直接挂钩。绩效评估一般是采取：推销员绩效纵向比较——自己与自己过去比；绩效横向比较——自己与别人比；推销员的定性评估——个人行为表现。

（二）推销人员的管理策划

1．制订销售目标

为了有效管理推销人员，首先就要制订销售目标。销售目标必须正确，能测定其结果，并规定期间和地域。

（1）销售总目标。销售总目标通常有销售额、市场占有率和利润等。销售总目标的确定是企业根据企业自身及产业的具体情况，使用分析方法对公司业绩及市场业绩进行分析后而形成的。

（2）销售分目标。销售分目标包括按照公司的总目标而分解成各个市场的分目标，包括不同产品在不同地区应该制订的合理的指标，还包括落实到销售人员头上的不同的个别销售目标，这些目标也是在以往销售状况、环境因素的变化分析基础上，重新调整制订的。

销售总目标的确定，给每个推销员提供了判断的依据。销售分目标的确定，实际上指明了推销人员的活动方向和目标，同时是用来评价和监督推销人员的标准。

2．明确推销人员任务

推销人员的任务可归纳为五个方面的内容。

（1）寻找。通过人员推销，不仅要加深了解现有顾客的需要，还要努力寻找潜在顾客，确定访问对象，培养新客户，维系老顾客。

（2）沟通。推销人员要经常地、有效地与现实和潜在的顾客保持联系及时地向目标顾客传递有关企业和产品的信息。同时，了解顾客的要求，沟通信息，可成为企业与顾客的关系桥梁。

（3）销售。这是一项传统的、基本的任务，要求推销人员精通技术与技巧来推销产品。包括接近顾客、回答顾客的问题、解除顾客疑虑、促成交易。

（4）服务。推销人员有责任为顾客提供各种服务，包括咨询服务、技术帮助、安排交货事宜和安排资金融通等。

（5）调研。推销人员不仅要完成销售任务，还有进行市场调研、收集信息的工作，主要是为企业进行促销策划提供依据。

3．确定推销人员数量

推销人员数量的决定是企业重要管理问题之一，它直接与企业的市场营销能力、销售和利润相关联。因此，推销人员的规模必须和市场营销计划、市场状况、市场营销环境因素等协调起来考虑和决定。决定推销人员数量的常用方法有业务均等法和增量法。

（1）业务均等法。业务均等法是指根据企业推销工作量是来决定推销人员的一种方法。其计算公式为

$$S = (C_1 V_1 + C_2 V_2 + \cdots)/L$$

式中，S——推销人员数量；

C_1——A顾客群人数；

C_2——B顾客群人数；

V_1——A顾客群年均最佳访问次数；

V_2——B顾客群年均最佳访问次数；

L——每位推销人员年均访问顾客次数。

例如，假设某企业将顾客分为A、B两个顾客群，A顾客群为300人，B顾客群有900人。为提高销售业绩，决定对A顾客群每人年均访问20次，对B顾客群每人年均访问12次。假设该企业推销人员每人每年共访问顾客600次，用上述公式求出该企业所需推销人员数量。

$$S = (C_1 V_1 + C_2 V_2) / L$$
$$= (300 \times 20 + 900 \times 12)/600$$
$$= 28（人）$$

（2）增量法。增量法是指企业通过增加推销人员来增加销量或因扩大销售地区和增加销量而需增加推销人员的一种方法。增加推销人员，自然会增加销量，但也会相应地增加推销费用。根据增量法，只要因增加推销人员数量所产生的销售增长量大于销售费用增加量，就应该增加推销人员，也就是说，推销人员规模以能获取最大销售利润为最佳规模。见表7-3。

表7-3　基于增量法的销售费用、销量和销售利润

单位：元

推销员人数	总销售费用	人均销售额	总销售额	销售利润
1	25 000	200 000	200 000	175 000
2	50 000	150 000	300 000	250 000
3	75 000	120 000	360 000	285 000
4	100 000	100 000	400 000	300 000
5	125 000	85 000	425 000	300 000
6	150 000	72 000	432 000	282 000

表中显示，到推销人员4人为止，随推销人员增加，其销售利润按其相应比例增加，但第5人没有显示出增加。因此，该企业推销人员以4人为宜。

增量法是否可行和是否有效，完全取决于能否准确测定增加1名推销人员所增加的销量以及能否准确地了解所增加的销售费用。

4. 设计推销人员组织结构

推销人员组织结构，实质上就是推销人员如何有效分工和协调的问题，有四种主要的组织结构可供选择。

（1）区域型组织。区域型组织即按地理区域组织和分派推销人员，是最常见、最简单的组织结构。通常给每位推销人员划分一个地区，全面负责该地区所有客户和产品的推销。不过，由于不同地区的顾客密度、销售潜量和工作量不等，每位推销人员负责地区的面积并不相同。除此之外，划分销售地区时还要考虑到自然界限的位置、交通是否便利等。企业可以利用计算机程序来划分销售区域，力图在工作量、销售潜量、出差时间和费用的合理匹配方面达到最佳。

（2）产品型组织。区域型组织主要适用于产品和市场都较简单的企业。当企业经营众多各不相同的产品，且其技术性较强时，较好的选择就是产品型组织，即由一位或几位推销人员负责一种产品在所有地区的销售。

（3）顾客型组织。对于采取多角化经营战略的企业来说，产品型组织并不一定都是最好的选择，如果该企业生产的多种产品都被相同的顾客买去了，按产品分工，就会出现分属不同部门的推销人员都跑到同一位客户那里去推销产品的情况，此时，按用户行业或为某个大用户单独组织或分派推销人员更为合理。如IBM公司分别为金融业和经纪人设立销售处，在底特律专为通用公司设立一个销售处，在附近的迪邦又为福特公司设立了另一个销售处。

（4）复合型组织。复合型组织，即混合运用上述两种因素——组织和分派推销人员，可分为区域—产品复合型、产品—顾客复合型、顾客—区域复合型或其他组合。

任务三
营业推广策划

一、营业推广概述

（一）营业推广的定义及本质

1. 营业推广的定义

营业推广是指企业运用各种短期诱因，鼓励购买和销售其产品或服务的促销活动。还有一种说法认为营业推广是指"除了人员推销、广告、公共关系以外的、刺激消费者购买和经销商效益的各种市场营销活动，例如，陈列、演出、展览会、示范表演及其他推销努力"。

2. 营业推广的本质

（1）营业推广是一种强烈刺激需求、扩大销售的活动。因为所使用的方法，多带有"好处"的标识，对消费者购买心理会产生直接的刺激，引发购买动机，或者诱导其多买。

（2）营业推广是一种辅助性质的、非常规性的促销方式。营业推广是短期性质的活动，形成的是突发性、大规模的购买行为，如形成抢购。这样的购买行为不属于正常的购买行为，在市场上属于非常规的手段，不能持久地进行。

（3）营业推广不能单独使用，需要与其他促销方式配合使用。营业推广要与营销沟通其他方式如广告、人员销售等整合起来，相互配合，共同使用，从而形成营销推广期间的更大声势，取得单项推广活动达不到的效果。

（4）营业推广适合于特定时期或特定任务的短期性促销活动。如选择特殊的节假日，重点针对有特点的产品、节日、礼仪产品，在节假日前做营业推广，容易收到立竿见影的效果。

3. 营业推广的作用

营业推广具有正、反两方面的作用。见表7-4。

表7-4　营业推广的作用

正反两方面	正作用	负作用
具体分析	①可以在短时间内增加产品的销售量，对于长期销售不畅的或在库房积压的产品尤其有效 ②可以有效地加快新产品进入市场的速度，通过样品的体验、激发消费者兴趣，获得亲身的感受和对产品的认同 ③可以快速传递信息，形成产品知名度	①难以建立品牌忠诚度，一旦活动停止，好处消失，购买行为容易停止 ②因为活动能使消费者获得好处增加购买量，消费者会压缩正常开支 ③容易促使企业注重"现得利"短期行为 ④拙劣的营业推广会使企业形象受损害，如有些低级趣味活动会引起负面影响

（二）营业推广的特点

营业推广又叫销售促进，营业推广可以有效地推进新产品进入市场，抵制和击败竞争者的促销活动；有效地影响中间商的营销活动，刺激购买者购买。

与其他促销工具比较，销售促进有如下特点。

1．刺激强烈、效果显著

销售促进大多使用某些能够直接带给消费者、用户或经营商利益的方法，刺激需求，促使消费者、用户或经销商立即采取购买行为或增加购买量。因此，刺激作用既直接又强烈。大多数消费者、用户或经营商，很容易在利益的诱使之下，改变自己的购买决策。

2．即时与短暂效应

销售促进更注重产品销售目标。根据产品特征、顾客心理及市场状况，灵活运用各种销售促进方法，企业能够使其产品很快引起关注，收到迅速扩大销售的效果。不过，由于销售促进的方式很容易被模仿，因此即使企业使用的是一种以前没有人使用过的新方法，其效果也会因为别人的模仿而难以长久。

3．方式多样、不拘一格

销售促进的方法灵活多，很多新的方法也正在被发明出来。不过，销售促进往往伴随着各种优惠活动，很容易使人们联想到企业生产经营遇到了问题，产品积压，质量下降，甚至有倒闭的危险，有损产品或企业形象。因此，那些注重品牌形象的企业要慎用。

二、营业推广的类别

根据营业推广的对象，可以将营业推广分为以下四类。

（一）向消费者推广的方式

1．赠送样品

向消费者免费赠送样品，可以鼓励消费者认购，也可以获取消费者对产品的反映。样品赠送，可以有选择的赠送，也可以在商店或闹市地区或附在其他商品和广告中无选择地赠送。这是介绍、推销新产品的一种方式，但费用较高，对高价值商品不宜采用。

2．赠送代价券

代价券作为对某种商品免付一部分价款的证明，使持有者在购买本企业产品时可以免付一部分货款。代价券可以邮寄，也可附在商品或广告之中赠送。代价券还可以对购买商品达到一定数量或数额的顾客赠送。这种方式，有利于刺激消费者使用老产品，也可以鼓励消费者认购新产品。各类商家在周年庆或节日促销时常有"买100送50"的代价券促销活动。

3．包装兑现

包装兑现，即采用商品包装来兑现现金。如收集到若干个某种饮料瓶盖，可退换一定数量的现金或实物，借以鼓励消费者购买该种饮料等。这种方式的有效运用，也体现了企业的绿色营销理念，有利于树立良好的企业形象。

4．廉价包装

廉价包装又叫折价包装，即在商品包装上注明折价数额或比例。廉价包装可以是一种商品单独包装，也可以是若干商品或几种用途相关的商品批量包装。这种形式，能诱发经济型消费者的需求，对刺激短期销售比较有效。

5. 赠品印花

赠品印花也叫交易印花。消费者购买商品时，赠送消费者印花。当购买者的印花积累到一定数量时，可以兑换现金或商品。

6. 有奖销售

向购买者提供购物获取现金、礼品、旅游的机会，可激发购买欲望。

7. 优惠券

对合作者、老顾客提供的一种可享受优惠的证明，既能联络感情，又能提高企业或产品的知名度。

8. 俱乐部制或会员制

顾客交纳一定数额的会费给组织者，便可享受多种价格优惠。

（二）向中间商推广的方式

1. 购买折扣

为刺激、鼓励中间商大批量的购买本企业产品，对第一次购买数量较多的中间商给予一定的折扣优待。购买越大，折扣越多。折扣可以直接支付，也可以从付款金额中扣除，还可以赠送商品作为折扣。

2. 资助

生产者为中间商提供陈列商品、支付部分广告费用和部分运费等补贴或津贴。在这种方式下，中间商陈列本企业产品，企业可免费或低价提供陈列商品；中间商为本企业产品做广告，生产者可资助一定比例的广告费用；为刺激距离较远的中间商经销本企业产品，可给予一定比例的运费补贴。

3. 经销奖励

对经销本企业产品有突出成绩的中间商给予奖励。这种方式能刺激经销业绩突出者加倍努力，更加积极主动地经销本企业产品，同时，也有利于诱使其他中间商为多经销本企业产品而努力，从而促进产品销售。

（三）向企业用户推广的方式

1. 展销会

通过产品的展览陈列、示范操作等形式，吸引企业用户购买。在展销会上可以直接洽谈业务。

2. 现场演示

在销售现场用示范表演的方法介绍新产品的用途、性能，增强企业用户对产品的了解、信任，并刺激购买。

3. 订货会、业务会

在订货会上直接就产品的价格、数量、性能、技术及送货条件与企业用户洽谈，也可在业务招待会上联络与企业用户的感情。

（四）向销售人员推广的方式

1. 销售红利

企业规定按销售额提成，或按所获利润不同提成，以鼓励推销员多推销商品。

2. 推销竞赛

企业确定一些推销奖励的办法，对成绩优良的销售人员给予奖励。奖励可以是先进称号，也可以是物品或是旅游等。

3. 推销回扣

回扣是从推销额中提取一部分作为销售人员销售商品的奖励或酬劳。利用回扣方式把销售业绩和报酬结合起来，有利于推销员积极工作，努力推销。

4. 职位提拔

对业务做得出色的推销员进行职务提拔，鼓励他将好的经验传授给一般推销员，有利于培养优秀推销员。

三、营业推广计划的策划

为了达到营业推广活动的预期目的，必须对所采取的各种推广方式加以合理协调，加强营业推广方案的计划、组织和实施。

1. 确定营业推广的对象和目标

企业应根据目标市场的特点和总体营销策略来确定推广的目标。首先要确定以谁为推广对象，一般来说，应是企业潜在的顾客，可以是消费者、中间商或推销人员。只有准确地知道推广对象，才能有针对性地制订具体的推广方案。

2. 选择推广工具

营业推广的方式方法很多，但如果使用不当则适得其反。因此，选择合适的推广工具是取得营业推广效果的关键因素。企业一般要根据目标对象的接受习惯、产品特点和目标市场状况等来综合分析、选择推广工具。

3. 推广的配合安排

营业推广要与营销沟通其他方式。如广告、人员销售等接合起来，相互配合，共同使用，从而形成营销推广期间的更大声势，取得单项推广活动达不到的效果。

4. 确定推广时机

营业推广的市场时机选择很重要，如季节性产品，节日、礼仪产品，必须在季前、节前做营业推广，否则就会错过了时机。

5．确定推广期限

推广期限即营业推广活动持续时间的长短。推广期限要恰当，过长，消费者新鲜感丧失，产生不信任感；过短，一些消赞者还来不及接受营业推广的实惠。

6．营业推广方案的实施

企业在实施推广方案前应进行实验性操作，以便检验所选方案是否恰当，作用目标是否有成效等。在具体实施过程中应把握两个时间因素：一是实施方案之前所需的准备时间；二是从正式推广开始至结束为止的时间。要提前协调好营业推广活动各方及企业内外部关系，让各方联动起来，促使营业推广活动达到预期效果。

7．正确评估营业推广的效果

在活动结束之后，应该立即对活动的效果进行评估，以总结经验和教训。评估内容包括两个方面：经济效益和社会效益。

经济效益的评估，主要看通过推广促销，商品结构是否得到了改善，销售额是否增加，成本是否下降，企业效益是否提高。

社会效益的评估，主要是总结好的经验，分析失败的原因，社会对企业形象的评价，有无消极的作用。

对营业推广采取合适的评估方法。评估的方法包括推广前后销售额比较法、跟踪反馈法和全面评估法。

任务四
广告策划

一、广告策划概述

（一）广告的概念、特征与构成要素

1．广告的概念

在西方"广告"一词源于拉丁语（Advertere），解释为"诱导""注意"，后演化成为英语口语中的 Advertising（广告活动）和 Advertisement（广告宣传品或广告物）。广告是由明确的出资人通过各种媒体采取艺术手段和非人际传播方式，传播企业及其产品（商品、服务和观念）信息，塑造品牌形象以满足消费者需求的营销传播活动，这种活动是有偿的、有组织的、综合的和劝说性的。

2．广告的特征

广告作为企业传递信息、宣传产品、开拓市场的手段。从本质上说，广告是一种信息传播活动。从传播学的角度来看，广告具有以下特征。

（1）广告要由明确的广告主公开支付费用，这点与一般的新闻报道不同。

（2）广告要通过诸如电视、广播、报纸、网络等传播媒体来实现，是一种非个人间的信息传递，这点不同于人与人之间通过口来传递信息。

（3）广告是一种有计划的信息传播、说服活动，有特定的受众、明确的主题和目标，在广告设计、时机选择、媒体、效果评估等方面均进行周密的策划。

（4）广告同时也是艺术。广告要想达到较好的信息传播效果，须通过艺术形式，使受众在自然而然的兴趣和愉悦中认知和接受广告的传播，从而达到诱导和说服消费者的目的。

3. 广告的构成要素

广告是由广告主、广告受众、广告媒体、广告信息和广告费用5个要素构成的。

广告主是指进行广告活动的主体，是指付费购买媒介的版面或时间，以促进产品销售、树立企业形象或传达消费观念的组织或个人。

广告受众是指广告所针对的目标消费者，即广告信息的接收者。

广告媒体是指传播广告信息的中介物。例如，电视、报纸、杂志和广播、互联网等常见的媒体形式。

广告信息是指广告要传达的具体内容，包括商品信息、劳务信息、观念信息等。

广告费用，即从事广告活动所需支付的费用。

上面5个要素缺一不可，否则就不能保证企业广告促销活动的有效进行。

（二）广告的功能作用

广告功能作用主要体现在以下几个方面。

1. 传播信息

将商品（服务）信息有效地传播给顾客，提高商品和企业知名度。

2. 更新观念

广告倡导一种科学的、崭新的消费观念，潜移默化地教育顾客摒弃不科学的、陈旧的消费意识，从而改变对本企业商品的态度。

3. 诱发需要

广告充分说明商品的功能和消费者利益，对消费者进行诱导，激发购买、使用的欲望。

4. 强化动机

广告强调消费商品的必要性、紧迫性及优惠措施和售后服务等，宣传其他顾客消费的良好情况，消除怀疑、顾虑，增强顾客购买的决心。

5. 指导购买与消费

传播给顾客购买时间、地点和选购的方法。指导顾客商品的使用方法、技巧和注意事项。

6. 提高品位

广告是一种艺术、一种文化，通过艺术与文化的传播，将品牌人格化，使顾客提高消费层次。

7. 开拓市场

充分发挥广告的诉求认知功能，帮助消费者辩识、识别产品（服务）的差异性，不断提高消费者认识商品的能力，提高消费者的购买积极性。

8．推动竞争

通过广告宣传，使消费者了解本企业产品与同类产品比较的长处、特点，形成品牌忠诚。

9．塑造形象

广告向消费者宣传了企业及其产品的优势及个性，提高企业及其产品的吸引力。

二、广告策划的原则、程序和内容

（一）广告策划的原则

1．统一性原则

统一性原则是广告策划的最基本的原则。这就要从整体协调的角度来考虑问题，力争做到全面规划、统筹兼顾。广告活动的各个方面要服从统一的营销目标和广告目标，服从统一的产品形象和企业形象。从广告活动的整体与部分之间相互依赖、相互制约的统一关系中，揭示广告活动的特征和运动规律，以实现广告活动的最优效果。

2．有效性原则

纸上谈兵的广告策划是没有任何意义的，广告策划既要考虑到统筹广告活动的主体——消费者，也要考虑到企业的实力和承受能力。不能搞理想主义而不顾及企业的实际情况。广告策划必须要使广告活动产生良好的效果和社会效果。总之广告策划要在统一性原则指导下，很完善地把广告活动的微观效益与宏观效益、眼前效益与长远效益、社会效益与经济效益统一起来。

3．针对性原则

广告策划的流程是相对固定的。但针对不同的商品，不同的企业，其广告策划的具体内容和广告策略也有所不同。产品处于不同的发展时期，也要采用不同的广告战略。只要市场情况不同、竞争情况不同、消费者情况不同、产品情况不同、广告目标不同，那么广告策划的侧重点和广告战略战术也应该有所不同。广告策划只有讲究针对性，才会提高广告效果。用统一的模式代替所有的广告策划活动，这只能说是无效的广告策划。

4．调适性原则

只有统一性远远不够，还必须具有灵活性，以不变就万变，因为产品情况并不是一成不变的，广告策划也不可能一下子面面俱到，也总是要处于不断的调整之中。

5．操作性原则

广告策划是广告活动的依据和准绳。只有要求广告策划具有严格的科学性才会使广告活动按照其固有的客观规律运行。广告策划的科学性主要体现在广告策划的可操作性上。广告策划的流程、内容，有着严格的规定性，每一步骤、每一环节都是可操作的。

（二）广告策划的程序

广告策划需要操作流程，其程序如图 7-2 所示。

| 分析广告机会 | → | 确定广告目标 | → | 形成广告内容 | → | 选择广告媒体 | → | 确定广告预算 | → | 广告实施计划 | → | 广告效果评估 |

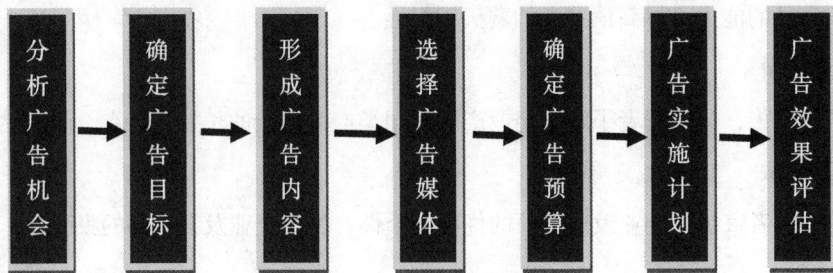

图7-2 广告策划程序

1. 分析广告机会

进行广告促销，首先要通过广告机会分析解决针对哪些消费者做广告及在什么样的时机做广告等问题。为此就必须收集并分析有关方面的情况，如消费者情况、竞争者情况、市场需求发展趋势、环境发展动态等，然后根据企业的营销目标和产品特点，找出广告的最佳切入时机，做好广告的群体定位，为开展有效的广告促销活动奠定基础。

2. 确定广告目标

确定广告目标，就是根据促销的总体目的，依据现实需要，明确广告宣传要解决的具体问题，以指导广告促销活动的进行。广告促销的具体目标，可以使消费者了解企业的新产品、促进购买增进销售或提高产品与企业的知名度，以便形成品牌偏好群。

3. 形成广告内容

广告的具体内容应根据广告目标、媒体的信息可容量来加以确定。一般来说应包括以下三个方面。

（1）产品信息。产品信息，主要包括产品名称、技术指标、销售地点、销售价格、销售方式及国家规定必须说明的情况等。

（2）企业信息。企业信息，主要包括企业名称、发展历史、企业声誉、生产经营能力及联系方式等。

（3）服务信息。服务信息，主要包括产品保证、技术咨询、结款方式、零配件供应、保修网点分布及其他服务信息。

企业在安排广告内容时应注意以下问题：①真实性，即传播的信息必须真实可信，不可有夸大不实之词，更不能用虚假广告欺骗消费者。②针对性，即传播的信息应该是目标消费者想了解的，做到有的放矢。③生动与新颖性，广告具有吸引力、感染力。从根本上来说，取决于以上两个方面，但同时也与广告的生动性与新颖性密切相关。因此广告内容应简明易懂、易于记忆，广告形式应生动有趣、富有新意。

4. 选择广告媒体

广告信息需要通过一定的媒体才能有效地传播出去，然而不同的媒体在广告内容承载力、覆盖面、送达率、展路频率、影响价值及费用等方面有差异。因此正确地选择广告媒体是广告策划过程中一项非常重要的工作。

广告可以选择的传播体及其特性的有关情况如下。

（1）印刷媒体。印刷媒体指的是报纸、期刊等印刷出版物，这类媒介是广告最普遍的承载工具。报纸的优点：信息传递及时、记者广泛稳定、可信度比较高；刊登日期和版面的可选度较高、便于对广告内容进行较详细的说明；便于保存，制作简便，费用较低。报纸的缺点：时效短、转阅读者少；印刷简单因而不够形象和生动，感染力相差一些。期刊的优点：读者对象比较确定、易于送达特定的广告对象；时效长、转阅读者多、便于保存；印刷比较精美、有较强的感染力。期刊的缺点：广告信息传递前置时间长、信息传递的及时性差、有些发行量是无效的。

（2）视听媒体。视听媒体主要有广播、电视、网络等。广播的优点：覆盖面广、传递迅速、展露频率高；可选择适当的地区和对象、成本低。广播的缺点：稍纵即逝、保留性差、不宜查询；受频道限制缺少选择性、直观性与形象性较差、吸引力与感染力较弱。电视的优点：覆盖面广、传播速度快、送达率高；集、形、声、色、动态于一体，生动直观、易于接受、感染力强。电视的缺点：展露瞬间即逝、保留性不强；对观众的选择性差，成本高。网络媒体广告特点：消除时间及空间的限制；更具经济性；广告的目标性、针对性强。

（3）户外媒体。户外媒体包括招牌、广告牌、交通工具、霓虹灯等。户外媒体的优点：比较灵活、展露重复性强、成本低、竞争少。户外媒体的缺点：不能选择对象、传播面窄，信息容量小、动态化受到限制。

（4）邮寄媒体。邮寄媒体是指遍布全国用至全世界的邮政网络。邮寄媒体的优点：广告对象明确而且具有灵活性、便于提供全面信息。邮寄媒体的缺点：时效性较差、成本比较高、容易出现滥寄的现象。

5. 确定广告预算

广告是付费活动，有时是高额付费，如果不对广告活动进行科学合理的预算，广告费将不能得到控制。广告预算是企业对广告活动所需要的费用的计划和匡算，它规定了一定的广告时期内，从事广告活动所需要的经费总额、使用范围、使用方法。

6. 广告实施计划

广告实施计划是在上述主要内容基础上，为广告活动的顺利实施而制订的具体措施和手段。内容包括广告在什么时间、什么地点发布出去，发布的频率如何，广告应采取什么方式，广告活动如何与企业整体促销策略相配合等。

7. 广告效果评估

广告发布之后，要衡量是否达到了广告目的，就要对广告效果进行全面的评估。通过评估了解消费者对整个广告活动的反应，对广告主题是否突出、诉求是否有效及媒体组合是否合理等结果做出科学判断，然后通过反馈和修正使广告效果达到最佳水平。

三、广告策划的内容

（一）广告创意策划

1. 广告创意概念

（1）广告创意定义。广告创意是广告设计制作者在酝酿广告时的构想。广告设计制作者根据广告主的要求，经过详尽的市场调查后，经过精心思考和策划，最后完成一个商品、劳务、企业形象的综合广告方案。

（2）广告创意内容。广告创意就其内容而言可包括两类：一类是战术型广告创意，指在已定的商场上，紧紧盯着目标，将产品的品牌迅速留在顾客心中，并得到有利地位；另一类是战略型广告创意，指找出可能的市场，确定广告目标和对象，提出切实可行的促销活动计划。

（3）对创意新颖的广告要求。国际广告协会对创意新颖的广告有五点要求：①能体现愉快的感觉。②能体现创新进步的精神。③能解决某一实际问题。④有明确的承诺。⑤有潜力。

2．广告创意策划过程

（1）广告创意设计的构思。广告创意设计的构思要以真、简、奇、美，攻心为上，杜绝"小和尚念经"式广告创意的构思。创意设计很辛苦，如一家广告公司为德国××啤酒打入当地市场代理广告业务，如何既保持原有品牌的优势，又适合当地民俗风情的具体情况呢？该广告制作以下数量众多、精美的备选广告："刚从欧洲来，国语还不太灵光""没办法，害羞是数百年来的家族遗传""偶尔也在国宴中露面""在欧洲，左派和右派唯一相同的观点""这一杯是我们的最佳代言人"和"不妨先向邻居打听打听"等22条。再如1979年可口可乐集团要求为其代理了24年广告业务的麦伊广告公司重新换个广告主题，该广告公司立即把派驻全球各地机构富有创造力的主管全部召回纽约，经过反复激烈的讨论，最后才浓缩出一个主题，其创意是"笑一笑"。

（2）广告创意的媒体运用。广告创意不仅是文案设计，还包括广告宣传所使用的媒体设计。如何运用各种媒体的特点来为广告服务，同样彰显创意功夫。××电风扇的创意设计是利用POP（Point of Purchase，购买点）广告，又称售卖场所广告，把电风扇放在大商场的橱窗，旁边醒目地写着："从××年×月×日起昼夜连续运转。请你计算一次，至今已经连续运转了多少小时？"独特的构思引起了好奇心，有人甚至半夜三更去检查该电风扇是否仍在转动。再如"西铁城"手表打入澳大利亚市场的广告创意，也是利用POP广告媒体，巧妙地宣传产品的质量。预告消费者某日某时某刻，该公司将用飞机在堪培拉广场空投西铁城手表，谁捡到就归谁，届时飞机如期而至，数以万计的手表从天而降……戴着高空落下、走时准确又不要钞票的手表，效果怎样？还需声嘶力竭地嚷嚷："永不磨损，世界名表吗？"还愁在老百姓中没有知名度吗？

创意广告的媒体选择，离不开现代科技，同样是利用POP广告，精工表的广告创意则充分显示科技的运用：在西欧一个城市上空，突然飘来一朵彩云，这彩云不偏不倚停留在人群密集的中心广场上空，不断变换的颜色，慢慢地映出醒目的大字：精工表世界销量总值第一。现代科技发现，人造烟幕在空气中停留的时间，可以通过减少云烟中微粒的直径和比重的办法来延长，钟表公司就是根据这一原理制造出了这一新颖独特的烟幕广告。

（3）广告创意的语言技术。早在19世纪末，中国最早的报纸广告上，就出现了南洋兄弟烟草公司为其新产品"白金龙香烟"制作的广告词："饭后一支烟，胜过活神仙"，事实证明。当初的广告词已成为如今瘾君子的座右铭。广告创意的语言艺术散见于各种商品广告之中。理发店的广告语："虽是毫末技艺，却是顶上功夫"，蒙牛酸酸乳的广告语："酸酸甜甜，我的爱"，NIKE广告语言："JUST DO IT"，动感地带的广告语："我的地盘，我作主"。

语言艺术还包括产品的商标名称和进入国外市场的译名。可口可乐（Coca Cola）打入中国市场时，拟用四个谐音的汉字来称呼这种不含酒精的西方饮料，开始选译的是"蝌蚪嚼蜡"，又是动物又是蜡烛，无味加不干净的印象，使其无人问津，后转用"可口可乐"，美味可口，开心快乐，从此销路大增。

（二）广告定位策划

1. 广告定位策划的作用

广告定位属于心理接受范畴的概念，是指广告主通过广告活动，使企业或品牌在消费者心目中确定位置的一种方法，使其在特定的时间、地点，对某一阶层的目标消费者出售，以利于与其他厂家产品竞争。

（1）正确的广告定位是广告宣传的基准。企业的产品宣传要借助广告这种形式，但"广告什么"和"向什么人广告"，则是广告决策的首位问题。

（2）正确的广告定位有利于进一步巩固产品和企业形象定位。现代社会中的企业组织在企业产品设计开发生产过程中，根据客观现实的需要，企业必然对自己的产品所针对的目标市场进行产品定位，以确定企业生产经营的方向，企业形象定位又是企业根据自身实际所开展的企业经营意识、企业行为表现和企业外观特征的综合，在客观上能够促进企业产品的销售。无论是产品定位还是企业形象定位，无疑都要借助正确的广告定位加以巩固和促进。

（3）准确的广告定位是说服消费者的关键。一个消费者需要的商品能否真正引起其购买行为的出现，首先就要看广告定位是否准确，否则，即使是消费者需要的商品，由于广告定位不准，也会失去促销的作用，使许多真正的目标对象错过购买商品的机会。

（4）准确的广告定位有利于商品识别。在现代营销市场中，生产和销售某类产品的企业很多，造成某类产品的品牌多种多样，广告主在广告定位中所突出的是自己品牌的与众不同，使消费者认牌选购。

（5）准确的广告定位是广告表现和广告评价的基础。因此，在广告活动中，广告表现必须以广告定位为基础进行广告视听觉表现，广告表现要以广告定位为目标与导向，体现出广告表现服务于广告定位思维逻辑。一则广告的好与坏、优与劣，要以表现广告定位情况来进行分析和评价。

（6）准确地进行广告定位有助于企业经营管理科学化。广告作为企业行为中的重要内容之一，是企业战略目标实现的重要手段，科学的企业经营管理，有助于准确地进行广告定位，而准确的广告定位在促进企业营销目标实现的同时又促进企业管理的科学化和规范化。

2. 广告定位策划的具体内容

（1）实体定位。实体定位是在广告宣传中突出产品的新价值，强调本品牌产品与同类产品的不同之处及能够给消费者带来的更大利益。实体定位又可以分为市场定位、品名定位、品质定位、价格定位和功效定位。

（2）观念定位。观念定位是在广告中突出宣传品牌产品新的意义和新的价值取向，诱导消费者的心理定势，重塑消费者的习惯心理，树立新的价值观念，引导市场消费的变化或发展趋向。观念定位在具体应用上分为逆向定位和是非定位两种。

广告定位分析具体见表7-5。

表7-5　广告定位分析表

广告定位类型	广告定位方法	广告定位内容
实体定位	市场定位	突出对象区域、特定目标顾客
	品名定位	突出文化、历史渊源、吉祥顺达
	品质定位	突出内在质量的卓越
	价格定位	突出高性价比、定位合理
	功效定位	突出优异性能、特异功效
观念定位	逆向定位	突出产品"非同类"之处
	是非定位	超越传统习惯理解的概念

3. 广告定位策划的方法

（1）抢先定位。抢先定位是指企业在进行广告定位时，力争使自己的产品品牌第一个进入消费者的心目中，抢占市场第一的位置。经验证明，最先进入人们心目中的品牌，平均比第二的品牌在长期市场占有率方面要高很多。如皮尔卡丹在法国是中等品牌，却成为中国消费者心目中第一品牌。

（2）强化定位。强化定位是指企业一旦成为市场领导者后，还应不断地加强产品在消费者心目中的印象，以确保第一的地位。实行强化定位应做到如下两点。第一，不断加强消费者起初形成的观念。如可口可乐公司所用的强化广告词是"只有可口可乐，才是真正可乐"。第二，绝不给竞争者以可乘之机。领导者绝不应盲目自大，而应密切注视竞争者的动向，掌握竞争优势。

（3）比附定位。比附定位是指企业在广告定位中，不但明确自己现有的位置，而且明确竞争者的位置，竞争者的位置与自己的位置一样重要，甚至更加重要，然后用比较的方法设法建立或找到自己的品牌与竞争者的品牌、自己想要占据的位置与竞争者已占据的位置之间的关系，使自己的品牌进入消费者的心中，或用比较的方法在消费者心中开拓出能容纳自己品牌的位置。如宁城老窖在广告中宣称自己是"塞外茅台"，在我国北方拥有较好的声誉。

（4）补隙定位。补隙定位是指企业在进行广告设计时，根据自己产品的特点，寻找消费者心目中的空隙，力求在产品的大小、价位和功能等方面独树一帜。企业只要悉心研究，便能在广告定位时找到所需要的空隙。

（三）广告效果策划

1. 广告费用确定

广告作为企业的一种经济活动，是以一定数量的资金投入以赢得效益的，因此计入企业的经营成本，企业必须对广告活动的费用及其产生的效益进行认真的核算。

广告费用的开支范围：

（1）广告调研费。广告调研费主要包括市场调查、消费者调查、产品调查、调查策划、广告效果检测、购买统计部门和调研机构的资料所支付的费用。

（2）广告设计制作费。根据不同媒体的需要，其设计制作费的标准也有所不同，电视广告的制作费远远高于广播广告和印刷广告，而同一媒体的广告制作费也往往差异较大。

（3）广告媒体费用。广告媒体费用指购买媒体的时间和空间的费用。这部分费用通常占广告预算的比例高达 80%~85%。

（4）广告人员的行政经费。广告人员的行政经费包括广告人员的工资、办公、出差、管理等经费。

（5）广告活动的机动经费。这部分经费主要用于公共关系或应付意外情况，一般不参加广告经费预算，由广告部门的负责人或企业的营销工作负责人掌握。

2. 广告效果评价

对广告进行评估的内容很多，就效果而言，主要有两方面：一方面是广告沟通效果，另一方面是广告销售效果。广告沟通效果是指广告活动对购买者知识、感情与信心的影响；广告销售效果是指广告发出后一定时间内销售额的变动与广告费的比例。广告销售效果往往比广告沟通效果更难评估，因为除广告因素外，销售还受产品特性、渠道、人员推销、价格，甚至季节等影响。一般说，其他因素的影响越少或可控制的程度越高，对广告销售效果的评估越容易。另外，邮购广告、网络广告、短信广告、交通广告的短期效果容易估测，而以树立品牌或公司形象的广告促销效果估测困难。

（1）广告沟通效果测定。测定沟通效果的目的，在与分析广告活动是否达到预期的信息沟通效果。这种测试既可在广告刊之前，也可在广告刊之后进行。常用的方法有以下几种。

①直接评分。由目标消费者的一组固定样本或广告专家来评价一则广告，并填写评分问卷。可以简单测试某一问题，如"您认为这些广告中哪一个因素最能影响你来购买本产品"，也可以测试复杂问题，包括好几种评分标准，在该问卷中要填写评估广告的注意强度、记忆强度、认知强度、情绪强度和行为强度，每个部分在其最高分的范围内予以评分。直接评分法主要用于帮助淘汰和提出那些质量差的广告。

②组合测试。先给受试者一组试验用的广告，要求他们愿看多久就看多久，等到他们放下广告后，让他们回忆所看到的广告，并且对每一则广告都尽其最大能力予以描述。所得结果用于判断一则广告的突出性及其期望信息被了解的程度。

③实验室测验。通过在实验室测定受试者的生理反应来评估一则广告的可能效果，譬如心跳、血压、瞳孔的扩大、出汗等。所用的仪器主要有电流计、脉搏计、形距测量管、瞳孔扩大的测量设设备等。然而，这些生理测试只能测量广告引人注意的力量，无法测出广告在可信度等方面的的影响。

④回忆测试。找一些经常使用该媒体沟通工具的人，请他们回忆发布于该媒体上的企业及其产品名称。回忆方式是请他们回想或复述所有能记得的东西。在受试者回忆的过程中可以给予适当帮助。评分结果可用来判断广告引人注意和令人记住的力量。

（2）广告销售效果测定。测定销售效果的目的在于了解广告对销售的影响作用。广告后的销售效果测定，通常有以下两种方法。

①历史资料分析法。这是由研究人员根据同步或滞后的原则，利用回归分析方法求得企业

过去的销售额与企业过去的广告支出二者之间关系的一种测量方法。

②式样设计分析法。用这种方法来测量广告对销售的影响，可选择不同地区，在其中某些地区进行比平均广告水平强50%的广告活动，在另一些地区进行比品均水平弱50%的广告活动。这样，从150%、100%、50%三类广告水平的地区的销售记录就可以看出，广告活动对企业销售究竟有多大影响，推导出销售影响函数。

任务五
公共关系策划

一、公共关系策划概述

（一）公共关系的概念、特点及原则

1. 公共关系的概念

公共关系是指争取对企业有利的宣传报道，协助企业与有关的各界公众建立和保持良好关系，建立和保持良好的企业形象，以及消除和处理对企业不利的谣言、传说和事件的活动。公共关系不限于企业与顾客之间的关系，更不限于买卖关系，而是要搞好企业与整个社会公众的关系，是一种以长期目标为主的间接的促销手段。

2. 公共关系的特点

（1）双向沟通是基础。在现代社会，社会组织与公众打交道，实际上是通过信息双向交流和沟通来实现的。正是通过这种双向交流和信息共享过程，才形成了组织与公众之间的共同获利和互动关系。企业和公众之间进行平等自愿的、充分的信息交流和反馈，没有任何强制力量，双方都可畅所言，因而，能最大限度地降低副作用。

（2）树立形象是目标。在公众中塑造、建立和维护组织的良好形象是公共关系活动的根本目的，良好的形象是企业最大的财富，是企业生存和发展的出发点和归宿，企业的一切工作都是为顾客而展开的，失去了社会公众的支持和理解，企业也就没有存在的必要了。

（3）互惠互利是关键。企业会追求自身利益的最大化，绝不意味着可以忽视别人的利益。利益从来都是相互的，只有在互惠互利的情况下，才能真正达到自身利益的最大化。

（4）真实真诚是原则。追求真实是现代公共关系工作的基本原则，要求公关人员实事求是地向公众提供真实信息，以取得公众的信任和理解。

（5）长远观点是根本。由于公共关系是通过协调沟通、树立组织形象、建立互惠互利关系的过程，这个过程既包括向公众传递信息的过程，也包括影响并改变公众态度的过程，甚至还包括组织转型，如改变现有形象、塑造新的形象的过程。所有这一切，都必须经过长期艰苦的努力。因此，在公共关系工作中，公共关系组织和公关人员不应计较一城一池之得失，而要着眼于长远利益，只要持续不断地努力，付出总有回报。

3．公共关系的原则

（1）求实原则。实事求是，是公关策划的一条基本原则。公关策划必须建立在对事实真实把握的基础上，以诚恳的态度向公众如实传递信息，并根据实事的变化来不断调整策划的策略和时机等。

（2）系统原则。系统原则指在公关策划中，应将公关活动作为一个系统工程来认识，按照系统的观点和方法予以谋划统。

（3）创新原则。创新原则指公关策划必须打破传统、刻意求新、别出心裁，使公关活动生动有趣，从而给公众留下深刻而美好的印象。

（4）弹性原则。公关活动涉及的不可控因素很多，任何人都难以把握，留有余地才可进退自如。

（5）伦理道德原则。伦理道德原则的核心内容是组织公关活动及其策划与从业人员行为，必须不能违背社会伦理标准，要维持职业道德水平。

（6）心理原则。要运用心理学的一般原理及其在公关中的应用，正确把握公众心理，按公众的心理活动规律，因势利导。

（7）效益原则。要以较少的公关费用，取得更佳的公关效果，达到企业的公关目标。

（二）公共关系策划的作用

1．公共关系策划可以保证公共关系战略和实务运作的目的性

公共关系战略和实务运作，是为实现公共关系目标及企业发展目标服务的，离开这个目的，公共关系就失去了自身的意义。所以，为了保证公共关系目标及组织发展目标的顺利实现，组织的总体公共关系战略和具体的实务运作必须经过事先的周密策划。

2．公共关系策划可以保证公共关系战略和实务运作的计划性

首先，公共关系战略和各项实务运作所追求的目标应当是一致的，所以，公共关系必须有一个完整的实施计划，只有经过周密的公共关系策划，才能保证整个公共关系战略计划的统一性和完整性，保证每个具体实务运作都按照总体规划的要求，为实现预定的公共关系战略目标和企业发展目标服务。

其次，公共关系目标的实现需要经过长时期的持续努力，只有经过周密的公共关系策划，才能保证公共关系的各项实务运作瞻前顾后、相互衔接，成为既在具体运作中具有独创性，又在总体战略上具有连续性的有计划、有步骤的公共关系工作。公共关系的各项实务活动，都必须根据一定的时、空及主、客观条件拟定切实可行的具体实施计划，这本身也是公共关系策划的重要组成部分。可见只有周密的、精心的公共关系策划才能保证所有工作环节的公共关系实务运作按照预定的战略和目标有计划地顺利实施。

3．公共关系策划可以保证公共关系战略和实务运作的有效性

公共关系必须成为有效的公共关系，必须使其在树立良好的组织形象并为组织发展争取最佳的经济效益和社会效益方面发挥显著的作用。这就要求公共关系人员善于根据不断变化的环境，着眼不断变动的公关需求，精心策划自己的公共关系战略和策略。这种策划越是深谋远虑、独具匠心，公共关系的成功率也就越高，也就越能保证公共关系目标和组织发展目标的顺利实现。

二、公共关系策划的程序及方法

（一）公共关系策划的程序

1．确定公关活动的目标

企业的公关决策，首先是确定公关目标。企业进行调查研究，在对企业及产品的形象进行评估的基础上，根据企业经营目标，分析社会公众对企业的印象和评价，从而确定公共关系所要达到的目标。常见的公共关系目标有提高品牌的知名度、加深大众对企业服务于公众利益的理解、建立信息网络、消除公众误解、提高企业的声誉、降低企业的促销成本等。

2．确定公关活动的对象

公关活动的对象包括以下几个方面。

（1）顾客。企业始终坚持为顾客提供满意服务的观念，与顾客进行有效的沟通，特别是注意处理与顾客的纠纷。

（2）经销商。企业应及时迅速地给经销商提供品质优良、价格合理、设计新颖的适销对路商品，为经销商提供各种优惠、便利和服务。

（3）供应商。与供应商保持良好的关系，以取得充足的原材料、零部件、工具、能源供应。

（4）社区。企业应与所在地的工厂、机关、学校、医院、公益事业单位和居民，共建物质与精神文明，获取社区的谅解与支持。

（5）政府。企业必须经常与政府有关部门进行沟通及时了解有关的政策、法规和计划，创造企业发展的良好政策环境。

（6）新闻媒体。新闻传播媒体是公共关系的重要因素，它控制着最重要的公共沟通渠道，对公关有着极其重要的作用。因此，公关人员必须努力与新闻媒体建立良好的关系，保持与新闻界的联系。

3．制订公关活动的行动方案

公共关系活动是一项整体活动，它本身是由一系列活动项目组成的，这就要求运用相应的策略加以指导。具体的公关项目是为了实现公关活动的目标，而采取的一系列有组织的行动，其中包括记者招待会、展览会、赞助活动等。在制订公关决策时，还要充分考虑开支、所需人力和技术上的可行性及各种可控或不可控的因素。

4．公关活动的实施

正常公关活动一般情况下都可以按方案按部就班地进行下去。但是也要有一些突发急能力，如一些品牌危机事件发生等，需要公关人员与有关单位和相关人员建立良好的关系，以保证公关方案的顺利及时实施。

（二）公共关系策划的方法

1．借助新闻媒体

公共关系部门可以编写有关企业、产品和员工的新闻，或举行活动，创造机会吸引外界和公众，扩大影响，提高知名度。比如，企业为希望工程举行赞助义演活动。

2．参与和赞助各种社会公益事业

赞助活动是企业最常采用的方式，企业赞助活动主要包括体育运动、文化娱乐活动、社会慈善和福利事业，赞助有特殊意义的电视片、纪录电影等。

3．举办有影响力的活动

借助活动的覆盖面引起公众对企业的关注，从而间接达到公共关系的目的。企业可举办的有影响力的活动有很多，如演讲比赛、合办晚会、参与体育活动等。

4．展览会或展销会

这是一种典型的综合运用多种传播的手段，主要通过实物、文字、图表来展现企业效、风貌和特征。展览会和展销会是一种直观、形象和生动的传播方式，它综合了多种媒介的优点，能以讲解、交谈、宣传手册、介绍材料、照片、录像、幻灯、广播等不同形式吸引观众，达到与公众的双向沟通。

5．特殊纪念活动

每个企业都有一些值得特殊纪念的活动，如开业典礼、周年纪念日、产品获奖、新产品试制成功等。利用特殊纪念日制造新闻，是吸引公众的极好机会。

6．建立企业形象识别系统（CIS）

建立企业形象识别系统，比如，编制企业年度报告、业务通信和期刊、宣传册子，建设企业网站、光盘、视频材料等，内容可以包括企业历史、产品特色、营销策略、优秀职工等，这些材料在不同程度上可以影响目标市场。另外，CIS系统有助于企业在公众心目中创造独特的企业形象和较高的认知率。

现代著名企业都有各自独特的标识体系，如中石化、海尔、联想、可口可乐、麦当劳等。设计和实施统一标识体系，既是品牌管理过程，也是一种公关宣传手段，需要全面规划和长期大量持续的投入。

三、公共关系策划内容

（一）公共关系协调、传播的策划

1．公共关系的协调

（1）公共关系策划的内部协调。内部协调目的在于建立良好的内部关系，良好的员工关系、员工与股东的关系，是企业成功的动力和源泉。企业应该及时地了解员工的状况、想法和存在的问题，将员工的个人价值和企业文化、价值取向相结合。良好的企业与股东之间的关系，有助于吸收更多的投资者。

（2）公共关系策划的外部协调。外部公众是企业生存发展的重要条件，外部公众的理解和支持，是企业正常运转的必要条件。协调好与外部公众关系，为企业创造和谐的公共关系环境，是不可轻视的问题。

2．公共关系的传播

（1）企业内部公共关系传播。企业经常受到环境的影响，企业经营管理要做出适当的调整，制订出新的方展方针、经营策略。这些变化要变成员工自觉地行动，需要及时地得到组织的指导。因此说，内部的传播的及时性非常重要。

（2）大众公共关系传播。企业利用大众传媒，将信息大量的、系统的传递给社会公众的过程。利用大众传播更多的影响社会舆论、公众看法和潜在顾客，这是一种速度快、范围广的信息传播方式。这种方式利用得好，对企业能起到至关重要的作用。

（3）人际公共关系的传播。公共关系传播不仅借助大众传媒，还要利用人际关系传播的某些手段。人际传播是指人与人之间进行的直接信息沟通的一类交流活动，这里交流活动主要是通过语言来完成，但也可以通过非语言方式进行，如动作、手势、表情等。

（二）公共关系危机管理的策划

1．公共关系危机管理概念

就企业而言，危机是指由于组织自身或公众的某种行为而导致组织环境恶化的那些突然发生的、危及生命财产的重大事件。比如，飞机失事、火车脱轨、地震、台风、水灾、爆炸等恶性事故，还包括罢工、骚乱、舆论危机等。

这些危机不仅给组织造成人、财、物的损失，而且会严重损坏组织形象，使组织陷入困境。因此组织处理突发事件，处理危机的能力如何，是关系到组织生死存亡的大事。

公共关系危机是指由于主观或客观的原因，企业与公众的关系处于极度紧张的状态，企业面临着十分困难的处境，企业形象面临着被破坏的状态。

2．公共关系危机的特征

（1）突发性。危机事件一般在组织毫无准备的情况下突然发生的。这些事件容易给企业带来混乱和惊慌，使人措手不及，如果对事件没有任何准备就可能造成更大的损失。

（2）难以预测性。企业所面临的公共关系的危机，往往是在正常情况下难以预料的，突发性强，具有难以预测性。

（3）后果严重性。无论是伤人损物的危机还是形象危机，对组织、对社会都会造成相当的损害。对于组织来说，经营中会出现产品原因的意外事件，也会因人的语言、行为导致冲突，这些都能给人造成生理伤害或对生态环境造成不可逆转的破坏。

（4）舆论关注性。现代社会，大众传播十分发达，组织危机常常会成为舆论关注的焦点、热点，成为媒介捕捉的最佳新闻素材和报道线索，有时会牵动社会各界，乃至在世界上引起轰动。所以说危机对组织带来的影响是非常深刻和广泛的。

在现实生活中，危机往往是由两种、三种甚至四五种因素共同引发，所以不能机械地、简单化地寻找原因，而应整体分析，对症治疗。

3．公共关系危机的种类

（1）按照内容划分，分为信誉危机、效益危机和综合性危机。

信誉危机是指企业由于在经营理念、企业形象、管理手段、服务态度、企业宗旨、传播方式等方面出现失误造成的社会公众对企业的不信任，甚至怨恨的情绪。

效益危机是指企业在直接的经济效益方面面临的困境。如同行业产品价格下调或原材料价格上涨等原因，使企业的经济效益大幅度下降。

综合性危机是指兼有信誉危机和效益危机在内的整体危机。如因为信誉危机出现，企业没有及时处理，引起消费者反感，导致经济效益也随之出现危机。

（2）按照起因划分，分为自身失误危机、舆论负面危机和业内人为危机。

自身失误危机是指企业缺乏社会责任感，生产假冒伪劣产品或缺乏与公众沟通导致误解，引起消费者投诉、群体激愤的危机。

舆论负面危机是指传媒导向作用，所做的负面报道或民间负面传言等引起的民众反感的危机。

业内人为危机是指同行业中对手使用不正当竞争手段给本企业带来的危机。

4．公共关系危机的预防

（1）危机预测分析。危机管理是对危机的产生、发展、变化实施的有效控制，为此，事先要对可能发生的危机作出预测、分析。预测包括可能发生哪些危机，危机可能具备的性质及规模，它对各方面可能带来的影响。

公关人员需要根据组织具体情况，按轻重缓急把危机分类，例如，A类是很可能发生的危机，如产品质量、媒介关系、环境变化等；B类是有一定可能但又不是很可能发生的危机，如被盗窃、合作伙伴违约等；C类是很少发生但又不是不可能发生的危机，如产品被投毒、水管爆裂等。

（2）制订应急计划。在危机发生之前做好准备，制订完善的计划，以便一旦出现危机即刻能做出反应，这是减少危害的有效措施。计划应包括对付各类不同危机的不同方法，安排好危机中、危机后在各个工作环节中负责处理各种问题的适当人选，同时让这些人员事先了解面对不同危机时他们的责任和应该采取的措施。这项工作也涉及其他部门，所以往往是公关部难以独立完成的。

（3）成立危机管理专门机构。大中型组织应设立这样的委员会，这是顺利处理危机的组织保证。危机管理委员会的人员应包括组织领导、人事经理、工程管理人员、保安人员、公关经理、后勤部门领导等。如果组织有分支机构，每个分支机构、子公司、分厂都应向委员会派一代表，以便发生问题时能迅速在各地协调行动，当分支机构也都生产同样的产品，采用同样的质量标准、同样的购销渠道，具有同一组织形象时更有必要。

（4）印制危机管理手册。将危机预测、危机情况和相应的措施以通俗易懂的语言编印成小册子，可以配一些示意图，然后将这些小册子发给全体员工。还可以通过多种形式，如录像、卡通片、幻灯片等向员工全面介绍应付危机的方法，培养忧患意识，组织好培训，让全体员工对出现危机的可能性及应付办法有足够的了解。

（5）建立处理危机关系网。根据预测组织可能发生的危机，与处理危机的有关单位联系，建立合作网络，以便危机到来时能顺利合作。这些单位有医院、消防队、公安部门、邻近的驻军、相关的科研单位、同行业兄弟单位、保险公司、银行等。在平时就要通过互相沟通使它们了解组织的基本情况，以及在危机中组织会向他们寻求哪些帮助等。

5．公共关系危机的处理

（1）企业应将所有已知信息在第一时间通告上级、政府机构和社区领导，寻求他们的理解与支持。

（2）尽快调查并公布真相，澄清事实。减轻危机影响程度，尽量邀请技术权威机构介入对危机事件真相的调查与论证，可提高信息的可信度，对于减少谣传、寻求传媒与公众的理解有好处。

（3）慎重处理危机中的有关人员伤亡事宜。正所谓人命关天，一旦出现人员伤亡事故，当事组织务必引起足够重视，充分认识到受难者家属在危机事件中的微妙地位。同事故见证人保持联系，记下其姓名、单位、地址及证件号码，必要时可请公安机关加以协助。

（4）对新闻传播媒介不隐瞒。新闻媒体是政府的"喉舌"，它代表着大众利益，他们有权知晓他们认为有必要知晓或传播的信息，在这里，公开、坦诚的态度和积极主动的配合是处理媒体关系的关键，也唯有这样，才能取得新闻传播媒介的信任和支持。

本章小结

1．促销是指企业应用各种沟通方式、沟通手段、沟通媒介，向目标顾客传递商品或服务信息，引起消费者兴趣、注意，激发消费者购买欲望，从而做出购买决策的一系列的活动。促销组合要素包括：人员推销、营业推广、广告促销和公共关系。促销策划是根据企业的总体经营战略要求，对某一时期的各种产品促销活动做出总体规划，并为具体产品制订细致周密的活动计划的过程。影响促销组合的因素有促销目标、市场和产品特点、产品生命周期、促销的基本策略、经济前景和促销预算。促销策划的过程包括：确定促销对象、确定促销目标、促销信息的设计，选择沟通渠道，确定促销的具体组合，促销的预算等。促销预算的方法有量力支出法、销售额比例法、竞争对等法和目标任务法。

2．人员推销是指企业派出专职人员一对一或一个以上的潜在顾客，通过交谈陈述，说服用户购买的活动过程。人员推销策划要围绕经营整体目标，针对如何最大限度地利用人员的素质，如何组建精干的销售队伍，有效地运用销售技术，实现企业目标与用户双赢的谋划行为过程。人员推销的形式包括营业点的人员推销、展开式的人员推销、服务性的人员推销、会议推销和电话推销等。推销员的本质是企业的形象代表、热心的服务者、信息的情报员和"客户经理"，是多重工作角色。人员推销的特点是：信息传递的双向性，人际关系的互利性，推销方式的灵活性、能动性和选择性，推销对象的针对性，信息收集的反馈性。人员推销的程序是：寻找顾客、访问准备、访问顾客、推销洽谈，应对异议，达成交易，最后是跟踪服务，这一点很重要。人员推销有不同的类型，厂家的人员推销、批发商的人员推销、零售商的人员推销、直接对消费者的人员推销和无形产品的人员推销等。人员推销的策略包括试探性策略、针对性策略、诱导性策略。使用的技巧包括上门推销技巧、洽谈技巧、发现潜在顾客的技巧等。人员推销经常会遇到异议，其中有需求异议、财力异议、权力异议、价格异议，产品异议，营销员异议，货源异议，时间异议等。处理异议的方法很多，要灵活应用，包括转折处理法、转化处理法、以优补劣法、委婉法、合并意见法、反驳法、冷处理法、强调利益法、比较优势法、价格对比法、价格分解法和反问法。人员推销的策划包括招募策划和管理策划，招募策划又包括人员基本素质的确定（思想、文化、业务、身体、心理素质）、培训策划（企业状况、产品特征、推销知识、交际礼仪等）、工作激励策划（明确工作的激励条件、明确人员考核制度）。管理策划包括制订销售目标、明确人员任务、确定人员数量、设计组织结构（区域型结构、产品型结构、顾客型结构和复合型结构）。

3. 营业推广的策划是指利用各种短期诱因，鼓励购买的促销活动。其本质是：强烈刺激的要求，辅助性、非常规的促销方式，不能单独使用，适合特殊时期特定任务。营业推广有积极地效果明显的正作用，也有负作用，这一点要清楚。营业推广的特点是刺激强烈、效果显著、即时与短期效应、方式多样不拘一格。营业推广的类别分几个方面：向消费者推广的方式（赠送样品、赠送代价券、包装兑现、廉价包装、赠送印花、有奖销售、优惠券等）、向中间商推广的方式（折扣、资助、经销奖励等）、向企业客户推广方式（展销会、现场演示、订货会等）、向销售人员推广方式（销售红利、销售竞赛、回扣、职位提拔等）。营业推广计划的策划包括确定营业推广的对象目标、选择推广工具、推广的配合安排、确定推广时机、确定推广期限、推广方案实施和推广策划的实施评估。

4. 广告促销策划是通过媒体、艺术手段、非人际传播模式，传播企业信息，塑造企业形象，满足消费者需求的活动。广告促销的特征是广告主支付费用、通过媒体实现、有计划、有特意受众、有主题艺术性。广告促销策划构成有五个要素：广告主、受众、媒体、信息、费用。广告功能作用主要体现在传播信息、更新观念、诱发需要、强化动机、指导购买与消费、提高品位、开拓市场、推广竞争和塑造形象。广告策划的原则包括统一性原则、有效性原则、针对性原则、调适性原则、操作性原则。广告策划的程序是分析广告机会、确定广告目标、形成广告内容、选择媒体、确定预算、实施计划、效果评估等。广告促销策划的内容：广告创意策划，其中包括战术性创意和战略性创意，过程包括构思、媒体运用、语言艺术等。广告定位策划包括实体定位和观念定位，其方法为抢先定位、强化定位、比附定位和补隙定位。广告效果的策划主要是费用的确定和效果的测定。

5. 公共关系策划是通过公关活动争取对企业有力的宣传报道，协助建立公众关系，保持良好的企业形象，消除不利的舆论的活动。其特点为双向沟通是基础树立形象是目标、互惠互利是关键、真实真诚是原则、长远观点是根本。公关的原则是：求实原则、系统原则、创新原则、弹性原则、伦理道德原则、心理原则和效益原则。公共关系策划的程序包括四个方面：确定公关活动的目标、确定公关活动的对象、制订公关活动的方案、公关活动的实施。策划方法包括借助新闻媒体、参与赞助社会的公益事业、举办有影响力的活动、展销会、特殊纪念日、建立企业形象识别系统（CIS）。公关策划内容有协调、传播策划和危机管理策划。公共关系策划的种类包括按照内容分可分为信誉危机、效益危机、综合危机；按照起因分，有自身失误造成的危机、有舆论负面造成的危机、有业内人为造成的危机。对危机的预防包括危机预测分析、制订应急计划、成立专门机构、印制危机方面的小册子、建立处理危机的关系网。危机处理的方法是：第一时间上报给上级政府、社区，尽快地公布真相，慎重处理伤亡，对媒体不隐瞒。

实训项目

一、知识选择训练

1. 促销组合要素包括（　　　）。

　　A. 人员推销　　　　B. 营业推广　　　　C. 广告　　　　D. 会议

　　E. 公共关系

2. （　　　）是影响促销组合的要素。

　　A. 促销目标　　　　B. 经济前景　　　　C. 促销人员　　　　D. 产品生命周期

　　E. 产品特点

3. 促销预算方法有（　　　）。

　　A. 最小费用法　　B. 销售额比例法　　C. 竞争对等法　　D. 目标任务法

　　E. 量力支出法

4. 人员推销的形式有（　　　）。

　　A. 会议推销　　　　B. 电话推销　　　　C. 服务推销　　　　D. 营业推销

　　E. 展开推销

5. 人员推销的特点有（　　　）。

　　A. 信息传递的双向性　　　　　　　B. 人际关系的互利性

　　C. 推销对象的针对性　　　　　　　D. 产品推销快速性

　　E. 信息收集的反馈性

6. 人员推销的类型包括（　　　）。

　　A. 厂家人员推销　　　　　　　　　B. 批发商人员推销

　　C. 零售商人员推销　　　　　　　　D. 无形产品人员推销

　　E. 有形产品人员推销

7. （　　　）属于人员推销的策略。

　　A. 灵活性策略　　B. 试探性策略　　C. 诱导性策略　　D. 针对性策略

8. 销售异议处理方法包括（　　　）。

　　A. 以优补劣法　　B. 委婉拒绝法　　C. 比较优势法　　D. 寻求裁决法

　　E. 价格分解法　　F. 转化处理法　　G. 强调利益法

9. 推销人员的素质要求包括（　　　）。

　　A. 思想素质　　　　B. 口才素质　　　　C. 业务素质　　　　D. 身体素质

　　E. 心理素质

10. 人员推销策划中的设计组织结构有（　　　）。

　　A. 区域性结构　　B. 产品型结构　　C. 顾客型结构　　D. 购买力型结构

　　E. 复合型结构

11. 营业推广的特点有（　　　）。

　　A. 效果持久　　　　B. 刺激强烈　　　　C. 方式多样　　　　D. 不拘一格

　　E. 即时效应

12. 向消费者营业推广的方式包括( )。
    A. 赠送代价券   B. 赠送印花   C. 有奖销售   D. 经销有奖
    E. 现场演示   F. 订货会   G. 折扣

13. 向中间商营业推广的方式包括( )。
    A. 赠送代价券   B. 资助   C. 有奖销售   D. 经销有奖
    E. 现场演示   F. 订货会   G. 折扣

14. 向企业用户营业推广的方式包括( )。
    A. 展览会券   B. 资助   C. 有奖销售   D. 经销有奖
    E. 现场演示   F. 订货会   G. 折扣

15. 向销售人员营业推广的方式包括( )。
    A. 回扣   B. 销售竞赛   C. 有奖销售   D. 经销有奖
    E. 现场演示   F. 订货会   G. 职位提拔

16. ( )是广告构成要素。
    A. 企业   B. 受众   C. 媒体   D. 信息
    E. 费用

17. 广告定位策划方法包括( )。
    A. 抢先定位   B. 实体定位   C. 强化定位   D. 观念定位
    E. 补隙定位

18. 广告策划的原则有( )。
    A. 统一性原则   B. 规模性原则   C. 针对性原则   D. 操作性原则
    E. 有效性原则

19. 公共关系策划的原则有( )。
    A. 创新原则   B. 系统原则   C. 有效原则   D. 弹性原则
    E. 心理原则

20. 按照内容划分,公共危机可分为( )。
    A. 信誉危机   B. 自身失误危机 C. 效益危机   D. 舆论负面危机
    E. 社会环境危机 F. 综合危机

21. 按照起因划分,公共危机可分为( )。
    A. 信誉危机   B. 社会环境危机 C. 效益危机   D. 舆论负面危机
    E. 自身失误危机 F. 综合危机

二、案例分析训练

(一)促销活动的分析

精心准备的促销活动为何会失败

2007 年初,一位减肥品经销商在浙江省南部一个富裕的县级市举办了主题为"减肥效果万人大公证"的促销活动。希望通过这次活动,扩大产品的尝试人群,从而形成回头购买及口碑传播。经销商为这次活动做了一番精心的准备,活动的主要过程如下。

1. 活动时间:3·15 消费者权益日。

2. 活动地点：仁寿堂大药店门口。

3. 活动内容：3月15日只须花18元就可以购买价值49元的××减肥胶囊。

4. 活动前媒体宣传。

①3月12日、14日分别在当地《××日报》（该报发行主要是当地政府、机关及团体订阅）作促销活动宣传。②在当地人民广播电台，从3月10—15日开始发布3分钟的促销活动广告，其中90%的广告内容是介绍产品的功能，广告最后加上活动通知。时间从早8：00—晚9：00每天25次滚动播放。③在仁寿堂门口挂跨街横幅一条，内容为：通知，时间为3月8—15日（一周）。

5. 活动经过

①现场促销员6名，由于报酬高，加上临时做了培训，积极性很高，一开始就进入了状态。

②为了增加活动气氛，让咨询顾客对活动及产品能快速清晰明了，现场设大展板一块介绍产品，另一块介绍活动内容。顾客来咨询时，促销员一边发宣传单，一边介绍产品。

6. 活动结果

现场只来了50名咨询的顾客，其中32人当场购买产品，合计销售八十盒。事后统计，70%买三盒，15%买四盒，10%买二盒。

该经销商认为，活动从开始宣传到结束设计得很严密，并且自己经常在终端观摩别家促销活动，大致都差不多，似乎谁也没有什么离奇的手法。然而这次活动结果与预期相差甚远，这使他大感不解。

问题：

（1）分析案例中都使用了促销组合中的哪些策略？

（2）谈谈你对本案例中失败原因的看法，并提出你的修改方案。

（二）广告策划分析

结合世界经典广告语的欣赏，联系生活中可以选择的产品，练习设计广告。

英特尔：给电脑一颗奔腾的芯。

丰田汽车：车到山前必有路，有路必有丰田车。

金利来：男人的世界。

沙宣洗发水：我的光彩来自你的风采。

李维牛仔：不同的酷，相同的裤。

555香烟：超凡脱俗，醇和满足。

通用电器：GE带来美好生活。

七喜饮料：非可乐。

摩托罗拉：飞越无限。

雀巢咖啡：味道好极了。

麦氏咖啡：滴滴香浓。

德芙巧克力：牛奶香浓，丝般感受。

可口可乐：永远的可口可乐，独一无二好味道。

百事可乐：新一代的选择。

耐克：Just Do It（要做就做）。

戴比尔斯钻石：钻石恒久远，一颗永流传。

IBM：四海一家的解决之道。

农夫山泉：农夫山泉有点甜。

乐百氏：27层净化。

问题：

（1）选择出几个广告词，分析其成功的微妙之处。

（2）参照案例广告词，练习某产品广告词设计，说明有哪些内涵。

（三）公共关系策划案例分析

试运用公共关系学中的相关知识，分析评点鸿星尔克在实际的活动中如何利用公众心理达到扩大影响、塑造组织形象的目的，以取得事业的成功。

事件回顾：

河南洪涝灾害发生后，鸿星尔克因宣布"向灾区紧急捐赠5 000万元物资"的事触发媒体舆论关注。与此同时，还催生出毫不讲理的"野性消费"，对此人们给出特别的注解：出自鸿星尔克直播间，为支持默默捐赠5 000万元（物资）国牌，大家疯狂购买，完全不听主播呼吁大家理性消费，必须得整最贵的，还不想领券的野性消费。

相对于此，之后出现"鸿星尔克销量增长超52倍"，"鸿星尔克门店货品几乎被扫空"，"男子在鸿星尔克买500元付1 000元拔腿就跑"等系列报道也就不足为奇。因为在"野性消费"的逻辑里，人们除去认为有社会责任感的企业该被支持，还认为"濒临破产"（鸿星尔克董事长吴荣照已经否认）依然还保有社会责任感的企业更该被无条件支持。

在这种情形之下，就连鸿星尔克董事长吴荣照亲临直播间劝消费者理性消费，也是"越劝越勇"，评论区近乎是清一色的"别管闲事，我就要买"的风评。到此为止，鸿星尔克之于媒体舆论上的好势头算是走向巅峰。

可事情就是如此吊诡，正当风景这边独好时，那边却传出"诈捐"的质疑声。有人质疑鸿星尔克捐赠的物资只有20万瓶矿泉水可查证。对此接受物资的"慈善总会"（郑州）和"壹基金"（深圳）给出回应："部分善款已经到账，物资在分批次运送中，后续会按照实际接受捐赠物资数量及捐赠时间对外公示"（回应内容的大意及方向，具体内容此处省略）。

到此为止，鸿星尔克捐助事件才算向理性方面（舆论叙事层面）发展，起码就事件的平衡性而言，除去有"野性消费"强行涉入，也有基于事实的"反向质问"之声释出。在这个层面上，"鸿星尔克捐助事件"才能被拉回到常识层面去重新定义。

不得不承认在反常事件上，只有"反转"才能让事件的本来面目显现出来。只是此处的"反转"还不是普遍意义上的"是非大反转"，仅是情绪跌宕的平静化过程。它不仅可以真正起到消解"野性消费"的作用，也能让人们更好地理解企业在落实社会责任的同时，确实会赢得人们的好感。

问题：

（1）此案例整个过程运用了哪些方法手段产生轰动效应？利用公众什么心理达到的是什么目的？

（2）此案例体现了公共关系的哪些特点？

（四）人员销售案例分析

在一次冰箱展销会上，一位打算购买冰箱的顾客指着不远处的一台冰箱对身旁的推销员说："那种A牌冰箱和你们的这种冰箱同一个类型、同一个规格、同一个星级，可是它的制冷速度要比你们快，噪声也要小一些，而且制冷室比你们的大12升。看来你们的冰箱不如A牌的呀？"推销员回答："是的，我们的冰箱噪声是大点，但仍然在国家标准允许范围内，不会影响你家人的生活与健康。我们的冰箱制冷速度慢，可耗电量却比A牌冰箱少得多。我们的冰箱冷冻室小但冷藏室很大，能储存更多的食物。您家三口人，每天能有多少东西需要冷冻？再说我们的冰箱价格上要比A牌冰箱便宜300元，保修期也要长两年。"顾客听后，脸上露出了笑容。

问题：

（1）处理顾客异议的方法有哪些？

（2）案例中销售员运用了哪些处理异议的方法？

（3）如果消费者此时还没决定购买，应该采取哪些措施促成购买？